Knaur

Von Hans Georg Möntmann ist außerdem erschienen:
Vorsicht Arzt

**Ein wichtiger Hinweis:** Wegen des neuen Schuldrechts besteht die Gefahr, dass Ansprüche aus ungerechtfertigter Bereicherung (z. B. falsch berechnete Zinsen, unberechtigte Gebühren) bereits nach drei Jahren verjähren – drei Jahre nach dem 31. Dezember des Jahres, in dem der Kunde der Bank auf die Schliche kam. Ob für Schadensersatzansprüche (etwa aus Folgeschäden) eine Verjährungsfrist von zehn Jahren gilt, ist umstritten.

Wessen Giro- bzw. Kontokorrentkonto vor dem 31. Dezember 2001 geschlossen wurde, sollte daher seine Ansprüche spätestens bis zum 31. Dezember 2004 geltend machen. Dasselbe gilt für Schadensersatzansprüche.

Der Knackpunkt ist, ob der Bankkunde bereits mit der Entgegennahme des Kontoauszugs von den Unregelmäßigkeiten der Bank Kenntnis hatte oder erst ab dem Moment, in dem er die Abrechnungen genauer geprüft hat. Bis zu einer höchstrichterlichen Entscheidung können noch Jahre vergehen.

Über den Autor:

Hans Georg Möntmann, geboren 1945, ist Unternehmensberater und freiberuflich als Wirtschaftsjournalist für Printmedien und Fernsehen tätig. Er lebt in Iserlohn.

Hans Georg Möntmann

# Die Bank als Räuber

oder

# Wie nehmen wir den Kunden aus

Alles, was die Banken nie verraten,
Berater verschweigen und nur echte Profis wissen.
Das Buch für jeden, der ein Konto hat

Knaur

Besuchen Sie uns im Internet:
www.knaur.de

Originalausgabe 2002

Umschlaggestaltung: ZERO Werbeagentur, München
Satz: Pinkuin Satz und Datentechnik, Berlin
Druck und Bindung: Clausen & Bosse, Leck
Printed in Germany
ISBN 3-426-77564-6

4 5

# Inhalt

# Einleitung: Beschreibung des Kampfplatzes

Alarm allenthalben: Die Deutschen sind verschuldet. Zuerst waren es die Kirchen, die mit ihrem Armutsbericht den Finger auf die Wunde legten. Danach traten die Verbraucherverbände mit ihren Warnungen auf und jetzt melden sich sogar die Verbände der Mittelstandsunternehmen sowie der Handwerker und Selbstständigen. So kann es nicht weitergehen, heißt es unisono, die Schulden drücken uns die Luft ab. Deutschland ist nach Großbritannien die am stärksten verschuldete Nation in der EU, und bald werden wir ein Armageddon bankrott gegangener Mittelständler erleben. Unausgesprochen schwingt bei vielen dieser Tartarenmeldungen der Vorwurf mit, das sei die Schuld der Banken, die bei Sonnenschein den Leuten Regenschirme aufdrängen, die sie ihnen bei schlechtem Wetter sofort wieder abnehmen. Notfalls mit Gewalt.

Dabei geht es den Banken selbst nicht allzu gut. Wie sonst ist die große Zahl der mehr oder minder geglückten Fusionen zu erklären? Wie sonst die Versuche, sich in die Arme der Versicherungskonzerne zu retten – aber selbst denen geht es heute nicht mehr gut! Warum streichen die Volks- und Raiffeisenbanken ihren Kreditproduktkorb von hundertdreißig auf maximal vierzig Angebote zusammen? Gehen wir womöglich alle miteinander den Bach runter, die Industrie, die Banken und die Konsumenten? Wer angelt sich, sobald sich die Wogen wieder geglättet haben, dann den letzten Euro?

Wir sind nicht schuld, behaupten die Banker und verweisen auf die Weltkonjunktur. Auf die Globalisierung, die eben zur Umstellung zwinge und ihre Opfer fordere. In der Welt überlebten nun einmal nur die Fittesten, die anderen müssten irgendwo unterkriechen.

Aber das ist nicht die ganze Wahrheit. Denn die Entwicklung der Konjunktur hängt wesentlich vom Verhalten der Banker ab. Wenn die von heute auf morgen entscheiden, ihre Kredite zu verteuern, ganzen Industriezweigen keine Darlehen mehr zu geben oder sich gar völlig aus dem Kreditgeschäft zurückzuziehen, entsteht ein konjunkturelles Beben.

Gerade bei der Kreditvergabe operieren viele Banken, beileibe nicht alle, im Grenzgebiet von Lug und Trug. Nur zu oft ist der Verdacht einer Übervorteilung angebracht – sei es, dass die Zinsen überdimensioniert sind, zu viele Sicherheiten verlangt werden, die Abrechnungen nicht stimmen oder dass den Kunden Zusatzleistungen aufgezwungen und Kredit-Rücktritte erschwert werden.

Solange ausreichend Mittel da sind, die Kredite zu bedienen, mag das sich nicht weiter auswirken. Aber wehe, es kommt zur Krise. Dann spürt der Schuldner, dass er Geld unter für ihn überaus ungünstigen juristischen Parametern aufgenommen hat. Da spielt es keine Rolle, ob der Kreditnehmer an seinen Problemen selbst schuld ist oder nicht. Denn wenn der Schirm weggezogen wird, verwandeln sich harmlose Regentropfen in brennendes Benzin, und der Betroffene hat kaum eine Chance, dem Inferno zu entkommen. Das Dramatische daran: Häufig haben die Banken daran mitgewirkt, dass jemand im Feuer steht, gleichgültig, ob Privater oder Unternehmer.

*

Jedem Zusammenbruch geht eine Geschichte voraus, und darum ist dieses Buch so aufgebaut, dass es die typischen Stationen im Leben eines durchschnittlichen Bankkunden schildert. Der erste Teil berichtet von privaten Schuldnerkarrieren und Finanzierungsfallen beim Hausbau und vom Griff der Banker nach dem Ersparten. Der zweite Teil erzählt die Geschichte von Unternehmern, die sich zu sehr auf den Rat der Banker verlassen haben und nicht mit dem Zynismus der Geldlieferanten gerechnet haben.

Zusammenbrüche, Pleiten und Konkurse haben aber auch eine Fortsetzung – im schlimmsten Fall in Krankenhäusern oder auf dem Friedhof. Häufiger suchen die Geprellten Hilfe bei Gericht – mit ungewissem Ausgang. Meistens sind die Betroffenen jedoch in den Gängen der Sozialämter zu finden.

Wer skrupellos mit den Schicksalen anderer umgeht, muss ein

Motiv dafür haben: Profitstreben. Das ist an sich noch nichts Verwerfliches, doch es wird leicht zu Profitgier verzerrt. Schlimm wird es, wenn sich persönliche und institutionelle Gier gegenseitig hochschaukeln, denn dann ist die Ausweidung der Kunden im System angelegt und Gegensteuern kaum möglich. Wenn zum Beispiel ein Bankchef versucht, sein Institut in der Rangliste so weit wie möglich nach vorn zu bringen, dann hilft das, wegen des günstigen Ratings und der damit verbundenen preiswerteren Refinanzierung, zum einen der Bank. Zum anderen ist zugleich der Chef selbst der Nutznießer, denn er kann höhere Tantiemen einstreichen und sich bessere Karrierechancen ausrechnen. Oder wenn ein Mitarbeiter möglichst vielen Kunden möglichst viele unsinnige Lebensversicherungen verkauft, bekommt er dafür schöne Provisionen, empfiehlt sich für höhere Aufgaben und poliert die Umsätze und Bilanzen seines Arbeitgebers.

Im System angelegt sind auch zyklische Bereinigungen: Räumt ein neuer Kreditsachbearbeiter mit den »faulen« Krediten auf, die ihm sein Vorgänger hinterlassen hat, verschafft er der Bank eine bessere Risikostruktur und festigt er seine Aussichten auf einen weiteren Karriereschritt. Nimmt derselbe Sachbearbeiter nach der Säuberungsaktion verstärkt wacklige Kunden auf, verhilft er der Bank zu Umsatzsteigerung, verschafft seinen Chefs höhere Tantiemen und darf im Beförderungsspiel ein Feld vorrücken.

Einer der häufigsten Gründe dafür, dass sich eine langjährige gute und auf Vertrauen gestützte Zusammenarbeit von heute auf morgen in ihr Gegenteil verkehrt, ist also ein Wechsel der Sachbearbeiter. Den Bankkunden trifft das unvorbereitet, er hat kaum eine Chance, darauf zu reagieren. Ebenso unberechenbar wie der Wechsel des Ansprechpartners sind Persönlichkeit und Charakter des neuen Sachbearbeiters. Wer in der Kindheit auf Konfrontation sozialisiert wurde, wer gelernt hat, dass Rücksichtslosigkeit sich besser auszahlt als Konsens, der wird dazu tendieren, mit seinen Kunden kurzen Prozess zu machen. Die negativen Folgen dieses Verhaltens – die kurzfristigen für die Kunden ebenso wie die langfristigen für das Kreditinstitut – gehen in diesem Motivationsgefüge unter.

Damit entspricht das Verhalten des Lieferanten Bank gegenüber seinen Kunden, seien sie Anleger oder Kreditnehmer, nicht dem, was in der Industrie heutzutage üblich ist. Selbst die kaltblütigsten Manager im produzierenden oder im Dienstleistungsgewerbe saugen ihre Kunden und Zulieferer nicht sofort aus. Im Gegenteil: Wenn ein Kunde in Schwierigkeiten gerät, versuchen sie ihn so lange wie möglich zu stützen und zu halten. Das hat ganz handfeste praktische Gründe: Die Pflege bestehender Kunden ist um ein Vielfaches billiger als die Akquisition eines neuen. Und ein auf diese Weise geretteter Kunde wird seinem hilfreichen Lieferanten auf ewig treu bleiben. Bei den Banken dagegen ist dieses Denken offenbar noch unterentwickelt, zumindest bei der Finanzierung herrscht die Strategie der verbrannten Erde.

Im dritten und vierten Teil dieses Buches geht es um die Mittel und Methoden der Banken. Hier nur einige Stichworte, die zeigen, wie vielschichtig und wie umfangreich das Arsenal der Folterwerkzeuge ist:

- *Falschberatung:* überhöhte Zinsen, überbordendes Sicherheitsverlangen, Förderungssabotage, Schrottanlagen, Börsenbetrug, Vermittlung bankrotter Geschäftspartner.
- *Sittenwidriges Verhalten:* Knebelung von Kreditnehmern und Bürgen, übereilte Kreditkündigung, Verschweigen von Nachteilen bei Anlagegeschäften, Eingriff in die Geschäftsführung, Ausnutzung wirtschaftlicher Unerfahrenheit, Vergabe von Krediten an Minderjährige.
- *Kompetenzmangel:* Unkenntnis in allen Bereichen, von Bankregeln und betriebswirtschaftlichen Grundlagen, von bestimmten Branchen, von Parametern unternehmerischen Denkens, von der Rechtsprechung; soziale Defizite kommen hinzu.
- *Kriminelles Verhalten:* Zins- und Gebührenreiterei, Komplizenschaft mit Betrügern, Diebstahl aus Konten, Diebstahl durch manipulierte Verträge, Unterschleif von Falschgeld, Meineid, Anstiftung zur und Beihilfe bei Steuerhinterziehung.
- *Unethisches Verhalten:* Erpressung, Bestechlichkeit, Beleidi-

gung, Zinssklaverei, unhaltbare Versprechungen, Ausforschung des Kunden zugunsten Dritter, Blockade liquider Mittel.

Drei Faktoren sind es also, die im Wesentlichen die Beziehung zwischen Bank und Kunde bestimmen: individuelle Eigenheiten des Sachbearbeiters, systemspezifische Defizite und die Logik der internen Strukturen. Gemeinsam entwickeln sie eine verhängnisvolle Dynamik.

Letzte Meldung: **Bank erfindet 1000-Euro-Schein**

Mitte März 2002 hob Volker Schneider 1300 Euro von seinem Konto ab, die er sich in der Filiale der Kölner SEB-Bank in der Neusser Straße auszahlen ließ. Einige Tage später tauchte auf seinem Kontoauszug eine Abbuchung in zehnfacher Höhe auf – 13 000 Euro. Als er die Bank um Korrektur bat, erhielt er einen Brief vom »Total Quality Management« der Bank, in dem behauptet wird, Schneider habe tatsächlich 13 000 Euro erhalten – »gestückelt in 3 × 1000-Euro-Scheinen und den Rest in 200-Euro-Scheinen«. Dafür werden gleich vier Zeugen angeführt.
Das ist bemerkenswert, denn Tausend-Euro-Scheine gibt es nicht.
Einen Auszahlungsbeleg, auf dem Schneider den Erhalt des Geldes quittiert hat, gibt es ebenfalls nicht. Stattdessen wurde nachträglich ein Ersatzbeleg angefertigt, quasi eine Aktennotiz. Auch das ist bemerkenswert.
Bemerkenswert ist ferner der Vergleichsvorschlag, den der Anwalt der Bank gemacht hat: Bank und Schneider sollten sich die 13 000 Euro doch teilen.
Das Gericht wird nun zu entscheiden haben, wessen Darstellung den Tatsachen entspricht – die des Kunden oder die der Bank.

# 1. TEIL:

## Privatkunden – Die Vernichtung des Vermögens

Das kann jedem passieren: Einmal zu vertrauensselig gewesen; einmal die vermeintlich günstigen Angebote nicht sorgfältig geprüft; einmal zu gierig auf eine überdurchschnittliche Rendite spekuliert – einmal die falsche Unterschrift, und das Schicksal nimmt seinen Lauf.

Das Kapitel »Kredite: Lebenslang in der Falle« beschreibt,

- wie Kinder durch das Handy in die Schuldenfalle geraten;
- wie junge Leute um ihr Ererbtes gebracht werden;
- wie ein kranker Mensch immer tiefer in Kredite geführt wird, bis das Häuschen weitere Belastungen nicht mehr hergibt;
- wie Banken mit Frauen umgehen, die für ihre Männer gebürgt haben;
- wie hoch die Schuldenlast der Deutschen wirklich ist und
- welche Rolle die Banken bei dieser Überschuldungskatastrophe spielen.

Im Kapitel »Immobilienfinanzierung: Auf Treibsand gebaut« geht es darum, wie Häuslebauer in den Ruin gerechnet werden:

- zum Beispiel die junge Arbeiterfamilie, die eigentlich nur 75 000 Euro brauchte, auf Kreditkosten von 360 000 Euro hochgejazzt wurde, schließlich das Haus verlor und auf 100 000 Euro Restschulden sitzen blieb;
- zum Beispiel jene Hausfinanzierung, bei der die Bank 25 000 Euro unterschlug und Verträge willkürlich veränderte;
- zum Beispiel die allein stehende Frau, der ein Kredit verwehrt wurde, den sie eigentlich nicht brauchte.

Das Kapitel »Abschreibungsmodelle: Das Steuersparkomplott« berichtet,

- wie Leuten, die sowieso kaum Steuern zahlen, vorgegaukelt wurde, sie könnten massiv Steuern sparen und ein Vermögen aufbauen, und wie sie dadurch in den Ruin schlitterten,
- wie Hunderttausende ohne die geringste Chance in dieser Falle festsitzen, weil Finanzhaie und gewissenlose Banker Hand in Hand gearbeitet haben.

Das Kapitel »Sparverträge und Investmentfonds: Die Enteignung der Sparstrümpfe« erzählt davon,

- wie die Banken »Flüssiges« in »Bleiernes« verwandeln,
- wie sie den Kunden mit Begriffen wie »Zinsen«, »Zinseszins« und »Prämien« Sand in die Augen streuen,
- warum die Banker so gerne Lebensversicherungen verkaufen,
- wie sie Unerfahrene mit höchst riskanten Anlageformen hereinlegen und
- wie sie zulasten der Anleger gegen diese spekulieren.

In »Die Börse: Ausgezockt« schließlich geht es um die wahren Hintergründe der Aktienblase:

- wie die Banken durch Aktien gleich mehrfach kassieren können,
- wie sie eigentlich konkursreife Unternehmen zu strahlenden Newcomern hochjubelten, um sich als Erste am Emissionserlös schadlos zu halten.

## Kredite: Lebenslang in der Falle

Manchmal lernen die Banker ja dazu – wenn auch nicht immer ganz klar ist, ob in moralischem Verhalten oder in der Kunst, Untaten zu verschleiern. Sprechern der Verbraucherverbände zufolge scheint zumindest die Praxis, bereits Kinder in die Schuldenfalle zu locken, mittlerweile wieder eingedämmt zu sein. Das war nämlich Anfang der Neunzigerjahre die große Mode: Kindern ein eigenes Konto einzurichten, auf das die Eltern das Taschengeld überwiesen und aus dem die Kids sich bedienten. Viele Jugendliche überzogen ihre Konten maßlos. Bis die Bank bei den Eltern anrief und die Begleichung der Schulden forderte. Die zahlten voller Scham und Wut – obwohl sie dazu keinerlei Anlass hatten. Denn die Kreditgeschäfte ihrer minderjährigen Sprösslinge waren größtenteils gegen Recht und Gesetz, und hätten die Eltern es drauf ankommen lassen, wären die Banker auf den Überziehungen sitzen geblieben. Aber wer mochte schon riskieren, gegen seine Bank vorzugehen – vor allem, wenn er selber vielleicht ein wenig tiefer in der Kreide steckte, als gut für ihn war?

Wenn die Kinder kurz vor der Volljährigkeit standen und überdies berufstätig waren, hielten die Banker mitunter auch still und warteten bis zum achtzehnten Geburtstag ihrer jungen Kunden. Danach führten sie sie schnell und brutal in die kapitalistische Wirklichkeit ein und forderten sofortige Rückzahlung oder Umwandlung in einen Kredit – selbstverständlich gekoppelt mit hoch dotierten Lebensversicherungs- und Bausparverträgen. Da begann so manche junge Freiheit mit der Zinsknechtschaft, denn in der Regel waren die Belastungen so hoch, dass für eigene Konsumwünsche kaum Platz blieb – es sei denn, der junge Mensch nutzte die Möglichkeiten seiner Kreditkarten exzessiv aus.

Auch wenn derartige Praktiken heute die Ausnahme sind, laufen Kinder und Jugendliche nach wie vor Gefahr, sich zu überschulden. Das Instrument dazu ist das Handy: Jugendliche, die ihre Telekommunikationsrechnungen im Lastschriftverfahren vom Konto abbuchen lassen, geraten schnell in für sie astronomische Überhänge. Auch wenn man der Bank dafür nicht die Schuld zuschieben darf, müssen die Banker sich doch die Frage gefallen lassen, warum sie solche Lastschriften nicht rigoros zurückgeben. Halten sie sich doch zugute, den Kindern mit der Überlassung eines Kontos bei der Orientierung im komplizierten Wirtschaftsleben helfen zu wollen. Da sollte der Umgang mit den Risiken unkontrollierten Konsums doch eigentlich zum Lernprogramm gehören.

Zwar locken die Banker Kinder kaum mehr aktiv in die Schuldenfalle. Lieber warten sie die Volljährigkeit ihrer Kunden ab, bevor sie zuschlagen. Vor allem die nahezu grenzenlosen Kreditmöglichkeiten durch EC- und Kreditkarten werden dann vielen jungen Leuten zum Verhängnis. Diese Überziehungen führen direkt in die erste Umschuldung, die die Banken gern dazu nutzen, völlig überdimensionierte und damit unsinnige Lebensversicherungen und Bausparverträge an den Mann zu bringen – vorgeblich zur Absicherung des Kredits.

Besonders freigebig sind die Banken mit Krediten, wenn der Kunde im öffentlichen Dienst beschäftigt ist und dazu auch noch Immobilien besitzt. Dann fließen die Gelder nur so – selbst wenn das Einkommen bald nicht mehr ausreicht, die Kredite zu bedienen. In dieser Gefahr befindet sich eine junge Familie, Günter und Karin V. (Name geändert), mit zwei Kindern aus dem Klientenkreis einer Schuldnerberatungsstelle. Zusammen verdienen die Eheleute etwas über 2000 Euro netto; da das Kind noch versorgt werden muss, steuert die Frau zum Familieneinkommen nur knapp 300 Euro bei. Der Mann arbeitet im öffentlichen Dienst.

Das Paar hatte vor wenigen Jahren zwei Immobilien geerbt: ein Wohnhaus, das sie selbst nutzen, und ein Mehrfamilienhaus. Die wirtschaftlichen Umstrukturierungen haben in der Gegend, in der die Familie wohnt, dazu geführt, dass der gewerbliche Immobilienmarkt zusammengebrochen ist. So sind in dem Wohn-/Geschäftshaus nur zwei Wohnungen vermietet, die beiden Läden stehen jedoch leer. Dabei wird es wohl für lange Zeit bleiben.

Weil sie meinten, sich wegen des Immobilienvermögens so einiges leisten zu können, nahm das junge Paar immer wieder Kredite auf; die Bank zeigte sich großzügig und gab das Geld problemlos heraus. So war das zuvor nicht belastete Wohnhaus binnen zweier Jahre durch insgesamt fünf Kredite mit knapp 150 000 Euro beliehen und das Mietshaus durch zwei Kredite zu knapp 100 000 Euro. Während die Mieteinnahmen die Rückzahlung der Kredite für das Mehrfamilienhaus mehr schlecht als recht decken (Rücklagen für Instandhaltungsarbeiten wurden jedoch nicht gebildet), belasten die Schulden auf dem Wohnhaus den Etat der Familie mit knapp 1000 Euro monatlich. Noch kann die Familie diese Belastungen stemmen – allerdings nur, falls die Frau weiterhin ihre Aushilfsstelle behält, keine weiteren Mietausfälle entstehen und an den Häusern keine kostspieligen Reparaturen anfallen.

Karin V. erwachte als Erste aus dem Konsumtraum. Sie weigerte sich, den letzten Kredit als Bürgin mit zu unterschreiben und wandte sich an eine Schuldnerberatungsstelle. Dort sucht man jetzt nach einem Weg, die Risiken in den Griff zu bekommen und die Belastungen aus der Finanzierung erträglicher zu machen.

Gut, dass die Frau so kurz vor Toresschluss noch zu Verstand gekommen ist. Denn es hätte nicht mehr lange gedauert, und es wäre notwendig geworden, Kredite nicht nur für Autos, Einrichtungsgegenstände und teuren Urlaub aufzunehmen, sondern auch für den Lebensunterhalt. Und dann hätte das Paar die ganze Brutalität der Banker kennen gelernt.

So, wie es Heiner S. (Name geändert) passiert ist. Auch ihm gegenüber war ein Banker überaus großzügig, obwohl die Familie, sie hat jetzt fünf Kinder, nach einem schweren Arbeitsunfall des ehemaligen Bergmanns nur von der Unfall- und Erwerbslosenhilfe (zusammen 1600 Euro) sowie dem Kinder- und Erziehungsgeld (zum Zeitpunkt der Überschuldung rund 750 Euro) lebte. Aufgrund rückständiger Raten und aufgelaufener Zinsen hatten sich die Schulden auf 65 000 Euro aufgeschaukelt.

Als nichts mehr ging mit der Weiterverschuldung zogen die Banker alles Geld ein, das auf den Konten von Heiner S. einging. Auch, und das zeigt die Bedenkenlosigkeit so mancher in dieser Branche, das Kindergeld, das eigentlich weitgehend unpfändbar ist. So blieb der Familie nicht einmal genügend Geld fürs Essen übrig. Heiner S. berichtet, dass er am Banktresen manchmal um 30 Euro betteln musste.

Schuldnerberater halten diese Praktiken für Untreue, doch den Bankern geschieht so gut wie nie etwas, wenn sie eine Familie in ihr Unglück schlittern lassen und sie dann nach Strich und Faden ausbluten. Inzwischen hat die zuständige Schuldnerberaterin dafür gesorgt, dass Familie S. sich wieder kleiden und ernähren sowie Miete und Energiekosten bezahlen kann. Sie hat auch einen vernünftigen Tilgungsplan ausgearbeitet, der es ermöglicht, die Verpflichtungen in den nächsten zehn Jahren abzutragen.

Die Familien S. und V. sind in ihrem Unglück beisammengeblieben. Aber nicht selten führt der Stress der finanziellen Katastrophe zum Auseinanderbrechen der Partnerschaft. Meist trifft es die Frau am schlimmsten, die für die Schulden des Mannes mit haftet, sei es durch die gemeinsame Unterschrift bei einem Konsumkredit oder durch die Bürgschaft für einen Kredit, den der Ehemann zum Beispiel aufgenommen hat, um sich selbstständig zu machen. Immer wieder kommt es vor, dass der Mann dem Druck nicht gewachsen ist und plötzlich verschwindet. Dann greifen die Banken gern auf die ahnungslose Ehefrau zurück. Schuldnerberater kennen Fälle, in denen der Mann noch schnell die Kreditlimits ausgeschöpft hat, bevor er sich mit einer Geliebten absetzte.

Häufig kommen Frauen auch in finanzielle Schwierigkeiten, weil der Mann sie überredet, als Strohmann aufzutreten und sich statt seiner selbstständig zu machen. In diesen Fällen ist entweder der Mann von einer früheren Unternehmung so überschuldet, dass er selbst keine Kredite bekäme, oder er rechnet sich aus, dass seine Frau leichter an Fördergelder kommt. Dann führt der Mann zwar de facto das Geschäft, die Frau muss aber für die Schulden des Unternehmens geradestehen. Schuldnerberater kennen auch Beispiele, dass gewissenlose Männer sich immer wieder neue Frauen suchen, die sie dazu überreden, den Kopf für sie hinzuhalten, um dann die Kredite abzuräumen und sich davonzumachen.

Die Banker interessiert das Schicksal der Frauen nicht. Sie scheuen auch nicht davor zurück, selbst Arbeitslosen- und Sozialhilfe für sich zu reklamieren und in die Tilgung der Schulden einfließen zu lassen. Finden diese Frauen nicht den Weg zu den Schuldnerberatungsstellen, drohen sie zu verelenden.

Allerdings sind Frauen in solchen Fällen nicht mehr ganz so schutzlos der Willkür der Banker ausgesetzt wie noch vor zehn Jahren. Dafür hat es allerdings eines Urteils des Verfassungsgerichts bedurft, das die zivile Gerichtsbarkeit gehörig durcheinander wirbelte. Damals ging es um das Schicksal einer jungen Frau, Arbeiterin in einer Konservenfabrik, deren Vater zur Aufrechterhaltung seiner Firma einen Kredit aufgenommen hatte, für den die gerade volljährige Tochter bürgen musste. Kurz danach ging er Konkurs.

Nach dem Zusammenbruch erdreistete sich die Bank, den Lohn der jungen Frau bis auf den unpfändbaren Rest beschlagnahmen zu lassen. Dabei war klar, dass die paar Euro nie für die Tilgung der Schulden ausreichen würden. Klar war auch, dass die junge Frau mit dieser Belastung bis zum Ende ihres Lebens überfordert sein würde. Die Bank jedoch beharrte auf ihren Ansprüchen: Die Frau könne ja reich heiraten, in Amerika erben oder einen Lottogewinn machen. Dann sei sie alle ihre Sorgen los und die Bank habe ihr Geld gerettet.

Bis zum Bundesgerichtshof (BGH) gaben die Richter den Bankern Recht. Das Bundesverfassungsgericht sah das allerdings fundamental anders. Es erkannte, dass es gegen die Verfassung verstößt, einem Menschen mit der Schuldknechtschaft alle Chancen auf ein selbstbestimmtes Leben zu verderben, und erklärte die Bürgschaft für nichtig.

In einem zweiten Urteil entschied das Verfassungsgericht, dass eine Bürgschaft dann nichtig sei, wenn der Bürge mit der Bezahlung der Schulden überfordert ist. Das war der Freispruch für viele Frauen, die bisher im Geschäft ihres Mannes als billige Arbeitskraft Dienst getan hatten und nach dem wirtschaftlichen Ruin nun mit minimalen Einkünften auskommen mussten.

Für den Bundesgerichtshof kam das einer Revolution gleich, einige Richter mussten sich von ihrer dogmatischen Einstellung verabschieden, jeder Mensch habe die Freiheit, sich ins Unglück ziehen zu lassen. Bis heute ist der Streit der juristischen Schulen um diese Frage nicht endgültig ausgestanden. Doch immerhin gibt es eine Reihe grundlegender Entscheidungen, aus denen jede Betroffene ablesen kann, wie hoch ihre Chancen sind, der lebenslangen Fron zu entgehen (siehe S. 307 ff.).

Wie groß das durch die Banken hervorgerufene Elend ist, zeigen die Verschuldungsbilanzen. Mitte 2001 meldete die Arbeitsgemeinschaft Schuldnerberatung, dass 2,7 Millionen Haushalte in Deutschland ihre Kredite nicht mehr abbezahlen können. Betroffen sind rund 9 Millionen Menschen, über zehn Prozent der Bevölkerung. Dabei ist die volkswirtschaftliche Belastung durch diese »faulen« Kredite gar nicht so groß: Insgesamt machen die Verbraucherkredite 230 Milliarden Euro aus, doch nur fünf Milliarden davon stehen im Feuer – eine für die Banken komfortable Risikolage.

Ein Gutachten der Münchner GP Forschungsgruppe, das 1999 dem Bundesministerium für Familie, Senioren, Frauen und Jugend vorgelegt wurde, besagt, dass eine zunehmende Zahl ehemaliger kleiner Gewerbetreibender und Selbstständiger zu den Betroffenen zählt. Die Forscher, die unter anderem rund 30 000 Beratungsfälle bei den Schuldnerberatungsstellen in Deutschland ausgewertet haben, stellen fest, dass »jeder, der nicht in ›gesichertem Wohlstand‹ lebt und Kreditverpflichtungen eingegangen ist, ... durch kritische Lebensereignisse wie Scheidung, Krankheit, Arbeitslosigkeit oder gescheiterte Existenzgründungen in die Überschuldung abrutschen« kann.

Die wichtigsten »kritischen Lebensereignisse«, die zur Katastrophe führen, sind nach dieser Erhebung Arbeitslosigkeit und die Trennung vom Lebenspartner, die mit 38 beziehungsweise 22 Prozent als Ursache genannt wurden. Nur 9 Prozent der Überschuldungsfälle sind durch Krankheit, Unfall oder Tod verursacht, bei nur 6 Prozent spielt Sucht (zum Beispiel Alkohol) eine Rolle.

Neben diesen situativen Auslösern spielen grundsätzliche Faktoren eine entscheidende Rolle, die das finanzielle Ungleichgewicht hervorgerufen haben. Die Unerfahrenheit gegenüber dem Kredit- und Konsumangebot ist hier mit 20 Prozent an erster Stelle zu nennen; an fünfter Stelle wird mit 14 Prozent das Missverhältnis zwischen Kredithöhe und Einkommen genannt. Die anderen Auslöser sind: dauerhaftes Niedrigeinkommen (19 Prozent), Suchtverhalten (10 Prozent) und suchtartiges Kaufverhalten (7 Prozent). Es waren Mehrfachnennungen möglich, daher addieren sich die Prozentangaben auf über 100. Die Überschuldung in Deutschland ist also zu einem gewissen Grad direkt auf die Kreditstrategie der Banken zurückzuführen.

In den neuen Bundesländern haben 72 Prozent der an der GP-Untersuchung Beteiligten Schulden bei Kreditinstituten, in den alten Bundesländern sind es immerhin 56 Prozent. Angesichts dieser Zahlen ist die Schuldenhöhe erschreckend. Nur 37 Prozent von den 36 000 Befragten haben Schulden, die die Verfasser der Studie als »im überschaubaren Rahmen« klassifizieren (Beträge bis zu 10 000 Euro). Dagegen sind 34 Prozent der Befragten mit Schulden zwischen 10 000 und 50 000 Euro belastet, mit Schulden über 50 000 Euro 17 Prozent. Da haben es die Banken weit kommen lassen in ihrer Freigebigkeit.

Nach der Logik der Banken ist dies nur folgerichtig. Deren Aufgabe ist schließlich die Gewinnmaximierung und nicht die Pflege der sozialen Landschaft. Oder mit den Worten dieser Studie: Sie müssen »eine möglichst große Differenz zwischen dem erwarteten Gewinn aus erfolgreichen Kreditgewährungen und dem erwarteten Verlust aus geplatzten Finanzierungen« erreichen. So schlicht wie unwiderlegbar heißt es weiter: »Banken akzeptieren also von vorneherein einen gewissen Ausfall. Wohl auch deswegen, weil die Risiken fast ausschließlich der Kreditnehmer trägt.«

Aber nicht nur die Kreditnehmer allein tragen das Risiko. Die Banken belasten auch die öffentlichen Haushalte, wenn vormals gut verdienende Bürger zu Sozialhilfeempfängern werden. Indem sie Menschen enteignen, sanieren sie sich auf Kosten des Gemeinwohls.

## Immobilienfinanzierung: Auf Treibsand gebaut

Die Schneiders (Name geändert) haben aufgegeben. Das Häuschen, für das sie sich über zwanzig Jahre lang krumm gemacht haben, ist verloren. Zurück bleiben Schulden, die höher sind als der Kredit, den sie ursprünglich brauchten, um ihren Traum zu erfüllen. Bei aller Wut auf die Banker, die ihr und ihrem Mann dieses Desaster eingebrockt haben, ist Frau Schneider auch ein wenig erleichtert, dass das ganze Elend endlich vorbei ist.

Angefangen hat es 1981 mit dem Wunsch, endlich im eigenen Heim zu wohnen statt zur Miete. Die Ansprüche der Arbeiterfamilie mit zwei Kindern, monatliches Nettoeinkommen rund 1900 Euro, waren nicht hoch, gerade mal 75 000 Euro brauchten sie für das bescheidene Fertighaus, das sie auf dem Land errichten wollten. Das Grundstück bekamen sie für rund 3500 Euro fast geschenkt.

Die Bank, an die sie sich wandten, brauchte offenbar dringend selber Geld. Denn sie offerierte den Schneiders ein Finanzierungsmodell, das diese bis heute nicht verstehen und über das selbst erfahrene Juristen nur den Kopf schütteln. Es hat nur einen Vorteil: Es schaufelt der Bank Geld ins Haus, wenn sie finanziell Gutgestellte damit ausnimmt, und steuerlich aktivierbare Verluste, wenn Arme den Kredit nicht mehr bedienen können.

Dieses Modell ist sogar als abschreckendes Beispiel für kundenfeindliche Finanzierung in der wahrlich nicht bankenfeindlichen Fachzeitschrift *WM Zeitschrift für Wirtschafts- und Bankrecht* vorgestellt worden. Es nennt sich »Bausparsofortfinanzierung mit Fremdgeldbesparung« und wird auch heute noch von nahezu allen Bausparkassen getragen. Die Banken verdienen gleich doppelt daran: einmal an den Krediten, die sie dafür herausreichen, und dann noch mal an den Provisionen, die sie von den Bausparkassen erhalten. Die konkrete Folge für die Schneiders: Um »günstig« an die eigentlich benötigten 75 000 Euro zu kommen, mussten sie einen Kredit von 130 000 Euro aufnehmen. Hätten sie bis zum Schluss durchgehalten, hätten sie eine viertel Million Euro an Zinsen für das Darlehen bezahlt. Eine saubere Finanzierung dagegen hätte sie nur 90 000 Euro gekostet.

Auslöser war der Wunsch der Familie Schneider, die kein eigenes Kapital hatte, möglichst niedrige Zinsen zu zahlen, damit ihr Budget nicht übermäßig belastet wurde. Und sie erlagen dem weitverbreiteten Vorurteil, Bausparkassen gäben Geld zu besonders günstigen Konditionen, vorausgesetzt, ein ausreichend hoch angesparter Vertrag liegt vor. Sie hatten sich sehr getäuscht.

Auf solche Kunden zielt das Bausparsofortfinanzierungsprogramm. Das funktioniert so, dass die Häuslebauer, hier die Schneiders, zunächst bei der Bank einen Kredit zu Normalkonditionen aufnehmen, der ausreicht, die Immobilie zu erwerben und zugleich einen neu abgeschlossenen Bausparvertrag so aufzufüllen, dass die Untergrenze für die Zuteilungsreife erreicht wird. Das Geld der Bank wird zunächst vollständig auf das Bausparkonto eingezahlt. Im zweiten Schritt zahlt die Bausparkasse die für den Hauskauf benötigte Summe an den Käufer aus, der damit seine Immobilie erwirbt. Auf dem Bausparkonto bleibt jetzt ein hoher, aber extrem niedrig verzinster Betrag, der nach einer gewissen Zeit zur Zuteilung des zinsverbilligten Bausparkredits berechtigt. Damit tilgt der Käufer den gesamten Ursprungskredit seiner Bank und zahlt nur noch die niedrigen Bausparzinsen.

Was die Bauherren, die auf dieses Modell hereingefallen sind, in ihrer Euphorie, sofort in die eigenen vier Wände einziehen zu können, übersehen haben: Sie zahlen am Schluss einen viel höheren Kredit ab, als sie eigentlich gebraucht hätten. Und: Je länger die Zuteilung des Bausparkredits auf sich warten lässt, umso mehr verteuert er sich wegen des hoch verzinsten Bankkredites. Und weil keine Bausparkasse verpflichtet ist, verbindliche Zuteilungstermine zu vereinbaren, kann sich diese Frist nahezu beliebig dehnen.

Für die Schneiders hieß das: Sie nehmen 130 000 Euro auf und erhalten davon 75 000 Euro auf die Hand. Für die restlichen 55 000 Euro, die eigentlich nur auf dem Kredit- und Bausparvertrag existieren und über die sie nicht verfügen dürfen, zahlen sie selbstverständlich ebenso Zinsen wie für das Geld, das sie für den Hauskauf ausgegeben haben. Bei einem Guthabenzins von 2,5 Prozent auf das Bausparguthaben und Sollzinsen in Höhe von 10,5 Prozent für den Kredit macht das einen Verlust von rund 9 Prozent auf die gesamte Kreditsumme, also jährlich knapp 12 000, monatlich 1000 Euro. Insgesamt kamen die Schneiders auf diese Weise zu einer Zinsbelastung von monatlich 1125 Euro – 360 Euro mehr, als sie für eine normale Finanzierung mit einem zweiprozentigen Tilgungsanteil hätten bezahlen müssen. Dann wäre bereits im Jahr 2003 Schluss gewesen mit der Krummlegerei, und das Haus hätte ihnen unbelastet gehört. Alles in allem hätten sie für ihr Traumhaus rund 170 000 Euro aufgebracht.

Die Bausparsofortfinanzierung hingegen sollte erst im Jahr 2024 enden und hätte die Schneiders insgesamt rund 360 000 Euro gekostet. Bis auf 200 000 davon haben sie aufgebracht. Dann verließ sie die Kraft.

Der Weg zum finanziellen Kollaps war mit Demütigungen gepflastert, und er war selbst für die Bank beschwerlich, denn es brauchte bis zum Todesstoß insgesamt elf Kreditkonten. Schon früh merkten die Schneiders, dass sie die horrenden Belastungen nicht tragen konnten. Da zeigte sich die Bank vorgeblich hilfsbereit und richtete ein »Annuitäten-Zuschuss-Darlehen« ein. So gern diese Refinanzierungsform von vielen Banken auch empfohlen wird, dahinter verbirgt sich eine gewaltige Täuschung. Denn »Annuität« bedeutet in der Bankersprache eigentlich die kontinuierliche Rückführung eines Kredits mitsamt Zinszahlungen. Aber die Schneiders bezahlten fürs Erste nur Zinsen. Von Kreditrückführung war noch nicht die Rede.

Und beim »Zuschuss« handelte es sich in Wahrheit um einen Zinszuschuss zugunsten der Bank, den die Schneiders zusätzlich tragen mussten. Denn die Bank buchte die nicht gezahlten Zinsen Monat für Monat aus dem Kontokorrent auf dieses Darlehenskonto um, das mit bis zu 11,5 Prozent verzinst wurde. Damit hatten die Banker es geschafft, aus Zinsen wiederum Zinsen zu erwirtschaften

– eine elegante Umgehung des allgemeinen Verbots der Zinseszinsberechnung bei Krediten. Das geht sonst nur auf dem Girokonto.

Mysteriös war das Verschwinden und Wiederauftauchen von 27 000 Euro. Denn die Kontenprüfung durch den Gutachter Hans Peter Eibl (Anschrift siehe Seite 305) ergab, dass zunächst nicht 55 000 Euro auf dem Bausparkonto verblieben, sondern nur die Hälfte. Für die verschwundene Hälfte wurden folglich auch keine Guthabenzinsen bezahlt. Der fehlende Betrag tauchte erst im Verlauf einer nicht weniger mysteriösen Transaktion wieder auf. Damals, 1983, besorgte die Bank sich im Namen der Schneiders bei der zuständigen Landesbank erneut einen Kredit. Möglicherweise wollte die Bank von Fördermitteln des Landes profitieren, denn Eibl fand in den Unterlagen eine Bestätigung der zuständigen Kreisverwaltung über die Genehmigung eines verbilligten Kredits für Wohnraumschaffung. Mit dem Betrag wurde das Ursprungsdarlehen umgeschuldet, offenbar ohne dass die Schneiders etwas davon ahnten; an den Antrag, der dafür notwendig gewesen wäre, können sie sich jedenfalls nicht erinnern. Sie hatten auch keinen Vorteil davon. Denn obwohl Wohnungsbeschaffungskredite in der Regel zu sehr niedrigen Zinsen herausgegeben werden, tat sich bei der Zinsbelastung der Familie nichts Positives. Dafür tat sich etwas auf dem Bausparkonto: Plötzlich waren die abgängigen 27 000 Euro wieder da!

Die Lage der Familie verschlechterte sich drastisch. Denn die 75 000 Euro, die sie für den Kauf des Hauses erhalten hatten, verzinsten sich aufgrund der Zinsrückstände jetzt bereits auf der Basis von 160 000 Euro zu 10,5 Prozent. Und das Karussell drehte sich weiter: Nachdem zwischenzeitlich ein kleiner Bausparvertrag, den die Schneiders schon lange vor der Katastrophenfinanzierung eingerichtet hatten, ebenfalls per Kredit aufgeblasen wurde, war die zu verzinsende Schuld auf 203 000 Euro gestiegen. Bis dahin hatten sie allein an Zinsen bereits 25 000 Euro bezahlt – ein Drittel dessen, was sie für das Haus eigentlich nur gebraucht hätten.

Schließlich wurde der Bausparvertrag zugeteilt und den Kreditkonten gutgeschrieben, was den Schneiders jedoch nur einen zusätzlichen Gläubiger eintrug. Die Schulden verringerten sich durch die Zinsen aus dem Bauspar»guthaben« nur minimal. Der Aufwand für den Kauf ihres Hauses war innerhalb von sechs Jahren auf das Dreifache gestiegen.

Trotzdem versuchten die Schneiders weiter, ihr Problem zu stemmen, und zahlten für Tilgung und Zinsen, was sie abdrücken konnten. Bis 1996, als sie entschieden, nun sei es genug mit der Quälerei, hatten sie der Bank und der Bausparkasse immerhin rund 130 000 Euro überlassen. Trotzdem konnten sie die Schulden nicht auf ein erträgliches Maß drücken; als die Bank daranging, das Häuschen zu versteigern, machte sie hinterher noch rund 100 000 Euro Forderungen geltend. Auf denen sind die Schneiders am Schluss dann auch sitzen geblieben.

Fast scheint es, als hätten die Mitarbeiter der Bank und der Bausparkasse gemeinsam jeden Überblick verloren. Niemand konnte so recht verstehen, was da abgelaufen ist, am wenigsten die Schneiders. Die waren so überfordert, dass sie »ihren« Banker einfach machen ließen, weil sie das Geflecht der vielen Konten und Kredite nicht mehr durchschauten. Einer der Gründe, warum es den Finanzdienstleistern so leicht fällt, wirtschaftlich Unerfahrene aufs Kreuz zu legen, ist der Nimbus des Erfahrenen, der zu einem völlig unangebrachten Vertrauen in den »Experten« führt. Auch die Richter, die sich mit dem Fall abplagen mussten, waren davon wohl nicht frei. Trotz deutlicher Hinweise auf sittenwidrige Bereicherung gaben die Schneiders ihren Kampf gegen die Zwangsvollstreckung daher schließlich auf. Sie hatten am Schluss einfach nicht mehr die Kraft, weiterzukämpfen.

Aber Häuslebauer lassen sich auch einfacher um die Existenz bringen. Mittels einfacher Begriffsverwirrung ist es einer Sparkasse im Südwesten gelungen, ein Heidenchaos bei ihrem Kunden, einem Handwerker, anzurichten. Dem finanzierte sie eine Reihenhaushälfte und zeigte dabei, bewusst oder unbewusst, wie man den Begriff »Annuitätendarlehen« missverstehen kann. Ein Fehler, so Beobachter der Bankenszene, der viel zu häufig vorkommt, als dass man noch an einen Irrtum glauben darf.

Der Handwerker, nennen wir ihn Franz Seiffert, brauchte 186 000 Euro. Bekommen hat er 160 000 Euro – über die Differenz wird später zu reden sein. Die Banker bereiteten dafür drei Annuitätskreditverträge vor, die zunächst ganz korrekt aussahen. Allerdings kamen sie später auf die Idee, eines der Darlehen »umzuswitchen«, wie es in der Bankersprache heißt – in ein Tilgungsdarlehen. Das heißt, sie benutzten die vereinbarte Rate jetzt ausschließlich für die Tilgung des Kredits. Und die Zinsen? Nun, die betrugen 1112 Euro, die dem Handwerker kurzerhand zusätzlich vom Girokonto abgebucht wurden, was dessen Liquidität nachhaltig verschlechterte. Dass er nun fast das Doppelte des Ausgemachten bezahlen musste, war denn auch der Hauptgrund, warum der Handwerker schließlich in die Knie ging. Die durch illegale Zinsanpassung zusätzlich hervorgerufenen Schäden schlugen dabei kaum noch zu Buche (zum Thema falsche Zinsberechnungen siehe S. 250 ff.).

Und was war mit der Differenz zwischen der beantragten und der ausgezahlten Summe, immerhin 26 000 Euro? Darüber solle er sich keine Gedanken machen, beruhigten ihn die Banker, man würde ihn dafür mit Aufträgen versorgen. Dann habe er das Geld wieder drin. Auf die Aufträge wartet der Handwerker heute noch.

Kann man sich wehren? Ja, aber es braucht einen langen Atem, wenngleich die Rechtslage eindeutig ist. Im November 2000 hat der Bundesgerichtshof (BGH) entschieden, dass die Bank gerade bei »Bausparsofortfinanzierung mit Fremdgeldbesparung« zu umfassender Aufklärung verpflichtet ist. Das heißt, der Berater muss den Kunden ausdrücklich und ausführlich auch auf die Nachteile dieser Finanzierungsart hinweisen (Urteil: XI ZR 336/99). So weit, so gut. Aber: Die Beweislast liegt beim Geschädigten. Er muss nachweisen, dass die Aufklärung nicht erfolgt ist. Wie aber soll er das tun, wo sich doch bei derartigen Gesprächen Sachbearbeiter und Kunde meist allein gegenübersitzen und es sicher keine Aktennotiz über eine fehlende Beratung gibt? Da hilft nur, die Richter dazu zu bringen, den Kläger auch als Zeugen zu hören. Hier ist ein Urteil des Bundesgerichtshofs (Aktenzeichen H IV ZR 70/97) hilfreich, das eben diese Möglichkeit regelt. Bis dato hatten sich alle Richter geweigert, einen Kläger im Zivilverfahren als Zeugen zu hören, jetzt sind sie dazu verpflichtet. Dann braucht es »nur« noch einen guten Anwalt, der die Richter davon überzeugen kann, dass nicht der Banker im feinen Zwirn, sondern der verarmte Geschädigte der glaubwürdigere Zeuge ist.

Bei Falschabbuchungen und falschen Zinsberechnungen ist die Prozessführung dagegen relativ einfach, weil die Zahlen eindeutig sind. Die Banker können sich allenfalls darauf hinausreden, dass der Geschädigte dem fehlerhaften Verfahren stillschweigend zugestimmt habe. Allerdings stehen sie da auf schwankendem Boden.

Im besten Fall lässt sich die Rückabwicklung der verkorksten Finanzierung erreichen oder, wenn man noch im eigenen Haus sitzt, die Aufhebung der Zwangsvollstreckung und die Umschreibung der faulen Kreditverträge in saubere, wobei natürlich die Gutschrift zu viel gezahlter Beträge selbstverständlich sein sollte. Gute Chancen hat der Geschädigte auch, sich zu viel gezahltes Geld verzinsen zu lassen, weil er diese Beträge ja sonst zum Beispiel in Bundesschatzbriefen hätte anlegen können. Hier gehen die Richter von einem Wiederanlagezins in Höhe des aktuellen Diskontsatzes plus fünf Prozent aus.

Keine Chance hingegen hat wohl eine Bausparerin, die auf die Versprechungen des Vermittlers gehört und eine schnelle Zuteilung eines Kredits erhofft hatte. Heidelinde Schwarz (Name geändert) plante, ihrem Wohnhaus früher oder später einen Anbau hinzuzufügen. Um diesen billig finanzieren zu können, ging sie einen Bausparvertrag ein. Damals war sie noch verheiratet.

Als sie ihr Vorhaben realisieren wollte und der Bausparvertrag auch zuteilungsreif war, war sie aber geschieden, zudem schwanger und später im dreijährigen Erziehungsurlaub. Das gefiel den Machos bei der Bausparkasse anscheinend nicht. Wohl aus der Befürchtung heraus, Frau Schwarz, die zuvor überdurchschnittlich gut verdient hatte, könne nach dem Erziehungsurlaub die Raten für den Kredit nicht aufbringen, verzögerten sie die Zuteilung ein ums andere Mal. Dabei wäre Heidelinde Schwarz selbst dann nicht ins soziale Netz abgestürzt, wenn sie in ihren alten Beruf nicht hätte zurückkehren können. Sie besitzt nicht nur umfangreichen, unbelasteten Grundbesitz, sondern hat auch Barvermögen, das sie jedoch für den Anbau nicht antasten wollte. Es half aber nichts: Die Bausparkasse stellte sich stur.

Das deutsche Recht gibt Frau Schwarz keine Handhabe, sich gegen diese offensichtliche Diskriminierung durchzusetzen, denn niemand ist verpflichtet, irgendjemandem, und sei er noch so liquide, einen Kredit zu geben. Das europäische Recht sieht allerdings Sanktionen für derartige Diskriminierungen vor. Allerdings: Bis eine Klägerin am Europäischen Gerichtshof vorgelassen wird, gehen Jahre ins Land. Und so resignierte inzwischen auch Heidelinde Schwarz, weil sie es für sinnlos hält, eine Menge Geld für einen Grundsatzstreit auszugeben, der wohl erst entschieden wird, wenn die Dachbalken im inzwischen kreditfrei errichteten Anbau schon zu faulen beginnen.

## Abschreibungsmodelle: Das Steuersparkomplott

Seine Ehe ist zerstört. Gerade mal fünfunddreißig Jahre alt, sieht sich Klaus Walter (Name geändert) vor den Trümmern seiner Träume. 77000 Euro hat ihn der Ausflug in die Welt der Immobilienfonds an direkten Schulden gekostet, hinzu kommen 10000 Euro verlorene Lebensversicherungsprämien. Das ist für einen Rettungssanitäter mit knapp 1800 Euro Monatsgehalt viel Geld. Mit einer eidesstattlichen Versicherung hat er seine Vermögenslosigkeit erklärt. Damit bleibt ihm nur noch die Chance einer Privatinsolvenz und der Restschuldbefreiung. Ihm stehen magere Jahre bevor.

Klaus Walter hatte Anteile an einem geschlossenen Immobilienfonds gezeichnet, die für seine Situation ein wenig abenteuerlich finanziert waren. Der Anteil von rund 31000 Euro sollte nämlich nach dem Muster des Nachsparens über eine Lebensversicherung finanziert werden. Dafür muss der Investor einen Kredit aufnehmen, der über die gesamte Laufzeit nicht getilgt wird. Stattdessen zahlt er in eine Lebensversicherung ein, die am Ende der Laufzeit des Fonds ausgezahlt wird und den Kredit mit einem Schlag tilgt. Dem Investor, so das Argument der Finanzjongleure, die sich dieses Modell ausgedacht haben, erwachsen als Kosten lediglich die Zinsen, die er sogar steuerlich geltend machen kann. Die Prämien für die (in günstigen Fällen ebenfalls steuerlich anrechenbaren) Lebensversicherung gelten als Rücklage, die die Investoren später aller finanzieller Sorgen ledig machen soll.

Das Modell funktioniert umso besser, je höher die Steuerlast des Investors liegt; es war daher anfangs nur für Großverdiener gedacht. Auf Kosten des Staates wollten sich beide Vertragspartner bereichern, denn je höher die Kosten für das Investment ausfallen, umso vorteilhafter die Steuerbegünstigung. So funktionierte auch der Fonds, in den Walter investierte. Da gab es ein aberwitziges Disagio von mehr als 10 Prozent – der junge Mann musste auf die 31000 Euro, die er sich von der Bank lieh, noch einmal knapp

3600 Euro drauflegen, die sie sich in die Taschen schob – und dieser Aufschlag wurde ebenfalls finanziert.

So weit, so üblich und gefährlich im Markt der Kapitalanleger. Das Konzept ist nur dann tragfähig, wenn die Immobilien, die mit dem Geld des Fonds bezahlt werden, irgendwann einmal Geld verdienen. Wenn es also gelingt, die Wohnungen und Geschäftsräume nahezu vollständig zu vermieten und wenn die Mieter langfristig in dem Gebäude bleiben. Teilhaber an solchen Fonds müssen aber nicht nur ihr Erspartes abliefern. Sie sind über die Laufzeit des Fonds verpflichtet, Geld nachzuschießen, wenn die Immobilie oder der Fonds als solcher notleidend wird – zum Beispiel weil angemessene Mieterträge ausbleiben.

Klaus Walter jedoch wurden ganz besondere Manipulationen zum Verhängnis, deren Folgen der junge Investor zunächst nicht übersehen konnte. So überredete ihn der Vermittler dazu, eine bereits bestehende Lebensversicherung zu kündigen und eine neue abzuschließen. Dem Vermittler brachte das eine nicht unbeträchtliche Provision, während Walter das Nachsehen hatte: Bei vorzeitiger Kündigung sinkt der Ansparwert einer Lebensversicherung dramatisch.

Zudem beließ es der Vermittler nicht bei einer Laufzeit von zehn Jahren, sondern setzte dreißig Jahre an. Und die Ansparsumme lautete auch nicht auf 34 600 Euro (das wäre der Kaufpreis des Fondsanteils plus Disagio gewesen), sie betrug vielmehr satte 153 000 Euro. Das allerdings wusste Walter noch nicht, als er beim Notar allerlei Urkunden unterzeichnete, darunter auch eine Vollmacht, mit der er den Vermittler zu allen notwendigen Geschäften um den Erwerb des Immobilienanteils ermächtigte. Der konnte daraufhin tun und lassen, was er wollte.

Das böse Erwachen kam fast genau ein halbes Jahr später. Da erhielt Klaus Walter von einer ihm bis dahin völlig unbekannten Revisions- und Treuhandgesellschaft die rechtskräftigen Verträge. Statt der 31 000 Euro für den Fonds betrug die Gesamtsumme mehr als das Doppelte: 63 400 Euro. Der Betrag setzte sich zusammen aus dem Preis für den Fondsanteil plus der exorbitant hohen »weichen« Kosten, zum Beispiel für die Entwicklung des Objekts und die Fondsverwaltung. Und statt 170 Euro im Vierteljahr musste Walter einschließlich der Prämien für die Lebensversicherung 610 Euro abstottern.

Die ganze Zeit über hatte der junge Mann keinen Kontakt mit der Bank, von der er den Kredit für den Fondserwerb hatte – die Bank interessierte sich erst für ihren Kunden, als alles gelaufen war. Da schickte sie ihm eine Abtretungsurkunde über die neue Lebensversicherung. Jetzt streiten Klaus Walter und weitere Anleger, die auf dieselbe Masche hereingefallen sind, mit der Bank, ob diese nicht ihre Beratungspflicht versäumt hat und somit zur Rückabwicklung verpflichtet sei. Das Ende des Streits ist nicht abzusehen; ob der junge Mann den Stress ohne gesundheitlichen Schaden wegstecken kann, ist ungewiss.

Walters Unglück ist nur eine der vielen Varianten um das Trauerspiel mit den Steuersparmodellen. Insider schätzen, dass, rechnet man die Familienangehörigen mit, mindestens eine Million Menschen in Deutschland von Bankern und Vermittlern so geschädigt wurden, dass ihre Existenz auf dem Spiel steht. Geschröpft wurden nicht nur die Reichen, sondern gerade jene, deren Einkommen so eben ausreicht, über die Runden zu kommen und ein paar Mark auf die hohe Kante zu legen. Sogar Sozialhilfeempfänger wurden mit Steuersparmodellen zu Besitzern überteuerter Studentenstudios, falsch kalkulierter Einkaufszentren und leer stehender Büroimmobilien. Sie alle ließen sich von dem Versprechen verführen, sie könnten schnell reich werden und den Staat dafür zahlen lassen. Doch diese Spekulation rechnete sich nur für die Vermittler der obskuren Modelle.

So ein Immobilienfonds funktioniert nach folgendem Strickmuster: Ein Initiator erwirbt mithilfe der Bank eine Immobilie – ein Baugrundstück oder einen Altbau, den er renovieren will. Dabei spielt es keine Rolle, ob der Initiator selbst über ausreichend Eigenkapital verfügt oder ob ihm die Bank das Geld für die Immobilie zur Verfügung stellt und dabei mehr als 100 Prozent des Wertes beleiht – die Zeche soll ja nicht der Initiator tragen, sondern die

Investoren, die zu diesem Zeitpunkt von ihrem Unglück noch nichts ahnen.

Sobald die Finanzierung steht, lässt der Initiator Prospekte drucken, in denen die geplante Immobilie in den herrlichsten Farben dargestellt und die Rendite für die Investoren begeisternd hochgerechnet wird. Richtig attraktiv wird das Ganze aber erst durch eine Reihe von märchenhaften Finanzierungsvorteilen: Der Staat schieße eine Menge zu, heißt es da – in Form von Fördergeldern, zum Beispiel aus dem Topf für den Aufschwung Ost. Außerdem winken wunderbare Abschreibungsmöglichkeiten von bis zu 120 Prozent des investierten Kapitals, was die Steuerlast des Anlegers bis auf Null herunterdrücken werde. Und wer mehrwertsteuerpflichtig ist, komme sogar noch in den Genuss des Vorsteuerabzugs.

Natürlich entstehe die Anlage in einer so phantastischen Lage, dass sich die künftigen Mieter um Wohnungen, Büros oder Läden dort balgen werden, verheißt der Prospekt. Für den Fall der Fälle hat man sogar einen Mietgaranten bei der Hand, eine Firma namens Weißnichtwie GmbH & Co. KG, die für den unwahrscheinlichen Fall vereinzelter Leerstände den Mietausfall samt Nebenkosten erstattet. Eine Hausverwaltung ist auch bereits vorgesehen, die Firma Weißnichtwo GmbH & Co. KG, die intelligenterweise über die Holding Weißnichtwas GmbH & Co. KG sowohl mit dem Bauträger Weißnichtwann GmbH & Co. KG, der Firma des Initiators Dr. Gustav Weißnichtwer ebenso verbunden ist wie die Mietgarantie-Firma. Alles aus einer Hand also – man weiß immer, an wen man sich zu wenden hat, wenn Fragen auftauchen. Dr. Gustav Weißnichtwer hat sogar eine Steuerberaterfirma an der Hand, für die er seinerseits beratend tätig ist und die sowohl das Konzept für die Anlage erarbeitet hat als auch den Investoren bei ihrer Steuererklärung gern hilfreich zur Seite stehen wird. Dazu kommen ein paar Treuhandfirmen und die Bank Willdeingeld AG, die die eingehenden Gelder treuhänderisch verwaltet. Die Bank Willdeingeld AG ist stets eine der namhaftesten und größten – was soll da schon passieren?

Weil so viele Firmen, Treuhänder, Chefdenker und Hilfskräfte für den Anleger tätig sind, die alle nur sein Bestes wollen, fällt der Preis für eine Wohnung in dem geplanten Komplex ebenso wie der Preis eines Anteils am Immobilienfonds verständlicherweise recht teuer aus – das liegt an den so genannten weichen Kosten. Zu den weichen Kosten gehören auch die Provisionen, die sich die beteiligten Gesellschaften gegenseitig zahlen und die stets in den Taschen des Initiators landen, der diese Firmen alle kontrolliert. Dabei sind versteckte Provisionen (der Fachmann nennt sie »Innenprovision«) in Höhe von 30 Prozent der Investitionssumme nicht selten.

Von »harten Kosten« spricht die Szene bei der eigentlichen Bauleistung: der Erschließung von Grundstücken, dem Hochziehen der Mauern. Da die Hausbank das Geld für die weichen und die harten Kosten vorstreckt, braucht der Initiator nur noch dafür zu sorgen, dass ausreichend Dumme gefunden werden, die der Bank das Risiko abnehmen.

Dafür sucht er sich einen Vertrieb. Am liebsten arbeitet er mit einer der großen Vertriebsorganisationen zusammen, die nicht nur an eine Handvoll Reiche herankommen, sondern auch an die weniger Betuchten – die Strukturvertriebe. Strukturvertriebe sind so aufgebaut, dass die so genannten Wirtschafts- oder Finanzberater nicht nur an den Provisionen verdienen, auf die sie durch eigene Verkäufe Anrecht haben, sondern auch etwas von den Provisionen jener abbekommen, die sie als freie Mitarbeiter angeworben haben. Je mehr neue Mitarbeiter solch ein »Strucki« anwirbt, umso höher steigt er in der Hierarchie und umso mehr dieser »Superprovisionen« verdient er. In den wilden Jahren des Anlagekapitalismus konnte es so ein »Strucki« im Jahr auf eine halbe Million Euro netto bringen.

Damit die Sache sich lohnt, muss der Initiator die kleinen Anleger flüssig machen, denn das Ersparte eines Streifenpolizisten, eines Studenten, einer Krankenschwester oder einer Verkäuferin reicht weder, um eine Wohnung zu einer Viertelmillion Euro zu kaufen, noch für Fondsanteile. Irgendjemand musste ihnen Geld geben – und das waren die Banken.

Wer von seiner Bank, bei der er das Gehaltskonto hat, einen Kredit über dreitausend Mark für den Kauf einer neuen Sitzgarnitur haben will, muss seine Vermögensverhältnisse bis zur letzten Briefmarke darlegen. Die Bank ist oftmals nicht bereit, solch ein »enormes Risiko« einzugehen, daher sind die weniger Betuchten auf die Teilzahlungsbanken angewiesen. Die nehmen horrende Zinsen mit der Begründung, die schlechter Verdienenden stellten ja auch ein höheres Ausfallrisiko dar.

Und plötzlich gab es damals für jedermann die paradiesische Chance, Wohneigentum auf Kredit zu erwerben. Sogar der Staat würde einem dabei helfen. Man brauchte vorgeblich nicht einmal 150 Euro monatlich abzudrücken, um beispielsweise am Stadtrand von Cottbus ein idyllisches Zweizimmerstudio in einem Neubau zu erwerben oder in der Innenstadt von Leipzig eine super renovierte Drei-Zimmer-Wohnung sein Eigen nennen zu können. Oder sich an einem kombinierten Wohn-/Geschäftshaus zu beteiligen, das mindestens das Doppelte des eingesetzten Geldes abwerfen würde – bei dem Aufschwung, der ganz bestimmt in Kürze Frankfurt an der Oder heimsuchen würde. Andere Geringverdiener freuten sich darauf, etwa in Vechta eine Minimalwohnung in einer heruntergekommenen Arbeitersiedlung besitzen zu dürfen.

Keiner von diesen Anlegern brauchte sich vor den Banken sonderlich zu entblößen – eine Selbstauskunft, in der die Verdienstverhältnisse dargestellt waren, genügte. Nur die Kreditauskunft der »Schufa« sollte sauber sein, und das ist sie bei Geringverdienern meist, weil ihnen bis dahin keine überdimensionierten Kredite herausgereicht worden waren. Umso mehr staunten sie jetzt, von einer großen vornehmen Bank plötzlich sogar 20, ja 30 oder auch 50 Prozent mehr Geld zu bekommen, als die Immobilie eigentlich wert war. Das Zusatzgeld würde zwar gänzlich an die Manager gehen, die das Objekt planten, aber die Verkäufer hatten ja versichert, dass dieses Geld schon wieder hereinkommen würde.

Bloß ein paar zusätzliche Sicherheiten brauche die Bank, es könne ja immer was passieren – ideal wäre zum Beispiel eine Lebensversicherung, man habe da auch schon etwas vorbereitet. Und für den Fall, dass später einmal etwas zu richten sei, wäre ein Bausparvertrag sinnvoll. Auch dazu habe man schon etwas vorbereitet. Die dafür benötigten Beträge seien durch die Umschichtung bisheriger Versicherungen und Sparverträge leicht zu realisieren. Das klang überzeugend, es klang vor allem nach einer echten Gelegenheit, und so stimmte der Anleger dem Deal freudig zu; mitunter rechnete ihm der Berater sogar noch eine zweite oder gar dritte Wohnung schön.

Dann ging alles sehr schnell. Noch am selben Abend karrte der Berater sein Opfer zum Notar. Der las schnell die vorbereiteten Verträge vor und besiegelte das Geschäft. Dass es seine Aufgabe war, den Kaufwilligen vor der entscheidenden Unterschrift auf die Risiken des Geschäfts aufmerksam zu machen, hatte er wohl vergessen. Der Grund für die Eile: Dem Käufer sollte keine Zeit zum Nachdenken bleiben oder dazu, anderweitig Rat einzuholen. So kam es zu grotesken Szenen: In einem Fall beschwatzte der Berater seine Kundin noch, während er sie zum Flughafen brachte, von wo aus sie in Urlaub fliegen wollte. Noch im Auto und unter erheblichem Zeitdruck setzte sie ihre Unterschrift unter die Dokumente. Der mitgefahrene Notar beglaubigte die Unterschrift, und die beiden Dealer konnten sich über Provisionen und Honorare freuen, während die Frau ihrem letzten unbeschwerten Urlaub entgegendüste.

Wer Pech hatte, hatte nur ein einziges Dokument unterschrieben: Die Vollmacht, mit der der Berater oder irgendeine andere Person alle Geschäfte im Zusammenhang mit dem Erwerb der Immobilie oder des Fondsanteils ohne Rückfrage abschließen konnte. Damit hatte der Beauftragte völlig freie Hand.

In den anderen Fällen gab es viel zu unterschreiben: die Grundschuld, Verträge mit Lebensversicherern und Bausparfirmen sowie mit den Treuhändern und den Mietgaranten. Und vor allem die Kreditverträge mit einer Bank, deren Mitarbeiter den Kreditnehmer niemals selbst gesehen, geschweige denn dessen Bonität eigenhändig geprüft hatten. Alles, was die Banker prüften, war die Plausibilität und die Vollständigkeit der Angaben, die der Vermittler ihnen übergab. Dem Missbrauch war damit Tür und Tor geöffnet. Manche Vermittler fälschten Unterschriften, in einem Fall bediente sich ein hochrangiger Vertreter des Vertriebs, der sein Büro in der Zweigstelle seiner Partnerbank hatte, bei der Korrespondenz mit den Anlegern der Briefbögen der Bank.

So kamen Anleger, für die das Konzept der steuersparenden Immobilienanlage ursprünglich gar nicht gedacht war, zu einer Bank, die ihnen Kredite herausreichte für überteuerte Wohnungen oder Fondsanteile. Gleichzeitig hat die Bank durch die Vorfinanzierung des Objekts und der »weichen« Kosten dafür gesorgt, dass die Wohnungen zu Mondpreisen verkauft werden mussten, in den meisten Fällen zu Preisen, die mehr als das Doppelte des fiktiven Verkehrswerts und das Dreifache dessen ausmachten, was der Markt wirklich hergab. Das Interesse der Bank war, die Wohnungen so schnell wie möglich an möglichst viele Anleger zu verkaufen. Ihr Kalkül: Selbst wenn die meisten Anleger durch ein solches Geschäft in finanzielle Schwierigkeiten kommen, werden 90 Prozent davon die Belastung doch irgendwie stemmen. Die restlichen 10 Prozent lindern im Verlustfall die Steuerbelastung beziehungsweise erhöhen sogar noch das Eigenkapital, wenn die Bank sich per Zwangsvollstreckung selbst in den Besitz der Immobilie bringt.

Die Anleger schauten in die Röhre, wenn sie irgendwann merkten, was man ihnen da angedreht hatte. Das fing mit der Lebensversicherung an, die oft viel höher als nötig abgeschlossen wurde. Doch selbst wenn das nicht der Fall war, macht es keinen Sinn, eine frische Kapitallebensversicherung für die Besicherung eines ebenso frischen Kredites herzunehmen. Da noch nichts angespart wurde, kann die Verwertung der Versicherung der Bank kein Geld bringen. Noch für lange Zeit danach wird der Rückkaufwert weit unter dem zu besichernden Vertrag liegen. Sollte sich der Anleger gar für die Variante des Nachsparens entschieden haben, müssen ihn überdimensionale Prämienbelastungen zwangsläufig in Probleme bringen. Zur Absicherung im Todesfall hätte eine Risikolebensversicherung allemal ausgereicht.

Falls diese Belastung dem Investor noch nicht das Genick

bricht, muss er mit einiger Sicherheit dran glauben, wenn die Wohnungen nicht vermietet werden. Er meint zwar, das sei nicht sein Problem, schließlich gebe es ja die Mietgarantie. Für die hat er natürlich ebenfalls bezahlt. Beträge, die angeblich für den Bau der Wohnung gedacht waren, sind einfach an den Mietgaranten geflossen. Der zahlt auch brav die ersten Monate die ausstehenden Mieten – bis die Hausverwaltungsfirma plötzlich meldet, der Mietgarant sei pleite. Von jetzt an müsse der Investor entweder damit leben, dass seine Wohnung leer bleibt oder dass sie weit unter dem ursprünglich kalkulierten Preis vermietet wird, Interessenten habe man bereits.

In diesem Stadium gehen die meisten Investoren in die Knie: Da sie keine Mieteinnahmen haben, können sie die Kredite, Lebensversicherungsprämien, Bausparbeiträge und Mietnebenkosten nicht mehr aufbringen. Nach einer Reihe von Mahnungen stellt die Bank die Kredite fällig und leitet die Zwangsvollstreckung ein. Stellt sich dann heraus, dass eine Wohnung, die alles in allem 100 000 Euro gekostet hat und deren Beleihungswert vielleicht gerade einmal 60 000 Euro ausmacht, nun für 20 000 Euro versteigert wird, bleibt dem Investor der Rest als Schulden erhalten.

Es liegt nahe, bei diesen Finanzierungsmodellen von Betrug zu sprechen. Zumal wenn sich so dramatische Fälle wie die folgenden ereignen: Eine Münchner Familie hatte für eine 24-Quadratmeter-Wohnung in Essen 80 000 Euro ausgegeben und musste schließlich feststellen, dass diese Wohnung sich in einer Art Immobilienruine befand und laut Schätzer gerade einmal 12 000 Euro wert war. Eine freie Journalistin, die 160 000 Euro in ein Immobiliengeschäft steckte und nicht nur dieses Geld verlor, sondern auch ihre Altersversorgung, steht jetzt mit 100 000 Euro bei den Banken und 50 000 Euro beim Finanzamt in der Kreide.

Besonders dreist spielte ein Vermittler einem Ehepaar mit, das im Überschwang einer mündlichen Kreditzusage ein Haus gekauft hatte und die Immobilie nicht bezahlen konnte, als der Kredit dann doch nicht herausgereicht wurde. Von der Zwangsvollstreckung bedroht, machte ihnen der Vermittler weis, sie müssten nur zwei weitere Eigentumswohnungen kaufen, die sie als Besicherung für den Hauskredit hernehmen könnten. Natürlich häuften sie damit nur neue auf alte Schulden; die Bank drohte ihnen zuletzt mit der Wegnahme aller beweglichen Habe sowie der späteren Pfändung der Rente.

Damit allerdings erwies sie sich einen Bärendienst, denn der Anwalt des Ehepaares, Ernst-August Bach aus Hannover (Anschrift siehe S. 304), erstritt am Bundesgerichtshof in Karlsruhe ein Urteil, das Rechtsgeschichte gemacht hat. Das Gericht stellte fest, dass sich die Bank nicht auf die übliche Behauptung herausreden könne, sie sei für die Schandtaten des Vermittlers nicht verantwortlich zu machen. Vielmehr sei der Vermittler als »Erfüllungsgehilfe« der Bank anzusehen, für dessen Fehler die Bank sehr wohl haftbar gemacht werden könne. Somit sei diese verpflichtet, die Wohnungskäufe rückgängig zu machen und der Familie den entstandenen Schaden zu ersetzen.

Die Frage, warum eine Bank so etwas macht, verbietet sich quasi von selbst. Es ist mit den Banken heute nämlich ganz ähnlich wie mit dem Marktverhalten im Mittelalter. Damals kam an den Pranger, wer sich beim Magistrat einer Stadt über Markthändler beschwerte, die ihn mit verdorbener Ware hereingelegt hatten. Die Überlegung der Stadtväter: Jeder wisse, dass Markthändler ihre Kunden zu betrügen versuchen. Wer sich darüber beschwert, beweise nur seine Dummheit und Weltferne. Wer sich erdreiste, die hohen Richter mit derartigen Petitessen zu nerven, gehöre selbst bestraft. Diese Einstellung hat sich gehalten, nur heißt sie bei den Richtern heute »Wahrung der Individualautonomie«. Im Klartext bedeutet das, dass sich jeder nach Kräften selbst ruinieren darf. Daher dürften die Banken ihre Kunden nach Herzenslust hereinlegen, diese hätten ja heutzutage jede Möglichkeit, sich zu informieren.

Wenn also die Frage nach der Moral nicht zu beantworten ist, bleibt die Frage nach den gewinnorientierten Motiven, zumal die Kredite den Wert des Objekts weit übersteigen. Eine Bank, die sich auf so etwas einlässt, tut das nur, weil sie ein gutes Geschäft mit dem Verkauf der Wohnungen oder Fondsanteile wittert. Sie muss aber wissen, dass dieses Geschäft nur dann realisiert werden kann, wenn jemand bereit ist, wesentlich mehr für die Anteile auszugeben, als sie wert sind. Weil jedoch niemand wissentlich ein solches Geschäft eingeht, muss die Ware ein wenig geschönt werden. Durch ihre Bereitschaft, die Immobilie im Extremfall sogar bis zum Dreifachen des Verkehrswerts zu beleihen, damit der Anleger in die Lage versetzt wird, die Wohnungen zu kaufen, macht die Bank das Ganze überhaupt erst möglich.

So unglaublich es klingen mag, ein Kredit in Höhe des dreifachen Verkehrswerts ist noch gar nicht die Spitze der Unseriösität. Gerichten liegen Klagen von Anlegern vor, deren Eigentumswohnung, die sie für 60 000 Euro gekauft haben, in Wahrheit nur 15 000 Euro wert ist; doch die Bank hat ihnen den Kaufpreis in voller Höhe finanziert. Wenn solche Anleger vielleicht 15 000 Euro als Eigenkapital vorweisen konnten, hat die Bank 45 000 Euro finanziert – 300 Prozent des Verkehrswerts. Und sogar 500 Prozent des Beleihungswerts, der in der Regel mit zwei Drittel des Verkehrswertes angesetzt wird. Und dabei erkennen Banken, wenn sie besonders vorsichtig agieren, eigentlich nur den Zerschlagungswert einer Sicherheit an, der bei einem Drittel des Verkehrswerts liegt – so gesehen werden solche Immobilien mit satten 1000 Prozent Risiko finanziert. Und laut Hypothekengesetz soll das Verhältnis von Eigen- zu Fremdmitteln 40 : 60 betragen. Wer solche Risiken eingeht, muss sich enorme Gewinne ausrechnen.

Dahinter steht folgende Vorgehensweise: Die Banken, die Versicherungsunternehmen und die Bausparkassen haben Ende der Achtziger-, Anfang der Neunzigerjahre Vereinbarungen getroffen, nach denen die Banken sich bei den Versicherern und Bausparkassen refinanzieren können. Das heißt: Die Banken sind nicht mehr auf die sehr genau kontrollierten Kreditmittel der Bundesbank und der Landeszentralbanken angewiesen, sondern sie leihen sich das Geld für die Kredite, die sie herausreichen wollen, von den Lebensversicherungen und den Bausparkassen. Oft genug sind beide Seiten gesellschaftlich verbunden, so dass das Geld quasi aus einem

Topf kam. Man darf annehmen, dass die Versicherungen ihr Geld billiger hergaben als die Bundesbank oder dass die Banker von den Versicherungen eine derart hohe Provision erhielten, dass dieser Weg der Refinanzierung attraktiver war als der herkömmliche. Zudem waren die Banken damit unabhängig von den geldpolitischen Schwankungen des Bundesbankzinses und konnten mit einem stabileren Gundkostenansatz kalkulieren – das Geld der Versicherten und Bausparer kommt ja stetig herein.

Für die Versicherungen und Bausparkassen hatte dieser Deal einen besonderen Charme: Sie brauchten nicht mehr selbst zu bauen, um die ihnen anvertrauten Gelder gewinnträchtig anzulegen. Damit dieses Geschäft schön konstant lief, mussten die Banken nur dazu gebracht werden, möglichst viele Kredite mit Lebensversicherungen und Bausparverträgen zu koppeln. Dass diese Praxis nicht unbedingt zum Vorteil der Kunden ist, muss die damals noch existierende Bayerische Hypotheken- und Wechselbank schon am 26. Oktober 1990 dazu veranlasst haben, in ihrem internen *Informations- und Weisungsdienst* ein wenig gegenzusteuern:

> »Aufgrund der aktuellen Rechtsprechung ist der Vergleich anzustellen mit einem Standarddarlehen hinsichtlich Laufzeit, Zinshöhe über den Darlehenszeitraum, Gesamtkosten und Gesamtbelastung aus Lebensversicherungsprämie und dem Zins. Darüber hinaus ist auf eventuelle Nachteile aus einer vorzeitigen Vertragsauflösung der Lebensversicherung sowie auf den Vorteil des Risikoschutzes hinzuweisen.«

Durch diese Kombi-Kredite wurden die Bankchefs ihre eigenen Gefangenen. Selbst wenn sie es gewollt hätten, wäre eine Rückabwicklung des Vertrags kaum möglich gewesen, weil die Versicherung dann wohl ihrerseits den herausgereichten Kredit zurückverlangt hätte. Solange nur ein oder zwei Kunden auf den Gedanken gekommen wären, den teuren Kombinationskredit in ein preisgünstigeres Annuitätendarlehen umzuwandeln, wäre das sicher kein Problem gewesen. Anders läge der Fall, wenn zigtausende

Kunden ihre Kredite hätten umstellen wollen. Vorbeugend hieß es bereits im Dezember 1989 im *Informations- und Weisungsdienst:*

»Die Umstellung sonderrefinanzierter Darlehen ist unzulässig. In diesem Fall wird bei Auflösung der in den Darlehensvertrag fest eingebundenen Lebensversicherung der Refi-Geber die Refinanzierungsmittel zurückverlangen. Daher muss dann das Darlehen zur sofortigen Rückzahlung gekündigt werden. Bei Lebensversicherungs-Prämienrückständen ist in solchen Fällen auf den Kunden wiederholt einzuwirken, diese Lebensversicherung zu erhalten.«

Dass es dem Kunden freisteht, einen Kredit jederzeit umzufinanzieren, weiß auch die Bank. In derselben Weisung heißt es:

»Die Umstellung in ein Tilgungsdarlehen kann dem Kunden letztlich nicht verwehrt werden. Wir müssen aber unter Umständen dem Vermittler unter Angaben von Gründen darlegen können, dass es sich hier um eine Ausnahmegenehmigung handelt. Gegebenenfalls ist die Angelegenheit vorher mit dem Vermittler abzuklären.«

Das zeigt wohl sehr deutlich, wessen Wohl der Bank mehr am Herzen liegt.

*

Welche Chancen haben Anleger, sich der Fesseln zu entledigen, die ihnen Banken und Versicherungen angelegt haben? Erste Voraussetzung ist eine Rechtschutzversicherung, die auch zahlungsbereit ist. Das ist keine Selbstverständlichkeit, denn schließlich sind die Rechtschutzversicherungen in eben jene Versicherungskonzerne eingebunden, die den Banken das Geld zur Finanzierung der fragwürdigen Kreditverträge gegeben haben. Möglicherweise gehört den Versicherern die Bank sogar ganz oder teilweise. Bei neueren

Rechtsschutzverträgen gibt es eine Klausel, die die Deckungszusage bei Prozessen um Steuersparmodelle explizit ausschließt. In solchen Fällen hilft nur die Hartnäckigkeit versierter Anwälte. So hat die Kanzlei des Hannoveraner Spezialisten Ernst August Bach in zwei Prozessen erreicht, dass die Rechtsschutzversicherungen die Verfahrenskosten tragen müssen. Die Versicherungen hatten sich auf ihre Ausschlussklausel berufen, wonach Bankprozesse nicht abgesichert seien. Erst ein richterlicher Hinweis am Landgericht Düsseldorf und ein Urteil am Oberlandesgericht Celle konnten sie eines Besseren belehren.

Dass Anleger rechtlich so schlechte Karten haben, markiert ein dunkles Kapitel der Rechtsprechung in Deutschland. Nachdem es Mitte der Neunzigerjahre noch so aussah, als würde sich der Bundesgerichtshof auf die Seite der Verbraucher stellen und damit alle nachrangigen Gerichte auf diese Linie verpflichten, geht zur Zeit auch bei den Obergerichten Klage um Klage von Geschädigten verloren. Renate Binder, eine auf solche Fälle spezialisierte Anwältin (Anschrift siehe S. 304), macht dafür nicht nur den Unwillen der Richter verantwortlich, sich gegen die Banken zu stellen, sondern auch die, wie sie sagt, unqualifizierten Argumente einiger Anwälte, die als Vorkämpfer gegen die Banken durch das Land ziehen und populistische Reden schwingen, aber nicht in der Lage sind, Klagen auf die individuelle Situation der Geschädigten abzustellen. Jeder wegen Inkompetenz verlorene Prozess aber schwächt die Position der Geschädigten weiter, und Anwälte, die in der Berufung versuchen, den Schaden zu minimieren, kämpfen oft auf verlorenem Posten.

Das Ergebnis der Rechtshändel ist aus Verbrauchersicht niederschmetternd. Der Pressesprecher der HypoVereinsbank, Thomas Pfaff, verkündete im Februar 2001, die Bank habe hundertfünfzig Prozesse gegen Darlehensnehmer gewonnen und zehn bankenfreundliche Grundsatzurteile beim BGH erstritten. Wer hat da noch eine Chance? Und wer soll eigentlich verklagt werden? Der Vermittler, weil er den Anleger über das mit den Immobilien oder dem Fonds verbundene Risiko getäuscht hat? Der Notar, der Verträge und Grundschuldbestellungen rechtsgültig werden ließ, ohne den Anleger auf die Gefahren hinzuweisen? Die Bank, weil sie den Anleger zwar nie gesehen, ihm aber trotzdem das Geld gegeben hat, ohne die Selbstauskünfte zu überprüfen? Und die die Risiken des Investments besser kannte als jeder andere?

Zunächst möchte der Geschädigte demjenigen an den Kragen, der ihm die Suppe eingebrockt hat: dem Verkäufer der Immobilie oder des Fondsanteils. Dieser Vermittler oder Berater ist verpflichtet, die Angebote selbst auf Plausibilität zu prüfen und sich in der Fachpresse über einzelne Initiatoren und Renditemodelle zu informieren. Diese Informationen muss er dem Anleger mitteilen, damit sich dieser von dem Projekt und dessen Risiken ein umfassendes Bild machen kann. Versäumt das der Vermittler/Berater, macht er sich im Zweifelsfall schadensersatzpflichtig. Die Beweislast, seiner Verpflichtung nachgekommen zu sein, liegt bei ihm. Wenn er also vergessen hat, sich den Erhalt der Informationen bestätigen zu lassen, steht er im kurzen Hemd vor Gericht.

Der Vermittler oder Berater kann also durchaus zu Schadensersatz herangezogen werden. Nur, was nutzt ein solches Urteil? Wenn einer vielleicht zwanzig Anleger hinters Licht geführt hat, von denen jeder 100 000 Euro von ihm erstattet haben will, erklärt er sich oder sein Vermittlungsbüro lieber für insolvent, statt bis zum Lebensende seinen Verdienst bei den Gläubigern abzuliefern.

Allerdings stieß der Bundesgerichtshof im Juni 2000 ein neues Fenster auf, indem er die Gruppenhaftung bejahte. Das bedeutet: Ist der Vermittler/Berater mit seinem Büro Teil einer Unternehmensgruppe, muss, falls das Büro Pleite geht, die gesamte Gruppe die Schulden des Büros regulieren. Das erlaubt bei einigem Glück und juristischer Hartnäckigkeit den Zugriff auf große Geldmengen, möglicherweise sogar noch vor einem Prozess durch einen Arrest auf die Konten der Unternehmensgruppe. Denn häufig sind Vermittlerbüro, Initiator, Treuhandbüro, Projektentwickler und Bauunternehmer in einer Art Konzern miteinander verbunden.

Wenig Sinn macht es, den Notar wegen fehlerhafter Beurkundung oder mangelnder Beratung zu verklagen. Zwar hat der Notar die Pflicht, den Investor auf die Fallstricke eines Geschäfts aufmerksam zu machen, und eigentlich ist er sogar berechtigt, rechtsfehlerhafte Verträge abzuweisen – doch wie soll man ihm die Pflichtvergessenheit nachweisen? Falls das doch gelingt, läuft der Betrogene wahrscheinlich trotzdem ins Leere, denn die Schadensersatzhaftpflicht der Notare darf die Zahlung verweigern, wenn der Fehler vorsätzlich oder grob fahrlässig geschehen ist. Und das Privatvermögen eines Notars reicht in der Regel nicht dafür aus, mehrere Geschädigte auszuzahlen.

Der Initiator wiederum ist nur dann zum Schadensersatz verpflichtet, wenn der Investor ihm im Prospekt und den damit zusammenhängenden Formblättern, Verträgen und anderen das Objekt beschreibenden Schriftstücken Fehler nachweisen kann. Voraussetzung ist also, dass der Initiator relevante Tatsachen verheimlicht – wenn er zum Beispiel verschweigt, dass die Immobilie über einer alten Müllgrube errichtet werden soll. Dafür sind die Initiatoren inzwischen aber zu gewitzt.

Bleibt also nur die Bank, die immerhin mehr Geld locker machen kann als ein Vermittler oder ein Notar. Doch die zieht sich erst einmal auf den Standpunkt zurück, sie sei nicht verantwortlich für die Dinge, die ein Kreditvermittler in ihrem Namen anstellt. Und nachdem die Gerichte festgestellt haben, dass die Nennung einer Bank in dem Prospekt, der die Immobilie vorstellt, die Bank regresspflichtig macht, wenn der Investor aufgrund einer fehlerhaften Aussage im Prospekt Schaden erleidet, achten die Banken peinlich genau darauf, dass ihr Logo nicht in den Prospekt eingedruckt ist. Was kann sie dafür, wenn der Vermittler das Banklogo irgendwo in seiner Dokumentenmappe aufblitzen lässt? In solchen Fällen geht der Richter davon aus, dass es sich um eine Eigenmächtigkeit des Vermittlers handelt. Den Beweis zu führen, der Vermittler habe auf Anweisung einer Bank gehandelt, ist praktisch aussichtslos – außer, der Vermittler selbst bezeugt, dass es so war.

Die Bank für die Untaten der Vermittler in die Haftung zu zwingen gelingt heutzutage nur dann, wie die auf solche Fälle spezialisierte Stuttgarter Anwältin Renate Binder mit viel Sarkasmus formuliert, wenn jungen Leuten mit geringer Bildung und niedrigem Einkommen Schrottimmobilien angedreht wurden. Dass alle anderen Ansprüche regelmäßig abgeschmettert werden, hat mit einem weichenstellenden Urteil des Bundesgerichtshofs vom April 1992 zu tun, dem so genannten Fallgruppenurteil. Danach ist die Bank nicht verpflichtet, auf die Risiken, die hinter einem Kreditgeschäft stecken, von sich aus aufmerksam zu machen. Es sei denn, die Bank

- ist im Zusammenhang mit der Planung, Durchführung oder dem Vertrieb des Projekts über ihre Rolle als Kreditgeberin hinausgegangen,
- schafft oder begünstigt einen Gefährdungstatbestand, der zu den üblichen Risiken eines Projekts hinzukommt,
- verwickelt sich in schwerwiegende Interessenskonflikte oder
- hat in Bezug auf die speziellen Risiken des Projekts einen konkreten Wissensvorsprung.

Folgende Punkte müssen geklärt werden, so Anwältin Renate Binder:

- Ihre Rolle als Kreditgeberin hat die Bank sicher dann überschritten, wenn der Initiator notleidend geworden ist und die Bank in dessen Geschäftsführung eingegriffen hat, sei es durch willkürliche Lenkung der Zahlungsflüsse oder durch Eingriff in das Baugeschehen. Das nachzuweisen wird dem Investor allerdings schwer fallen.
- Die Bank ist auch dann über ihre klassische Finanzierungsrolle hinausgegangen, wenn sie die Auswahl der Vertriebsleute und deren Ausbildung beeinflusst hat. Das muss im Einzelfall nachgewiesen werden; manchmal hilft dabei eine Anzeige bei der Staatsanwaltschaft oder massiver Druck auf den Vermittler. Wenn der dann ausplaudert, die Verkaufsschulung sei in den Räumen der Bank vor sich gegangen oder es seien Schulungsunterlagen mit dem (eingedruckten) Firmenlogo der Bank he-

rumgereicht worden, dann ist anzunehmen, dass diese sich über Gebühr in die Sache eingebracht hat.

- Vereinfacht gilt die Regel: Alles, was über die Prüfung der Bonität von Initiator und Immobilie, das Herausreichen des Geldes und die Kontrolle des Mittelflusses hinausgeht, bringt die Bank in die Gefahr, für spätere Verluste der Anleger zu haften.
- Ein besonderer Gefährdungstatbestand dürfte gegeben sein, wenn die Bank es hinnimmt, dass der Initiator das Konzept so auslegt, dass es den Investor gefährden *muss.* Das kann zum Beispiel bei der Bewertung des Verhältnisses von harten und weichen Kosten der Fall sein: Wenn eine Immobilie zu 40 Prozent mit weichen Kosten belastet ist, die durch den Mietertrag nicht wieder hereingespielt werden können, und wenn die Bank gegen dieses Vorhaben nicht interveniert, dann hat sie das Entstehen eines Gefährdungstatbestandes *begünstigt.* Sie hat ihn *herbeigeführt,* wenn sie an der Konzipierung teilgenommen hat.
- Besonders gefährlich wird es für die Bank, wenn ihr ein Risiko-Wissensvorsprung nachgewiesen werden kann.
- Als einen Interessenkonflikt par excellence bewerten es Verbraucheranwälte, wenn eine Bank Kredite sowohl an den Initiator herausreicht wie auch später an den Investor. Denn kein Banker wird den Erfolg eines von ihm finanzierten Projekts gefährden, indem er den Verkauf der Wohnungen und Anteile durch Kreditverweigerung blockiert.
- Einen konkreten Wissensvorsprung vor den Anlegern, denen sie ihr Geld leiht, kann die Bank unter anderem dann haben, wenn sie Einblick hat in die hohen weichen Kosten und wenn sie weiß, wie viel die Immobilie bei Erwerb, Sanierung oder Errichtung wirklich gekostet hat.

So plausibel diese Grundsätze auch sind, der Bundesgerichtshof mag ihnen nicht immer folgen. Häufig zieht er sich darauf zurück, dass ein gebildeter und wirtschaftlich erfahrener Anleger sich alle nötigen Informationen selbst hätte beschaffen können, um die Tricks der Banken und der Vermittler zu durchschauen und die Risiken zu vermeiden. Daher halten die Richter einen Besserverdienenden nicht unbedingt für schutzbedürftig.

Was Verbraucheranwälte ebenfalls zur Verzweiflung treibt, ist die Tendenz der Gerichte, eigentlich eindeutige Vorschriften über die Beleihungsgrenzen einer Immobilie als nebensächlich wegzuwischen. Die Regel aus dem Hypothekenbankgesetz, dass eine Immobilie zu höchstens 60 Prozent beliehen werden darf, ist in der Praxis inzwischen längst außer Kraft gesetzt. Anleger, die sich darüber beschweren, ihnen seien bis zu 150 Prozent des Beleihungswerts ausbezahlt worden, obwohl die Sache angeblich bankgeprüft gewesen sei, laufen mit ihren Argumenten ins Leere. Die Banken bringen regelmäßig vor, sie hätten die persönliche Bonität des Anlegers im Auge gehabt (was an sich schon vorschriftswidrig ist), und die hätte die Belastung ertragen. Im Kern heißt das nichts anderes, als dass die Banken darauf aus sind, den Anleger so weit wie möglich seiner frei verfügbaren Mittel zu entkleiden. Dabei hat das Hypothekenbankgesetz den Sinn, den Besitzer einer Immobilie davor zu bewahren, diese so zu belasten, dass er bei einer finanziellen Katastrophe nicht nur die Immobilie verliert, sondern seine ganze wirtschaftliche Existenz aufs Spiel setzt. Stattdessen gilt heute: Erst, wenn der Kaufpreis den Wert der Immobilie um mehr als 100 Prozent überschreitet, gehen die Richter davon aus, dass der Bogen überspannt sei.

Um angesichts solcher Bedingungen dem Unheil zu entrinnen, muss man viel Glück haben. Glück im Unglück hatte ein Kfz-Schlosser aus Stuttgart, der zusammen mit seiner Frau einen wahren Horrortrip erlebte. Renate Binder schilderte den Fall anlässlich einer Tagung von Bankrechtspezialisten in Stichworten: »Erwerber 23 Jahre, Kfz-Schlosser, Jahresbruttoeinkommen 26 000 Euro. Objekt: Altbaukomplex in Schleswig-Holstein, Drei-Zimmer-Etagenwohnung mit 80 Quadratmetern, Kaufpreis inklusive Garage und Erwerbsnebenkosten 121 000 Euro. Anbieterinitiierte Kontaktaufnahme des Strukturvertriebsvermittlers am Arbeitsplatz des Erwerbers. Vermittler behauptet völlige Risikolosigkeit von Erwerb und Finanzierung sowie Sanierung des Objekts, es sei bankgeprüft. Finanzierung ohne Eigenkapital, Vermittler verspricht Verkauf nach fünf Jahren mit Gewinn, stellt Liquiditätsberechnung an mit monatlicher Belastung des Erwerbers von angeblich 78 Euro. Vermittler arrangiert Notartermin zur Beurkundung einer Erwerbsvollmacht, zu erteilen an eine dritte, dem Erwerber unbekannte Person. Keine Belehrung des Erwerbers trotz für den Notar offensichtlicher Belehrungsbedürftigkeit. Bezugsurkunde wird dem Erwerber vorenthalten, Selbstauskunft wird vom Erwerber blanko unterschrieben. Kreditverhandlungen mit Bank führt der Vermittler bis zur Unterschriftsreife, Darlehensvertragsunterlagen überbringt Vermittler dem Erwerber in dessen Privatwohnung, lässt ihn unterschreiben, nimmt Unterlagen sofort wieder mit und bringt diese zur Bank. Nettovaluta wird ausbezahlt an Verkäufer. Anschließend stellt sich heraus, dass Bank ein Eigenkapital von 10 000 Euro verlangt und Abtretung von drei neu abzuschließenden Kapitallebensversicherungen. Erwerber nimmt Ratenkredit über netto 10 000 Euro auf und schließt die Lebensversicherungen ab. Daraus folgen zusätzliche Kosten von monatlich 410 Euro. Aus dem Darlehensvertrag ergibt sich eine monatliche Belastung von über 770 Euro. Die erzielbare Miete beträgt monatlich nur 360 Euro. So errechnet sich eine monatliche Belastung von über 870 Euro. Dem Erwerber bleiben somit für den persönlichen Bedarf nur noch knapp 720 Euro.

Bei der Fallbearbeitung stellte sich heraus, dass die Immobilie einen Verkehrswert von weniger als 36 000 Euro hat und gegen die Verantwortlichen der Verkäuferfirma, des Strukturvertriebs und den Vermittler (sämtlich im Konkurs) bereits von der Staatsanwaltschaft wegen des Verdachts des Wuchers ermittelt wird. Aus den Ermittlungsakten konnte nachvollzogen werden, dass der Vermittler bereits vor diesem Fall regelmäßig mit der Bank zusammengearbeitet hatte. Für diese Kreditvermittlung erhielt er von der finanzierenden Bank eine Provision von 2 Prozent. Sein Strukturvertrieb erhielt von der Verkäuferfirma eine verschleierte Innenprovision von 20 Prozent, davon wurden 8 Prozent an den Vermittler weitergegeben. Aus der bankinternen Wertermittlung ging hervor, dass die Bank selbst von einem Verkehrswert der Immobilie von 72000 Euro ausging.«

Trotzdem verlor der junge Kfz-Schlosser den Prozess in der ersten Instanz, beim Landgericht. Auch der Richter des Oberlandesgerichts wollte die Akte schon schließen, als ihn Renate Binder noch einmal eindringlich auf die Besonderheiten des Falls hinwies. Als er daraufhin andeutete, er könne wohl auch gegen die Bank entscheiden, raffte die sich zu einem Vergleichsvorschlag auf: Gegen eine einmalige Zahlung von 2600 Euro sei sie bereit, den Kauf rückabzuwickeln, bereits geleistete Zahlungen seien jedoch nicht rückzahlbar. Die Anwältin riet ihrem jungen Klienten, den Vergleich anzunehmen.

Für all jene, die einen Treuhändervertrag unterschrieben haben, der den Vermittler oder eine andere Person berechtigt, für den Anleger Verträge abzuschließen, hat ein cleverer Anwalt ein Schlupfloch zur Gerechtigkeit geschaffen: Das Rechtsberatungsgesetz verbietet es allen Nichtjuristen, andere juristisch zu beraten oder zu vertreten. Darunter fällt auch das Verbot, für andere Verträge abzuschließen. Wenn also ein Nichtjurist, meist ein »Strucki«, aber auch ein Steuerberater oder Wirtschaftsprüfer, die Treuhand-Vollmacht ausübt und zum Beispiel für einen Anleger Grundpfandrechte eintragen lässt, so ist dieser Eintrag schwebend rechtsunwirksam. Der BGH hat diese Auffassung gestützt, auch wenn Richter Dr. Hans Gerhard Ganter, der das Urteil mit gefällt hatte, in einem Fachaufsatz die erschreckten Banker beruhigte: An eine flächendeckende Anwendung des Spruchs sei nicht zu denken.

Im Dezember 2001 jedoch erlitten Banker und BGH-Richter einen Schock von ganz unerwarteter Seite: Der Europäische Gerichtshof kippte einen Paragraphen des deutschen Verbraucherkreditgesetzes. In dem hatten die Parlamentarier speziell für grundpfandrechtlich abgesicherte Kredite ein Recht auf Widerruf ausgeschlossen. Ob ein Vertrag zunächst zu Hause abgeschlossen und später durch einen Bevollmächtigten abgewickelt wurde, spielte dabei keine Rolle.

Der Europäische Gerichtshof stellte fest, dass diese Vorschrift dem EU-Recht widerspricht. Danach sind die Banker verpflichtet, die Verbraucher auf ihr Rücktrittsrecht aufmerksam zu machen. Da das in diesem Fall und in tausenden anderen Fällen nicht geschehen ist, haben die Betroffenen nun das Recht, die Rückabwicklung des Kreditvertrags zu verlangen.

Das ist aber nur ein Hoffnungsschimmer. Denn nun müssen die Gerichte entscheiden, ob mit dem Kredit auch der Immobilienkauf hinfällig ist.

Das mag der Normalbürger zwar annehmen – für die Richter ist das noch lange nicht sicher. Sollte also jetzt das Oberlandesgericht, an das der Fall zurücküberwiesen wurde, entscheiden (wie der BGH es vielfach vorgegeben hat), dass die Verbindung zwischen Kredit und Immobilienkauf nicht besteht (die Juristen sprechen von »verbundenen Geschäften«), dann ist Panik im Schacht.

Denn die bedauernswerten Opfer sind zwar den Kredit los, mit dem sie die Immobilie gekauft haben, müssen aber trotzdem für den Erwerb des Hauses oder der Eigentumswohnung einstehen, zumindest für den Rest der noch nicht getilgten Summe. Und woher sollen sie das Geld nehmen, wenn nicht durch einen Kredit – wo die Immobilie doch nur den Bruchteil dessen wert ist, was der Kaufvertrag vorsieht?

Außerdem laufen die Kosten für die meist unvermieteten Wohnungen weiter – und das ist der Faktor, der den Opfern regelmäßig das Genick gebrochen hat.

Von höchstrichterlicher Seite ist mit einer schnellen Lösung des Problems also leider nicht zu rechnen.

## Sparverträge und Investmentfonds: Die Enteignung der Sparstrümpfe

Die Deutschen sind reich. So reich, dass sie es sich offenbar leisten können, Tag für Tag Geld zu verschenken. Freiwillig. Sie schenken es Banken und Sparkassen, indem sie ihre Notgroschen auf Sparbüchern parken und sich mit einem Hungerzins begnügen. In Niedrigzinsphasen erhalten sie gerade einmal etwas mehr als 1 Prozent. Weil die Inflationsrate meist höher liegt, vernichten diese Sparer ihre eigene Kaufkraft.

Die Banken machen mit diesem Geld schöne Gewinne. Sie verleihen es und streichen dafür zum Beispiel bei einem Überziehungskredit bis zu 18 Prozent ein. Das macht eine Gewinnmarge von 17 Prozentpunkten, also 1700 Prozent des eingesetzten Kapitals. Da sage noch einer, das »Retailing-Geschäft«, das Massengeschäft mit den kleinen Leuten mache den Bankern keinen Spaß mehr.

Wer höhere Zinsen von seiner Bank haben möchte, wird sein blaues Wunder erleben. Höhere Zinsen gibt es bei Sparbüchern und Sparverträgen nur gegen eine zeitliche Festlegung; bei Sparplänen kann die zwischen sieben und fünfundzwanzig Jahren betragen. Die Bank freut sich, weil sie solche Gelder als zwar etwas teurere, dafür aber zeitlich überschaubare Refinanzierungsquelle bequem kalkulieren kann.

Für den Sparer machen diese Arrangements nur dann Sinn, wenn er wirklich liquide genug ist, das Geld beiseite zu legen und es bis zum Ende der Vertragszeit zu vergessen. Denn wer aus einem solchen Vertrag aussteigen will, muss Strafzinsen zahlen. Da ist die magere Rendite gleich wieder aufgezehrt.

Bekannt ist das den wenigsten, sie bekommen die Informationen ja auch nicht gerade aufgedrängt. Vielmehr werden, so Arno Gottschalk, Finanzexperte bei der Verbraucherzentrale Bremen, allenthalben Nebelkerzen gezündet, speziell was die Renditen anbelangt. Da sind in den Werbeabteilungen allerhand Wortwerfer zugange, die eine Lücke im Gesetz nutzen und mit Begriffen wie »Wertzuwachs«, »Durchschnittsverzinsung« oder »Wertentwicklung« hantieren. Anders als bei den Krediten, wo die Angabe des effektiven Jahreszinses zwingend vorgeschrieben ist (was das Verschweigen von zinssteigernden Nebenkosten erschwert), muss bei Sparverträgen die effektive Verzinsung nicht genannt werden.

Welche Täuschungen da möglich sind, zeigt die Konfusion über Begriffe wie »Rendite«, »Zins« und »Zinseszins« bei den Sparverträgen. Wer diese Geldanlageform wählt, verpflichtet sich, monatlich einen bestimmten Betrag einzuzahlen und das bis zu fünfundzwanzig Jahre lang. Der Wörtertrick: Spargeld wird ja nicht nur verzinst, sondern die Zinsen werden, falls sie nicht ausgeschüttet und vom Sparer für andere Zwecke verwendet werden, neu angelegt und ihrerseits wieder verzinst. Das ist so, als lege der Sparer jedes Mal frisches Kapital nach. Die Banker verheimlichen das gerne und lassen ihre Kunden in dem Irrglauben, sie steigerten die Zinsen kontinuierlich. Oder sie behaupten, sie würden Boni zahlen, obwohl sie nichts anderes tun, als Geld, das dem Kunden aus der Zinsesverzinsung sowieso zusteht, gutzuschreiben. Der Eindruck, die Bank oder Sparkasse habe hochherzig etwas ausgeschüttet, was sie eigentlich hätte behalten dürfen, ist sicher nicht unerwünscht. So hält man Kunden davon ab, etwas genauer auf die Konditionen zu schauen.

Verschwiegen wird auch gerne, was passiert, wenn ein solcher Sparvertrag vorzeitig gekündigt wird. Da fällt dann häufig der »Bonus« des laufenden Jahres weg, was die Rendite noch weiter verkürzt. Die *Süddeutsche Zeitung* berichtete über einen Sparvertrag der Stadtsparkasse München, der bei einer Kündigung nach zwei Jahren Laufzeit gerade einmal eine Rendite von 2,5 Prozent brachte. Da zahlen die Privatbanken ja schon bei einer simplen Festgeldanlage mehr.

Oder die Steuerfreibeträge. Ausgerechnet bei den Sparverträgen, die erträgliche Renditen versprechen, werden die »Boni« am Ende der Laufzeit auf einmal ausgezahlt. Für jeden Cent, der die Steuerfreibeträge übersteigt, muss Quellensteuer bezahlt werden. Wie schnell das geht, zeigte die *Süddeutsche Zeitung* Anfang 2001 am Beispiel eines Sparvertrags der Allgemeinen Deutschen Direktbank: Wenn ein Single dort über acht Jahre monatlich 100 Euro einzahlt, erhält er am Schluss mit rund 2200 Euro Zinsertrag rund 600 Euro mehr, als per Freibetrag steuerfrei bleibt. Davon muss er meist so viel ans Finanzamt abgeben, dass er froh sein darf, überhaupt noch eine Rendite zu erzielen.

Am schlimmsten aber sind die Zinsreitereien. Die meisten Sparverträge sehen variable Zinsen vor, das heißt, je nach Situation am Geldmarkt können die Zinsen schwanken. So steht es in den Verträgen. Nicht vermerkt ist dort, in welcher Weise, wann und in welcher Höhe eine Zinssenkung oder eine Zinserhöhung erfolgt. So ist zu beobachten, dass sich die Banken viel Zeit lassen mit der Anpassung nach oben, und nur selten steigt die Verzinsung der Sparverträge in gleicher Weise, wie sich das allgemeine Zinsniveau gehoben hat. Derselbe Effekt, nur in umgekehrter Richtung, war bei den Zinsen für Kredite zu beobachten. Während der Bundesgerichtshof diese Praxis bei den Krediten für rechtswidrig erklärt hat, liegt für die Zinsanpassung bei Sparverträgen noch kein entsprechendes Urteil vor.

Ähnlich ist die Lage bei den Kapitallebensversicherungen. Auch hier wird der Verbraucher über die meist doch sehr bescheidenen Renditen weitgehend im Dunkeln gelassen. Wer weiß denn schon, dass ein Kapitallebensversicherungsvertrag, wird er vorzeitig gekündigt, erheblich an Wert verliert, weil die Versicherungen berechtigt sind, die Abschlusskosten, also zum Beispiel die Provision für den Außendienstler, gänzlich den Versicherten bezahlen zu lassen, der also seine ersten Prämien ausschließlich für den Außendienstmitarbeiter bezahlt? Der Bundesgerichtshof weigert sich seit Jahren, verbraucherfreundliche Urteile zu fällen. Man möchte fast raten, die Hände gänzlich von den Lebensversicherungen zu lassen – vor allem, wenn sie von Bankmitarbeitern oder Strukturvertrieblern angeboten werden.

Inzwischen gehen kleine Lebensversicherungen reihenweise

Pleite. Denn das Geld, das sie in Aktien angelegt haben, ist weitgehend verbrannt. Es fehlen die Rücklagen. Große Lebensversicherungen haben inzwischen sogar das Problem, erträgliche Überschussbeteiligungen auszuschütten.

Aber das ist noch längst nicht alles aus dem Land der Täuschungen. Zahlenspiegeleien mit offenbar nicht erreichbaren Zinserträgen bot die American Express Bank in Deutschland Anfang 2001 an. Sie versprach »bis zu« 6 Prozent Zins auf einem so genannten DailyCash-Konto, einem Tagesgeldkonto. Dabei war die Zinshöhe gestaffelt: Bei einer Einlage bis 25 000 Mark (€ 12 782) gab es 3 Prozent, zwischen 25 000 und 50 000 Mark (€ 12 782 bis € 25 565) 4 Prozent, bei 50 000 bis 200 000 Mark (€ 25 565 bis € 102 258) 5 Prozent und nur bei Einlagen darüber gab es 6 Prozent. Der Trick dabei: Erst die 200 001. Mark berechtigte zum Höchstzinssatz, sodass der Anleger die 6 Prozent nie für die gesamte Anlagesumme erreichen konnte. Bei einer Höchsteinlage von 400 000 Mark oder 204 517 Euro war der Höchstzins somit auf 5,3 Prozent begrenzt. Mit diesem Werbetrick überspielte die Bank ihre im Vergleich eher schlechten Konditionen: Während die American Express Bank damals für 60 000 Mark (€ 30 678) einen Zinssatz von nur 3,75 Prozent bot, verzinste die holländische Finansbank Tagesgeldkonten ab 10 000 Mark (€ 5113) mit 5 Prozent.

Auch bei den Wertentwicklungsangaben von Fonds kommt es immer wieder zu Augenwischereien. Anfang Januar 2001 waren Wirtschaftsredakteure einem dreisten Trick auf die Schliche gekommen. Eine Direktbank hatte für einen von ihr aufgelegten Fonds eine Zwölf-Monats-Rendite von 31 Prozent ermittelt und mit diesem guten Wert auch geworben – noch nach dem ersten Börsencrash. Die Angabe war korrekt – allerdings bezog sie sich auf den Zeitraum von Anfang Juni 1999 bis Anfang Juni 2000. Im Lauf des Börsencrashs verschlechterte sich dieser Wert natürlich; bezogen auf das Kalenderjahr 2000 brachte der Fonds nur 10,5 Prozent. Wer den Werbesprüchen traute, musste annehmen, die Fondsmanager hätten trotz aller Börsenturbulenzen eine beachtliche Rendite erzielt, und mochte für die Zukunft ähnliche Glanzleistungen erhoffen. Inzwischen hat die Geschäftsführung der Bank eine Erklärung unterschrieben, derartige Werbung zu unterlassen.

Der Fondsmarkt ist so komplex und unüberschaubar, dass es ein Leichtes ist, unerfahrenen Anlegern das Geld aus der Tasche zu ziehen. Zum Beispiel mit Ecuador-Bonds, hochriskanten Anleihen, die eigentlich nur für die wirklich Hartgesottenen unter den Börsenzockern geeignet sind. Mit der Zeichnung der Bonds stellten die Investoren den Banken Kapital zur Verfügung, das diese komplett für sich vereinnahmen durften, falls Anleihen des Staates Ecuador wegen einer Zahlungsunfähigkeit des Landes wertlos würden. Der damalige amerikanische Finanzminister Brady hatte derartige Fondskonstruktionen initiiert, um den Banken die Möglichkeit zu geben, im Falle des Zusammenbruchs des Finanzmarkts in Ecuador glimpflich aus der Sache herauszukommen. Diese Anleihen waren sozusagen eine Lotterie, bei der man entweder seinen Einsatz vollständig verlieren oder einen ungewöhnlich hohen Profit einstreichen konnte. Die Profis unter den Finanzjongleuren wussten, worauf sie sich da einließen, und orderten entsprechend vorsichtig, als Beimischung zu konventioneller strukturierten Fonds. Sie alle verloren ihr Geld komplett, weil Ecuador schließlich zahlungsunfähig wurde; die Banken kassierten die Wetteinsätze und konnten daher, dazu hatten sie sich verpflichtet, dem Land Auslandsschulden erlassen. Eine geschickte Strategie, wofür Brady viel Lob erhielt.

Das Tückische war, dass vielen Kleinanlegern das Risiko nicht bewusst war. Stattdessen wurde der Eindruck erweckt, so die Anwälte, die für die Geschädigten gegen die Credit Suisse und die Dresdner Bank klagten, dass das Brady-Lotto kaum mehr Risiken barg als andere Fonds. Dazu trug auch die für Kleinanleger geeignete Stückelung bei. Zudem wurden die Anleihen durch Sparkassen und Banken vertrieben – und dort von den Beratern oft genug schöngeredet.

Die Richter am Landgericht Frankfurt/M. konnten nicht von einem Verschulden der Emissionsbanken überzeugt werden, und den Hausbanken der Geschädigten eine nicht vollständige Beratung nachzuweisen dürfte schwierig sein. Die Kleinsparer tragen einen milliardenschweren Schaden davon. Aber es haben sich nicht nur Kleinsparer verzockt. Auch die Manager der Zentrale der Goethe-Institute hatten sich durch die hohen Renditeerwartungen blenden lassen. Sie verloren mit dieser Anleihe über eine Dreiviertelmillion Euro.

Bei einer anderen Art von Börsenwette treten die Banker nicht nur als Vermittler bei Wetten zwischen Emittenden und Anlegern auf, sondern ziehen den Sparern das Geld oft direkt aus der Tasche. Die Rede ist von Aktienanleihen. Hier investiert der Anleger in einen Fonds, der ausschließlich mit Aktien eines bestimmten Unternehmens, etwa der Volkswagen AG, gefüllt ist. Dafür erhält er jährlich recht hohe Zinsen; angeboten werden schon einmal über 20 Prozent. Der Haken dabei: Wenn die Laufzeit der Anleihe vorüber ist und die Bank das eingeschossene Geld eigentlich auszahlen müsste, braucht sie das nicht unbedingt zu tun. Stattdessen kann sie eine vorher festgelegte Zahl an Aktien überreichen, falls deren Kurswert zum Zeitpunkt der Fälligkeit unter einen vereinbarten Betrag gefallen ist.

Das kann wehtun, wie das Beispiel einer von der Deutschen Bank aufgelegten VW-Aktienanleihe zeigt. Statt Bargeld erhielten die Anleger ein Bündel im Wert stark gefallener Wertpapiere. Auf die Laufzeit der Anleihe bezogen, kam dabei eine Rendite von nur 5 Prozent heraus – trotz der vertraglich garantierten Verzinsung von 9 Prozent auf das eingezahlte Kapital (wenn es denn ausbezahlt wurde).

Für die Banken sind solche Anleihen eine billige Methode, um sich gegen Kursverluste des eigenen Aktienbestands abzusichern. Wollten sie Kurssicherung per Termingeschäft betreiben, müssten sie richtig Geld dafür einsetzen. Es geht das Gerücht, dass manche Banken ihren Vorteil zusätzlich noch dadurch mehren, indem sie, bevor die Anleihen fällig werden, den Kurs der betreffenden Aktien durch Stoßverkäufe nach unten manipulieren.

Aber man muss gar keine Anleihen zeichnen, um sein Geld aufs Spiel zu setzen, mitunter genügt schon der Besitz eines Kontos. So war die Anlegerin Gabriele Reda, eine Pychotherapeutin, einem Betrügerpärchen aufgesessen, an das sie mehr als eine Viertelmillion Euro verlor. Doch damit nicht genug: Zwar wurde die Bank, bei der die Betrüger ihr Konto unterhielten, wegen der vielen ungewöhnlichen Kontenbewegungen irgendwann misstrauisch und fror das Konto ein, ließ also keinerlei Transaktionen mehr zu. Da aber das Konto tief in den Miesen stand, nahm die Bank das Geld, das Reda noch darauf überwies, gerne in Empfang. Als die Sache dann aufflog und der Gauner verschwand, wollte die Bank das Geld der Psychotherapeutin nicht mehr herausrücken. Bis zum Redaktionsschluss dieses Buches war ein rechtskräftiges Urteil in dieser Sache noch nicht gesprochen. Der Bundesgerichtshof gab der Geschädigten zwar Recht, verwies den Fall aber zur Verhandlung über den entstandenen Schaden und die Zahlungsverpflichtung der Bank an das Landgericht zurück.

Es ist wahrlich schwer, sein sauer Erspartes vor den Räubern in Sicherheit zu bringen. Und es fällt den Gierigen immer wieder etwas Neues ein, aktuell soll die Riester-Rente wohl zum Desaster der Anleger gemacht werden. Ein Test der Zeitschrift *Verbraucher aktuell* brachte das Ausmaß der Verantwortungslosigkeit an den Tag: Die Redaktion schickte Studenten zu achtundzwanzig Banken und Versicherungen. Obwohl die jungen Leute angaben, nicht mehr als 750 Euro im Monat zu verdienen, wurde ihnen zu Verträgen geraten, die sie niemals hätten erfüllen können. Da die Berater meist zu Renten- und Lebensversicherungen rieten, hätten nur die Vermittler, sprich die Banker oder Versicherungsagenten, von diesen Geschäften profitiert.

Der Betrug am Sparer geht munter weiter. Nur die Stichwörter und die Moden wechseln.

## Die Börse: Ausgezockt

Die Aktienhysterie ist vorüber. Vorbei die Zeiten, als eine Internet-Klitsche mit ein paar hundert Angestellten mehr wert war als die Lufthansa. Als jung verfettete Milchbartmanager sich auf eigenen Yachten rekelten und Büroboten sich über die Vorzüge von SLK-Daimlern informierten, weil ihre Optionen sie in zwei, drei Wochen zu Millionären machen würden. Familienväter langweilen sich jetzt wieder zur Rente hin, statt der nächsten Aktiennotierung entgegenzufiebern. Und in den Friseursalons sind die Begeisterungsschreie der Ladys verstummt, die ein paar Infineonaktien ergattern konnten, weil die Tochter als Jungbankerin ihr Zuteilungskontingent zu manipulieren verstand. Hinterher ist man klüger: Nur ein Drittel der über Anlagekapital verfügenden Deutschen ist heute noch bereit, in Aktien zu investieren. Auf dem Höhepunkt des Wahns waren es 80 Prozent.

Die Banktresore haben sich geschlossen, um den Profit zu hüten, der aus dieser gefährlichsten Aktienblase seit den Zwanzigerjahren entstanden ist. Diesmal ist alles noch mal einigermaßen gut gegangen, der Crash ist lediglich in eine extrem tiefe Wirtschaftsdepression eingemündet und (noch?) nicht in einen Kollaps. Man spricht von einer »weichen Landung«. Voraussichtlich werden die Finanzmärkte die Verluste verkraften. Für die Banken wird es Zeit, sich neue Weiden auszudenken, auf die man die Herde der Anleger führen kann. Jetzt bergen sie erst einmal die Gewinne aus Provisionen, Frontrunning-Geschäften, Beratungshonoraren und Depotgebühren. Es ist eine gute Ernte, alle haben ihre Rolle wieder einmal perfekt gespielt.

Hier soll nicht die Geschichte vom Aufstieg und Fall der Unternehmen wie EM.TV, Gigabell, Infomatec oder wie sie alle heißen wiederholt werden. Uns interessiert, welche Rolle die Banken dabei gespielt haben und ob sie vielleicht Schuld daran tragen, dass das Finanzierungsinstrument »Aktienemission« in einer solch gewaltigen Detonation zerbarst.

Der Bedarf an Eigenkapital war in den letzten Jahren permanent gestiegen, und bei wegbrechenden Gewinnen merkten die Unternehmer, wie ihnen die Umsatzfinanzierung durch Kredite das Überleben immer schwieriger machte. Da lag es nahe, die eigene Firma in eine Aktiengesellschaft umzuwandeln, um so an bankenneutrales Geld zu kommen, mit den Aktionären als Sponsoren, die in einer verlustreichen Periode auch einmal auf die Verzinsung ihrer Investition verzichten. So etwas kann Bankern nicht gefallen, bricht ihnen auf diese Weise doch das Kerngeschäft weg, von Macht und Einfluss nicht zu reden. So gesehen dürfte ihnen der Zusammenbruch des Aktienmarkts nicht ungelegen gekommen sein.

Andererseits: Auch auf dem Aktienmarkt kommt den Banken eine Schlüsselrolle zu. Sie haben die Kompetenz und die staatliche Genehmigung, ein Unternehmen bei der Umwandlung zu begleiten. Sie haben genügend Geld, um die Aktien der jungen AGs zunächst in den eigenen Bestand zu nehmen. Sie verfügen über Fachleute, Analysten genannt, die berauschende Visionen über die Zukunft der Unternehmen abgeben. Sie haben eine Vertriebsstruktur, die die Verteilung der Papiere problemlos handhaben kann. Eine ideale Ausgangsposition, um unbedarften Jungunternehmern Flausen in den Kopf zu setzen. Oder um andere für eigene drohende Verluste zahlen zu lassen.

Wahrscheinlich würden die meisten der Unternehmen, die auf dem Höhepunkt der Hysterie so unglaublich reich waren und inzwischen nicht mehr oder fast nicht mehr existieren, jetzt ein viel weniger dynamisches, dafür aber gesundes Wachstum erleben, wenn sie nicht zu früh mit zu viel Geld zugeschüttet worden wären. Die vielen Millionen, über die die unerfahrenen und unvorbereiteten Manager plötzlich verfügten, mussten hinaus, mussten schnellstmöglich in Produktivkräfte umgewandelt werden. Das war in den meisten Fällen jedoch nicht möglich, weil es für die häufig hoch spezialisierten Produkte keinen ausreichend großen Markt gab. So blieb den Unternehmern nichts übrig, als sich den Markt erst einmal zu schaffen, indem sie einen gigantischen Werbeaufwand trieben, der jedoch nahezu wirkungslos verpuffte.

Oder sie kauften andere Firmen auf, die vorgaben, bereits über die Märkte zu verfügen. Und weil diese Firmen ebenfalls inflationär an Wert zunahmen, musste für die Übernahmen das Geld der Anleger verpulvert werden. Da reichten dann ein paar schlechte Ergebnisse, um die Kurse zum Absturz zu bringen. An diesem Punkt war es dann unmöglich, weitere Finanzmittel zu akquirieren, und seien es auch nur Kredite.

Es waren die Venture-Capital-Gesellschaften der Banken, die jedem Unternehmensgründer, der ihnen eine pfiffige Geschäftsidee halbwegs plausibel zu präsentieren vermochte – Leute ohne jede unternehmerische Erfahrung –, genügend Startkapital und Beteiligungen an die Hand gaben, um Legionen von Computern einzukaufen und Heerscharen von Mitarbeitern einzustellen. Dabei gab es oft genug nur Prototypen von Produkten oder gar nur Visionen von unrealisierbaren Internet-Warenhäusern.

Das viele Geld verführte dazu, nicht marktgängige Produkte mit hohem Aufwand zu perfektionieren, ohne dass jemand sich ernsthaft um den Vertrieb kümmerte. Es ist ja längst bekannt, dass die meisten dieser Start-ups nicht einmal plausible Businesspläne vorlegen konnten, aus denen ersichtlich gewesen wäre, wann zum ersten Mal wirklich Geld verdient würde. Vielfach genügten den Bankern untestierte Zahlenkolonnen, die häufig bereits nach zwei Jahren Gewinne in Millionenhöhe vorspiegelten.

Weil die Venture-Capital-Gesellschaften darauf aus sind, ihre Beteiligung an einem Unternehmen möglichst bald wieder mit möglichst hohem Gewinn (um die 30 Prozent) zu veräußern (mehr als drei, vier Jahre Geduld haben sie nicht), mussten schnell neue Investoren gefunden werden. Weil die Banken die Venture Capital Fonds mit dem notwendigen Kleingeld ausgestattet haben, profitieren hauptsächlich sie aus den Verkäufen. Wenn die Lotterie denn einmal gut ausgeht.

(Allerdings ist die Ausstattung von Venture Capital Fonds eine hoch riskante Investition, denn höchstens jeder fünfte derart aufgepäppelte Start-up wird ein Erfolg. Das Risiko ist deutlich höher, als wenn die Bank einem eingesessenen Unternehmen, das in eine

Krise geraten ist, den notwendigen Sanierungskredit herausreicht. Das verweigern die Banker mit der Ausrede, sie müssten das Geld ihrer Kunden vor Verlusten schützen. Für irrwitzige Internet- oder Biotech-Investments ist das Geld aber da.)

Ein Start-up-Unternehmen kann man an den Gründer selbst verkaufen oder an andere Gesellschafter. Das können Unternehmen sein, die eine Ergänzung zu ihrer bisherigen Produktpalette suchen oder Zugriff auf das Know-how erhalten möchten. Die Gesellschafter können aber auch aus einer Vielzahl von Aktionären bestehen, was zur Zeit der Börsenhysterie die lukrativste Methode war, aus einem Risiko eine Goldgrube zu machen.

Wenn das zu verkaufende Aktienvolumen besonders groß war, bildete man ein Konsortium, in dem die ursprüngliche Hausbank, die die Unternehmensgründung begleitet hatte, zur Konsortialführerin ernannt wurde. Sie war dafür verantwortlich, dass der Börsengang nach Recht und Gesetz über die Bühne ging. Dass sich mehrere Banken zu einem Konsortium zusammenschließen, geschieht mit gutem Grund, denn so ganz ohne Risiko ist ein Börsengang denn doch nicht. Schließlich müssen die Banken die Anteile zunächst selbst kaufen, und wenn es sich, wie beim Börsengang der Telekom oder von Infineon, um Milliardenbeträge handelt, stoßen auch die größten Banken nicht nur an die gesetzlichen Grenzen, sondern auch an die Grenzen ihres finanziellen Potenzials.

Die Quasi-Beteiligung an einem Unternehmen vor dem Börsengang belastet zunächst einmal die Bank, die daher sehr daran interessiert ist, die Anteile schnellstmöglich wegzubekommen. Der Traum jeder Bank ist es, wenn bereits kurz nach Bekanntgabe des beabsichtigten Börsengangs potenzielle Aktionäre die Schalterhallen stürmen, um so viele Aktien wie möglich zu ergattern. Dann überschreitet die Kauforder die Zahl der vorhandenen Papiere, worauf eine Art Versteigerung hinter verschlossenen Türen stattfindet: Die Konsortialbanken und die Unternehmensgründer setzen fest, zu welchem Kurs die Aktie ausgegeben wird. Zu niedrig darf er nicht ausfallen, zu hoch auch nicht, damit keiner der Aktionäre auf den Gedanken kommt, sich die Wirtschaftsdaten des Unternehmens genauer anzuschauen und erst danach zu entscheiden, ob es sich lohnt, die Papiere zu kaufen. Auch auf die Spekulanten müssen die Emittenden achten, denn die kaufen nur dann, wenn sie sichere und hohe Kursgewinne erwarten.

Der so genannte Emissionsprospekt hat mit herkömmlichen Prospekten wenig zu tun. Kein Automobilunternehmen wird in seinem Prospekt die schlechte Verarbeitung zum Beispiel der Scheibenwaschanlage herausstellen, weil diese Information Kaufwillige doch eher abschreckt.

Die Verfasser von Aktien- und anderen Prospekten, die mit Geldanlage zu tun haben, sind jedoch exakt hierzu verpflichtet. Sie müssen, so sehen es Gesetz und Rechtsprechung vor, alle entscheidungsrelevanten Informationen darstellen und vor erkennbaren Gefahren warnen – andernfalls laufen sie Gefahr, die Aktien zum Verkaufspreis zurücknehmen und möglicherweise sogar Schadensersatz für entgangene Gewinne zahlen zu müssen. Da gibt es auch für die Banken keinerlei Ausflüchte: Wenn sie an der Gestaltung des Emissionsprospekts mitgewirkt haben, und das trifft auf jeden Fall auf die Konsortialführerin zu, müssen sie das Papier zurücknehmen und auf bessere Zeiten warten.

Alles, aber auch alles, was sich negativ auf die Entwicklung des Unternehmens auswirken könnte, muss also aufgezeigt werden. Zum Beispiel, in welchem Entwicklungsstadium sich die Produkte befinden, die das Unternehmen vertreibt oder zu vertreiben gedenkt. Wie hoch der Schuldenstand ist. Ob die Gründer vorhaben, noch während der »Lock-up-Zeit«, in der sie das eigentlich nicht dürfen, Aktien auf eigene Rechnung zu verkaufen und aus welchem Grund. Ob irgendwelche Transaktionen, die den Wert des Unternehmens steigern, mit einem Pferdefuß versehen sind. Und so weiter. Vor allem müssen die Bilanzen sowie die Gewinn- und Verlustrechnung stimmen.

So weit die Theorie. Die Banken, die das alles zu verantworten haben, sind diesen Vorschriften nur sehr selten nachgekommen. Sie sorgten zwar dafür, dass die Prospekte vor allem mit der pauschalen Warnung versehen wurden, jeder Aktienkauf könne den Totalverlust des investierten Geldes nach sich ziehen, aber mit Warnungen vor den konkreten Gefahren hielten sie sich auffallend zurück. Stattdessen präsentierten sie Visionen und Hochrechnungen, Hirngespinste und Schönfärbereien – stets mit dem Risikovorbehalt versehen.

Zielpersonen für die Prospekte waren die Kleinanleger – aber die nahmen die Hochglanzbroschüren nur selten zur Kenntnis. Lieber vertrauten sie auf Latrinenparolen, Zeitungsartikel und Tipps aus dem Internet. Und die konnten aus seriösen Quellen kommen, aber auch von unfähigen oder korrumpierten Journalisten und bezahlten Einflüsterern, die eine Aktie gezielt hochpushten.

Viele Journalisten stützten sich bei ihren hochgemuten Prophezeiungen auf die Äußerungen von Analysten, die aufgrund spezieller Branchenkenntnisse die Chancen der Aktiengesellschaften in spe bewerten und Empfehlungen abgeben: Aktien kaufen, verkaufen, halten. Allerdings sind die meisten Analysten Angestellte von Banken, von Banken, die Aktien in den Markt bringen. Heute, nachdem der Rausch vorbei ist, weiß man, dass die meisten Analysten ihrem Arbeitgeber einen Gefallen getan haben, indem sie wissentlich Aktien empfahlen, die das Papier, auf dem sie gedruckt waren, nicht wert waren. Nach dem Goldrausch haben viele dieser Höchstverdiener, ehemals als Gurus des neuen Kapitalismus gefeiert, ihren Arbeitsplatz verloren, weil sie frühere Erfolge nicht wiederholen konnten oder in den Verdacht illegaler Aktivitäten gekommen sind.

Aber zurück zu dem Wichtigsten, was ein Prospekt beinhalten muss: die Bilanzen sowie die Gewinn- und Verlustrechnungen. Wer meint, hier könne nichts gefälscht werden, schließlich hätten ja vereidigte Wirtschaftsprüfer die Korrektheit der Rechenwerke testiert, irrt. Die 1997er Bilanz der Bayerischen Hypotheken- und Wechselbank musste sogar aufgehoben werden. Die gab damals zwar keine Aktien heraus, aber sie wurde kurz darauf mit der Bayerischen Vereinsbank fusioniert. Und deren Aktionäre mussten sich über den Tisch gezogen fühlen, weil sie wohl wesentlich mehr für den Deal haben ausgeben müssen, als bei Vorlage einer korrekten Bilanz nötig gewesen wäre.

Und bei der Deutschen Telekom kam es nach dem zweiten Börsengang zu einer Neubewertung ihrer Immobilien, die zu einer Wertberichtigung in Höhe von 5 Milliarden Euro führte; Kritiker rechnen gar mit Fehlbewertungen von 15 Milliarden. Gleichzeitig häufen sich in den USA Meldungen über »kreative Buchführung«, und der größte Konkurs, von WorldCom, hat ein Volumen von 36 Milliarden Dollar.

Nun wurden und werden Aktien nicht nur an Klein-, sondern vor allem auch an Großanleger verkauft, zum Beispiel an Versicherungen, Fonds oder Pensionskassen. Die wollten sich nicht mit den wenig aussagekräftigen Zahlen des Zeichnungsprospekts zufrieden geben. Deshalb bürgerte es sich ein, ein zweites Zahlenwerk zu präsentieren; eines, das nicht als Prospekt verstanden werden durfte, weil es zum Beispiel Prognosen enthielt, die sich möglicherweise nicht realisieren ließen und, im Prospekt veröffentlicht, eine Haftung begründet hätten. Diese »Emissionsstudien« wurden auf Analystenkonferenzen vorgestellt. Dort und in Einzelgesprächen war es durchaus üblich, die Großinvestoren zu wesentlich niedrigeren Preisen mit Aktien zu bedienen als später die Kleinanleger. So verdienten die Großinvestoren an den ersten Börsentagen gut am sofortigen Wiederverkauf der preiswert erhaltenen Papiere. Auch davon wussten die Emissionsbanken meist, waren sie doch unter den Gastgebern dieser Konferenzen zu finden. Die meisten reihten sich sogar selbst ein in den Kreis der Großabnehmer, indem sie Tochtergesellschaften mit den günstigen Aktien versorgten. Dafür bekamen sie dann auch noch Provision, zu zahlen vom Unternehmen, das sie gerade an die Börse führten. Diese Manipulation heißt zynischerweise: das »Friends-and-Family-Programm«.

Sobald alle gut versorgt waren, konnte die Putzfrauenrallye beginnen. Wer das Glück hatte, bei der Zuteilung berücksichtigt zu werden, hatte in den ersten Handelstagen die Chance, seine Gewinne zu realisieren. Viele taten das auch, doch die, die sich für besonders clever hielten, kauften zu, was das Zeug hielt – zu Höchstpreisen. Dafür nahmen sie sogar Kredite auf, besichert mit Aktien, die bereits in ihrem Depot schlummerten. Und die Banken gaben sie ihnen. Das durften sie auch, sofern die Kredithöhe nicht ein Drittel des Depotwertes überschritt. Einige Anleger drehten dabei ein immer größeres Rad: Weil nahezu alle Aktien im Sog der Hysterie ins Astronomische stiegen, stiegen die Kreditrahmen mit, manche Anleger nutzten die Möglichkeiten bis zum Letzten aus. Über Zinsen und Provisionen verdienten die Banken gut daran.

Die schillernde Spekulationsblase wurde so lange immer größer, bis die ersten Einbrüche zu verzeichnen waren und sich die Gewinnwarnungen häuften. Da brach der Aktienmarkt dramatisch ein. Wer jetzt auf Pump gekauft hatte, war arm dran: Weil die Sicherheiten wegbrachen, verlangten die Banken einen Nachschuss. Wer den nicht zahlen konnte, dessen Depot wurde gnadenlos liquidiert; notfalls wurde das übrige Vermögen herangezogen. Auch daran verdienten die Banken wieder gut: an den Börsenprovisionen ebenso wie an der Zwangsversteigerung der Familienbleibe.

Heute ist der Aktienmarkt weitgehend paralysiert. Es wird zwar irgendwann wieder aufwärts gehen, weil ständig neues Geld nachwächst, das Anlagemöglichkeiten sucht, aber die Hoffnung, es könnte eine neue Mittelstandskultur entstehen, die nicht abhängig ist von Krediten – die ist dahin.

Der wohl dunkelste Aspekt dieses Wahnwitzes aber ist der Börsengang als Alternative zur Insolvenz. Wenn es stimmt, was der Börsenfachjournalist Egbert Prior in seinem Börsenbrief *Prior Börse* vom 12. Januar 2001 veröffentlichte, soll eine Reihe von Börsennewcomern mit den Erlösen aus dem Aktienverkauf Schulden bezahlt haben, die sie bei zumindest einer der Emissionsbanken hatten. Zum Beispiel soll die Lycos AG bei der Commerzbank mit 75 Millionen Mark (€ 38 Mio.) in der Kreide gestanden haben. Gigabell soll fast fünf Millionen Mark (€ 2,5 Mio.) Schulden an eine nicht genannte Bank zurückgezahlt haben und Netlife etwas mehr als 2 Millionen Mark (€ 1 Mio.).

Ob es sich dabei um mehr als um Spekulationen und Unterstellungen handelt, weiß man noch nicht. Anders die Vorgänge bei EM.TV: Die Gebrüder Haffa, die das Unternehmen gegründet haben, mussten zugeben, während der Lock-up-Phase Aktien aus eigenem Besitz verkauft zu haben. Florian Haffa zum Beispiel verkaufte am 23. Oktober 2000 genau 400 000 Stück zu je 35,80 Euro, insgesamt also zu über 14,3 Millionen Euro. Sein Anwalt räumte später ein, dass die Transaktion der Rückführung eines Kredits gedient habe, zu dessen Absicherung die Aktien verpfändet waren. Kurz darauf begann der steile Absturz der EM.TV. Der auf Aktienrecht spezialisierte Anwalt Andreas Tilp (Anschrift siehe S. 304) folgerte, dieser Kredit müsse wohl vor der Kapitalerhöhung im November aufgenommen worden sein, also bevor die EM.TV neue Aktien unters Volk brachte. Schön zu wissen, dass scheinbar wenigstens die Emissionsbanken ihre Schäfchen ins Trockene bringen konnten.

Bei einer anderen Neuemission im Juni 2001 wurde diese Strategie ganz offen diskutiert: Von den erwarteten rund 100 Millionen Euro aus dem Börsengang der Nordsee AG, so wurde veröffentlicht, werde fast die Hälfte zur Bezahlung von Bankschulden und zur Auszahlung der Alteigentümer gebraucht. Auch die freuen sich, wie spendabel die »kleinen Leute« doch sind.

Da wundern die Emissionserfolge der Banken nicht, die Egbert Prior in seinem Börsenbrief *Prior Börse* vom 20. Dezember 2000 zusammengetragen hat. Danach hatte die Commerzbank bis dahin sechzehn Firmen an die Börse gebracht, von denen Ende 2000 bereits zehn unter dem Ausgabewert notierten. Bei der DG-Bank notierten damals von zwanzig Börsengängen nur vier oberhalb des Ausgabekurses. Zwei Banken haben ausschließlich Nieten produziert: Bei der WestLB gingen alle sieben und bei Merrill Lynch alle zwei Platzierungen schief. Wie wenig das die Banken stören muss, zeigt eine weitere Erkenntnis aus Priors *Börsenbriefen:* Die Commerzbank und die Bank Sal. Oppenheimer sollen laut Veröffentlichung vom 10. Januar 2001 beim Börsengang der Firma web.de einen Reibach von insgesamt 44 Millionen Mark gemacht und der Trinkaus Bank soll der Börsengang der Firma Gigabell einen Gewinn von 14 Millionen Mark eingespült haben. Web.de lag damals bereits zu 71 Prozent unter Ausgabepreis, Gigabell zu 96 Prozent.

Die Zeche zahlte der Kleinanleger. Hat er eine Chance, sein Geld wiederzubekommen, möglicherweise von den Emissionsbanken? Eher nicht. Denn der Anlegerschutz ist katastrophal unterbelichtet. Bei den Firmengründern wird nicht genug zu holen sein, um den gesamten Schaden auszugleichen. Denn das Aktiengeld diente der Rückzahlung von Krediten sowie der Bezahlung der Mitarbeiter und der technischen Ausrüstung.

Die Banken aber haften nur dann und dort, wo ihnen entweder grobe Fahrlässigkeit oder Vorsatz zur Täuschung der Anleger bei der Abfassung des Emissionsprospekts nachgewiesen werden kann. Für alles, was nach der Emission passiert, können die Banken nur ausnahmsweise zur Verantwortung gezogen werden.

Und so sieht die aktuelle Rechtslage aus:

- *Falsche Ad-hoc-Meldungen* begründen Schadensersatzansprüche gegenüber der Bank, wenn sie am Zustandekommen einer falschen Meldung beteiligt war.
- *Anlagebetrug und Bilanzfälschung* sind nur bei Vorsatz strafbar. Wenn Vorsatz nachgewiesen wurde (was ungeheuer schwer ist), ergeben sich daraus theoretisch Schadensersatzansprüche. Da die Ermittlungen aber sehr langwierig sind, drohen die Ansprüche in dieser Zeit zu verjähren.
- *Kursmanipulation:* Haftung ungewiss.
- *Verkauf in der Lock-up-Periode* kann einen Schadensersatzanspruch gegenüber dem Unternehmer und wahrscheinlich auch gegenüber der Bank begründen, vor allem, wenn mit dem Lock-up-Verbot im Prospekt geworden wurde, die Bank den Verkauf aber nicht durch Schutzmaßnahmen verhindert hat. Zum Beispiel indem sie die Aktien in einem Sperrdepot geparkt hat. Hier liegt aber noch keine höchstrichterliche Entscheidung vor.
- *Prospekthaftung:* Begrenzter Schadensersatzanspruch durch Rückabwicklung der Käufe zum Kaufkurs, aber gedeckelt auf den Ausgabepreis. Das heißt: Hat jemand eine zu 50 Euro emittierte Aktie für 40 Euro gekauft, bekommt er bei der Rückabwicklung auch nur 40 Euro – es entsteht ihm kein Schaden. Hat er die Aktie jedoch zu 60 Euro erstanden und kommt es zur Rückabwicklung, erhält er nur 50 Euro zurück – ein Schaden

von zehn Euro. Achtung, kurze Verjährung: drei Jahre nach Emission und sechs Monate nach Bekanntwerden des Prospektfehlers. Die Beweislast liegt überwiegend bei der Bank.

Schlechte Karten also. Aber engagierte Anwälte wie Andreas Tilp und sein Berliner Sozius Dietmar Kälberer wollen das so nicht hinnehmen. In ihren Augen befindet sich die Rechtsprechung zum Anlagerecht auf demselben Stand wie vor vielen Jahren die zum Arzthaftungsrecht und noch früher zum Mietrecht. In beiden Fällen hat sich der Wind zugunsten der Verbraucher gedreht. Vielleicht lässt sich dieser Prozess ja wiederholen.

Tilp und Kälberer machen den Börsenopfern Mut mit folgenden Grundüberlegungen:

1. Haftungsansprüche aus falschen Prospektangaben sind nicht auf den Inhalt von Prospekten beschränkt. Es gibt eine Nachtragspflicht, wenn sich zeigt, dass bestimmte Angaben sich nicht halten lassen oder dass das Management des Unternehmens sich nicht entsprechend den Vorschriften verhält. Als zum Beispiel die Haffa-Brüder ihre EM.TV-Aktien noch innerhalb der Lock-up-Frist veräußerten, obwohl das Neue-Markt-Regeln zufolge verboten war, hätte das nach Tilps Meinung in einem Prospektnachtrag bekannt gemacht werden müssen. Dann wären möglicherweise wenigstens die, die nach diesem Verkauf noch in EM.TV-Aktien investierten, vor immensen Verlusten bewahrt worden. Hier sind auch die Banken als Prospektverantwortliche in der Pflicht. Die Nachtragspflicht endet sechs Monate nach Einführung der Aktien.
2. Das Regelwerk des Neuen Markts ordnet nicht nur das Verhältnis zwischen Unternehmen und Börse, sondern es hat auch Schutzfunktionen zugunsten der Anleger. Verstoßen die Unternehmen dagegen, haben Schadensersatzansprüche eine gute Grundlage.
3. In der juristischen Fachpresse bildet sich zurzeit die Meinung heraus, dass die Emissionsstudien als Teil der Emissionsprospekte betrachtet werden müssen. Bei diesen Studien handelt es

sich um häufig besonders euphorisch gefärbte Darstellungen der Chancen eines Unternehmens. Da kann es schon einmal vorkommen, dass die Gewinnprognosen um das Zehnfache überzeichnet werden. Namhafte Juristen tendieren dazu, diese Lobhudeleien, aus denen ja zunächst die Analysten, später die Journalisten und danach die Aktienverkäufer in den Banken ihr Wissen schöpften, als Teil des Emissionsprospekts zu verstehen. Damit wäre auch hier die Emissionsbank haftbar.

4. Zudem deutet alles darauf hin, dass die Emissionsstudien gegen das Gesetz gegen den Unlauteren Wettbewerb verstoßen. Zwar beinhaltet dieses Gesetz keinerlei Schutzfunktion gegenüber denen, die die angepriesene Ware, hier die Aktien, gekauft haben, sondern nur einen Anspruch, dass die Schuldigen bestraft werden. Ein Hinweis auf unsaubere Werbemethoden dürfte jedoch bei den Richtern die Bereitschaft verstärken, auf »vorsätzliche sittenwidrige Schädigung« zu erkennen.
5. Häufig wurden Anleger in den Banken dazu gedrängt, bestimmte Aktien zu kaufen. Das war vor allem dann der Fall, wenn das Kreditinstitut selbst zum Kreis der Emissionsbanken gehörte. Tilp vertritt die Meinung, dass diese Banken ihre Kunden ganz besonders intensiv über die Risiken der Investition hätten aufklären können, weil sie die betriebswirtschaftlichen Daten des Unternehmens besser kannten als andere. Zum Beispiel hätten sie auch darüber informieren müssen, ob es sich um einen Börsengang zur Verschleierung der Insolvenzreife handelte. Sie wären zu dieser Aufklärung verpflichtet gewesen. Wenn sie sie unterlassen haben, sind sie für einen dadurch entstandenen Schaden haftbar. Die Beweislast liegt bei der Bank; der Kunde muss jedoch glaubhaft machen, dass der Aktienverkäufer ihn auf die spezielle Aktie angesprochen hat.
6. Wenn eine Bank für den Verkauf eines Wertpapiers, auch eines Fondsanteils, nicht nur vom Anleger, sondern auch vom Unternehmen Provisionen erhält, muss sie das dem Kunden mitteilen. Sie muss ihm überhaupt alles zur Kenntnis bringen, was den Verdacht auf eine Interessenskollision begründen könnte. Als

zum Beispiel die Fusion von Daimler und Chrysler noch längst nicht in trockenen Tüchern war, hat das Daimler-Management den Banken eine Provision für jeden Umtausch der Daimler- in eine DaimlerChrysler-Aktie angeboten. Das ist so unüblich nicht, nur war diese Provision wesentlich höher als sonst. Ist in diesem Fall der Umtausch nach einem beratenden Gespräch am Bankschalter zustande gekommen, haben sich die Banker einer Falschberatung schuldig gemacht, wenn sie die Provision nicht zur Sprache gebracht haben.

7. Ein Großaktionär hat gegenüber den Kleinaktionären eine Treuepflicht. Er darf in der Hauptversammlung nicht so ohne weiteres Beschlüsse mittragen oder gar initiieren, die die Rechte der Kleinaktionäre schmälern. Er darf nicht einmal Fehler des Unternehmensmanagements tolerieren. Wenn zum Beispiel eine Bank als Großaktionär einer Aktiengesellschaft erklären würde, ein unerlaubter Aktienverkauf sei für sie eine lässliche Sünde und daher würde sie Sanktionen für unnötig halten, folglich in der Hauptversammlung für die Entlastung des Vorstands stimmen, würde sie die Interessen jener Kleinaktionäre beschneiden, denen an einer Verfolgung des Vertragsbruchs gelegen sein muss, weil sie möglicherweise dadurch geschädigt wurden.
8. Falsche Ad-hoc-Meldungen werden zwar hierzulande mit einer Geldstrafe bis zu 1,5 Millionen Euro geahndet, aber das tut einem Unternehmer nicht übermäßig weh, der durch einen damit erzielten Kursgewinn vielleicht 20 Millionen Euro Zusatzerlös erzielt hat. Außerdem hat der Aktionär nichts von dieser Strafe, er bleibt auf seinen hochgejazzten Papieren sitzen. Hier könnte aber EU-Recht greifen, das eine spürbare Sanktion fordert – einschließlich Schadensersatz. Wenn also deutsche Richter nicht bereit sind, dem Anleger Rechtsschutz zu gewähren, könnte der Europäische Gerichtshof sie eines Besseren belehren. Allerdings bleiben in diesem Fall die Banken so lange als zum Ersatz Verpflichtete außen vor, wie man ihnen kein umfangreiches Beratungsmandat des Unternehmens nachweisen kann.

Probleme wird es stets bei der Bestimmung des Schadens geben. Denn noch wird diskutiert, ob eine Rückabwicklung des Aktienkaufs ausreicht, um den geschädigten Aktionär zu befriedigen. Rückabwicklung bedeutet: Das Unternehmen oder die Emissionsbank kaufen die Aktien zum Ausgabewert zurück. Das kann schmerzlich sein, wenn jemand zum Beispiel zum Höchstkurs von 100 Euro bei einem Emissionswert zu 45 Euro gekauft hat. Da bleibt er im Fall der Prospekthaftung stets auf 55 Euro Verlust sitzen. Er möchte daher lieber den gesamten Kauf rückgängig machen, also seine 100 Euro zurückbekommen und möglichst auch den Schaden aus entgangenem Gewinn. Denn er hätte sein Geld ja auch in festverzinsliche Werte anlegen können – die hätten ihm wenigstens 6 Prozent gebracht.

Bei anderen Anspruchsgrundlagen ist hingegen voller Schadensersatz möglich – zum Beispiel bei Kauf aufgrund einer falschen Ad-hoc-Meldung. Hier tut sich den Juristen eine breite, frisch erblühte Spielwiese auf. Bis alle Ansprüche durchgeklagt sind, gehen mindestens fünf Jahre ins Land. Und wer sich jetzt nicht für juristische Schritte entscheidet, der hat später wahrscheinlich Pech – wegen der kurzen Verjährungsfrist von drei Jahren zumindest bei allen Börsendelikten.

Vor zwei Strategien warnt Rechtsanwalt Tilp eindringlich: Geschädigte sollen in der Regel keine Strafanzeige stellen und auch nie das Unternehmen verklagen, wenn es sich nicht um die Giganten des Wirtschaftslebens handelt. Die Strafanzeige führt bloß dazu, dass der Zivilrichter die Sache erst einmal ruhen lässt, bis ein im Zweifel überforderter Staatsanwalt die Klage niederschlägt – und dann sieht es auch im Zivilprozess nicht mehr rosig aus. Und wer das Unternehmen verklagt, der schädigt sich als Aktionär genauso wie die Aktionärskollegen.

Deshalb sollten Adressaten der Klagen eher der Vorstandsvorsitzende des Unternehmens sein, der die Malaise zu verantworten hat, und die Banken, die ihm ihren Segen gegeben haben. Die haben wenigstens das Geld, den Regress zu bezahlen.

# 2. TEIL:

## Firmenkunden – Die Katastrophe in den Kontoren

Auch Firmen haben einen Lebenslauf, und er folgt beileibe nicht immer dem Motto »wachsen und gedeihen«. Eine junge Firma braucht nur mit dem Geburtsfehler der Unterfinanzierung behaftet zu sein, schon wird sie zum Spielball der Kreditsachbearbeiter. Wer den Stationen des Kreuzwegs solcher Unternehmen folgt, denen irgendwann einmal die Liquidität ausgegangen ist, wird feststellen, wie die Banker oft genug alles getan haben, um die Schieflage noch zu verstärken.

Im Kapitel »Startfinanzierung: Der schlechte Anfang« geht es darum,

- wie unwürdig manche Banker mit Firmengründern umgehen,
- wie sie staatliche Hilfen unterschlagen, um teure Kredite zu verkaufen,
- wie sie die Unternehmer unterkapitalisieren, sich dafür aber übersichern lassen und
- wie die Höchstzinsfalle funktioniert.

Das Kapitel »Überziehungskredit: Das Ende des Wohlstands« beschreibt,

- wie Kreditsachbearbeiter das Wachstum eines Unternehmens willkürlich sabotieren und es dadurch abwürgen,
- wie sie unbelastete Familienmitglieder in die Haftung manipulieren und
- wie sie durch Unkenntnis der Märkte, in denen der Unternehmer tätig ist, Fördermittel des Staates blockieren.

Unter der Überschrift »Wenn die Bank falsch spielt: Getäuschte Hoffnung« wird geschildert,

- wie Jungunternehmer, die bestehende Firmen übernehmen, durch falsche Gutachten und verschwiegene Risiken getäuscht werden und
- wie Banker durch Nichtbeachtung bindender Verträge Unternehmen in Liquiditätskrisen lavieren.

Um eine traurige Erfahrung vieler Unternehmer, deren Firma in die Krise geraten ist, geht es in »Sabotierte Sanierung: Auf der Kante«. Dieses Kapitel beschreibt,

- wie der Sanierungsbedarf eines Unternehmens ausgenutzt wird, um es in eine existenzbedrohende Schieflage zu bringen,
- wie Banker dann in die Geschäftsführung eingreifen,
- welchen Schaden sie dadurch verursachen und
- wie sie die Hilfe konkurrierender Banken torpedieren.

Das Kapitel »Schumpeters Lazarus: Eine exemplarische Geschichte« fasst all diese Erschwernisse des unternehmerischen Lebens in Form eines fiktiven, aber durchaus realen Schicksals zusammen.

Ist das System erst einmal verstanden, mittels dessen sich die Banken am Geld ihrer Kunden gütlich tun, kann eine Gegenstrategie entwickelt werden. Zwar ist Vorsorge besser als Schadensbekämpfung, aber auch nachdem die Katastrophe eingetreten ist, ist noch nicht alles verloren. In dem Kapitel »Wer sich nicht wehrt, lebt verkehrt: Strategien gegen die Bank« geht es darum,

- wie Sie Beratungstricks erkennen und ihnen zuvorkommen.
- wovor Sie sich hüten müssen, wenn Sie Sicherheiten aus der Hand geben.
- wie sich Banker ins Unrecht setzen.
- was bei Sanierungen gefährlich ist.
- wie Sie Forderungen abwehren.
- wie Sie sich gegen Zwangsmaßnahmen wehren können.
- wie man Knebelverträgen entkommt.
- wann sich Schadensersatz erstreiten lässt.

## Startfinanzierung: Der schlechte Anfang

Fünf Jahre lang fühlte sich Professor Dr. Heinrich S. der Willkür einer rheinischen Bank unterworfen. Fünf lange Jahre, in denen er es nicht wagte, die Banker zu verklagen. Fünf Jahre hieß es stillhalten, weil es den Finanzspezialisten gelungen war, sein Haus mit einer Zwangshypothek zu belegen. Erst als er sich mithilfe seiner Schwester und einer anderen Bank von diesen Fesseln befreit hatte, konnte er seinen Feldzug gegen die rheinische Bank beginnen. Allerdings fehlen dem einst gut situierten Mann inzwischen die Mittel, einen Prozess über alle Instanzen durchzustehen. Er wird sich einen Prozessfinanzierer suchen müssen.

Das Elend begann bereits 1988. Es wird wohl, vorausgesetzt, S. bekommt die Prozessfinanzierung zusammen, mindestens noch bis ins Jahr 2007 andauern. Damals entschlossen sich S. und seine Frau, ein an der Peripherie von Koblenz gelegenes Freizeitzentrum zu kaufen, umzubauen und zu neuer Blüte zu führen. Ziel war es, der Tochter für die Zukunft ein erträgliches Einkommen zu schaffen. Mitmachen sollte eine Bekannte der Familie, Frau E., die mit einen saudiarabischen Bauunternehmer verheiratet war. Als Finanzdienstleister bei diesem ehrgeizigen Projekt war eine regionale Bank auserkoren, die auch gerne ein Finanzierungskonzept erarbeitete. Sie bereitete sogar die notwendigen Anträge für die staatlichen Fördermittel vor.

Professor S. zeigte bei den Verhandlungen über den Kaufpreis des Parks eine glückliche Hand. Nach einigem Hin und Her war es ihm gelungen, die Forderungen der Vorbesitzer von 2,1 Millionen Mark (€ 1,07 Mio.) auf 600 000 Mark (€ 307 000) zu drücken. Angesichts dieser frohen Botschaft sagte der zuständige Sachbearbeiter bei der Bank die Finanzierung des Projekts zu – allerdings nur mündlich. Professor S., seine Frau und Frau E. unterschrieben daraufhin den Kaufvertrag. Das war ein verhängnisvoller Fehler.

Denn so einfach ging es mit der Finanzierung plötzlich nicht, vor allem war auch nicht mehr von öffentlichen Kreditmitteln die

Rede. Stattdessen verlangte der Bankchef ultimativ Bürgschaften sowohl von Professor S. wie auch von Frau E. beziehungsweise deren Ehemann, jeweils über eine Viertelmillion Mark (€ 128 000). Es gibt einen Brief, in dem der Finanzer sein Begehren begründete: weil ein »Scheich« an dem Projekt beteiligt war.

Der saudische Unternehmer weigerte sich kategorisch, die Bürgschaftserklärung zu unterschreiben. Da aber die Verkäufer des Parks nicht auf ihr Geld warten wollten und mit Vollstreckungsmaßnahmen drohten, die ihn sein Haus gekostet hätten, gab wenigstens Professor S. schließlich die Bürgschaft ab. So ganz nebenbei machte die Bank bei der Bezahlung des Parks einen hübschen Schnitt: Weil sie das Geld bereits fünf Monate vor der Eigentumsübertragung auf das Notaranderkonto überwies, konnte sie rund 40 000 Mark (€ 20 452) Zinsen kassieren.

Jetzt konnten die Umbauarbeiten im Park beginnen, finanziert allerdings nicht durch einen vergleichsweise preiswerten Baukredit, geschweige denn durch zinsverbilligte staatliche Fördermittel, sondern über Kontokorrent. Und je tiefer dieses ins Minus rutschte, um so begehrlicher verlangte die Bank nach Sicherheiten. So belastete Professor S. innerhalb kürzester Zeit zwei wertvolle Immobilien mit Grundschulden im Wert von rund 2,2 Millionen Mark (€ 1,12 Mio.). Sogar sein rund 100 000 Mark (€ 51 000) starkes Wertpapierdepot musste er schließlich verpfänden. Zusammen mit der Bürgschaft über eine Viertelmillion Mark kamen damit Sicherheiten von knapp 2,5 Millionen Mark (€ 1,28 Mio.) zusammen – bei einer Überziehung in Höhe von rund 1,6 Millionen Mark (€ 820 000). Es wird Aufgabe der Anwälte und Richter sein zu prüfen, ob hier eine Übersicherung vorgelegen hat, wie es allem Anschein nach der Fall ist.

Als die Existenzgründerinnen, Frau S. und Frau E., sich schließlich weigerten, einen weiteren Überziehungsrahmen im Kontokorrent, diesmal um mehr als 600 000 Mark (€ 307 000), zu akzeptieren, und stattdessen auf einem regulären Kredit bestanden, kündigte die Bank schließlich die Geschäftsbeziehungen. Der weitgehend fertig gestellte Freizeitpark wurde verkauft. Professor S. beziffert seinen Schaden mit einem hohen siebenstelligen Euro-Betrag.

Seitdem versucht er, die Verantwortlichen zur Rechenschaft zu ziehen und Schadensersatz zu erhalten. Dabei lassen ihn Politiker, Staatsanwälte und Richter ins Leere laufen. Einer der mit dem Fall betrauten Staatsanwälte hielt es sogar durchaus »für vorstellbar«, dass binnen fünfunddreißig Tagen allein durch Zinsen und Gebühren ein Kontokorrent-Minus von 1,8 Millionen Mark (€ 920 000) auf 2,6 Millionen Mark (€ 1,33 Mio.) ansteigen kann.

Auch für die Familie Zerbel (Name geändert) wurde der Lebenstraum zum Albtraum. Die Art, wie die elfköpfige Familie in den Ruin getrieben wurde, gehört wohl zu den perfidesten Stücken, das sich jemals eine Sparkasse geleistet hat. Die psychischen Belastungen und mehr als dreißig Jahre Bankenknechtschaft haben den gequälten Menschen so zugesetzt, dass sie inzwischen jegliche Art von Öffentlichkeit scheuen. Vater Zerbel musste sich sogar psychiatrischer Hilfe versichern – allein der Anblick eines der blauen Gerichtsbriefe lässt ihn in unkontrollierbare Wutanfälle ausbrechen.

Angefangen hat alles im Jahr 1977, als die Landwirtsfamilie einen gut gehenden, aber nicht expansionsfähigen Betrieb verkaufte und umzog, um eine wesentlich größere Hofstelle zu erwerben. Die Zerbels brachten über eine halbe Million Mark (€ 256 000) mit und mussten für das neue Anwesen eine weitere Viertelmillion (€ 128 000) investieren. Die finanzierte die ortsansässige Sparkasse – und legte dabei gleich zum ersten Mal die Daumenschrauben an.

Denn statt wie bei derartigen Darlehen üblich, gewährte sie den Zerbels keine zwanzig- oder gar dreißigjährige Laufzeit für den nötigen Kredit, sondern wollte das Geld innerhalb von zehn Jahren zurück. Natürlich gab es auch keinen »normalen« Kredit, sondern einen Überziehungsrahmen auf dem Girokonto. Wie zu erwarten, schmälerten die hohen Zinsen das Betriebseinkommen beträchtlich; der Landwirt wurde mit der Zeit finanziell nahezu bewegungsunfähig.

Um die Situation durch höheren Umsatz zu verbessern, planten die Zerbels eine Schweinezucht. Die offizielle Gutachterstelle gab ein positives Votum ab, und die Sparkasse erklärte sich erneut zur Finanzierung bereit. Auf insgesamt 360 000 Mark (€ 184 000) war der Bau des Stalles veranschlagt worden, 200 000 davon (€ 102 000) wollte der bayerische Staat durch Vorzugszinsen in Höhe von 4 Prozent subventionieren. (Später strich die Sparkasse diese 4 Prozent ein und berechnete den Zerbels schamlos volle 10 Prozent Zinsen.)

Der Rest des benötigten Geldes und auch die Beträge, die zum Kauf von Ferkeln und Futtermitteln gebraucht würden, sollte durch den Verkauf von Flächen abgedeckt werden. Der Flächenverkauf gelang wie erwartet. Die Sparkasse jedoch hielt sich nicht an die Absprachen und tilgte mit dem hereinkommenden Geld den Kontokorrent des Landwirts. Aus war es mit der Schweinezucht, denn zum Kauf eines größeren Bestands an Ferkeln fehlte das Geld. Derart unterkapitalisiert, versuchte Bauer Zerbel trotzdem, seine Existenz zu retten, betrieb Getreideanbau und kaufte hier und da, stets auf Kredit, ein paar Ferkel. Maschinen und Gebäudereparaturen mussten ebenfalls über Kredite finanziert werden, weil die ökonomische Basis des Hofes nie ausreichte, die benötigten Mittel zu erwirtschaften. Am Schluss waren auf fünfzehn Konten Schulden von knapp 1,5 Millionen Mark (€ 767 000) aufgelaufen.

1990 kam es dann zur Kreditkündigung und zur Zwangsversteigerung, die 700 000 Mark (€ 358 000) erbrachte; seit dieser Zeit verlangt die Sparkasse von den Zerbels noch rund 200 000 Mark (€ 102 000) plus Zinsen.

Für Beobachter des Falls steht das Verschulden der Sparkasse, ausgelöst durch falsche Start- und Folgefinanzierungen, außer Frage. Die Kontrolle der Konten förderte Erschreckendes zutage: Nicht nur, dass von insgesamt rund 5400 Buchungen aus den Jahren 1977 bis 1990 rund 1100 nicht korrekt wertgestellt wurden, wodurch hohe Zinsverluste entstanden, die Sparkasse hat bei Zinsveränderungen auch nie eine korrekte Anpassung durchgeführt. Im Schnitt lagen die Zinssätze sogar 6 Prozent über den Durchschnittszinsen, die die Deutsche Bundesbank in ihren Monatsberichten dokumentiert.

Heute ist klar, dass die Sparkasse den Zerbels allein durch illegale Kontenmanipulationen eine halbe Million Mark (€ 256 000) zu viel abgenommen hat. Wären die Zerbels nicht dieser Sparkasse in die Hände gefallen, wären sie heute wohlhabend. Stattdessen leben sie ohne Hoffnung auf Besserung am Rande des Existenzminimums. Geld, die Sparkasse gerichtlich zur Rechenschaft zu ziehen, haben sie auch keines.

Die Zerbels leben noch, Evita Brunner (Name geändert), hat den Stress mit einer Volksbank nicht überlebt. Die Frau brauchte, um eine Praxis für Psychotherapie zu eröffnen, gerade einmal 20 000 Euro. Sie beantragte über die Volksbank ein Existenzgründerdarlehen der Deutschen Ausgleichsbank, das ihr aber verweigert wurde; eine Begründung erhielt sie nicht. Damals hätte sie das Geld mit einer Laufzeit von zwanzig Jahren bekommen, die ersten zwei Jahre zinsfrei, ab dem dritten Jahr zu 2 und ab dem sechsten Jahr mit jeweils jährlich um 1 Prozent steigenden Zinsen. Sie wäre in den ersten zehn Jahren sogar zinsfrei gestellt worden. So etwas mag keine Bank, erstattet ihr doch die Ausgleichsbank nur minimale Zinsen, wobei sie unverschämterweise auch noch die Korrektheit der internen Abrechnung kontrolliert.

So zog es die Volksbank vor, Frau Brunner ohne Subventionen zu finanzieren – das aber zu 10,5 Prozent Zins und Tilgung von Anfang der Laufzeit an. Einzige Erleichterung für die Liquidität: Es handelte sich um einen Betriebsmittelkredit, und vereinbart war, dass die Frau nur alle Vierteljahr Zinsen und Tilgung zu begleichen habe. Die Bank hielt sich jedoch nicht daran. Sie bediente sich bis zu siebenmal jährlich an den aufgelaufenen Einnahmen der Frau, wodurch deren Liquidität natürlich auf einem Minimum blieb. Sie verfügte nicht einmal über eine sichere betriebswirtschaftliche Basis, um die Zahlung von Gehältern und Anschaffungen kalkulieren zu können.

Nach acht Jahren war die Frau am Ende. Die Bank stellte ihre Forderungen fällig, und weil die Therapeutin nicht bezahlen konnte, zog sie die als Sicherheit hinterlegte Lebensversicherung ein. Damit hatte die Bank bereits fünf Jahre nach der Gründungsfinanzierung das Doppelte des ursprünglich eingesetzten Kapitals eingespielt.

Frau Brunner versuchte noch einige Zeit, Schadensersatz zu erlangen, scheiterte aber jedes Mal. Schließlich war ihre Gesundheit so ruiniert, dass sie mit knapp vierzig Jahren starb. Eine Kontenanalyse, die sie noch in Auftrag gegeben hatte, zeigte auf, dass sie, korrektes Verhalten der Bank vorausgesetzt, bis zum Zeitpunkt der Kreditkündigung mindestens 23 000 Euro auf die hohe Kante hätte legen können, ohne ihren finanziellen Spielraum einzuschränken.

## Überziehungskredit: Das Ende des Wohlstands

Am Schluss, als der Konkursantrag längst gestellt war und die letzten Arbeiter die Fabrikhalle verlassen hatten, blieb Otto Albers (Name geändert) nur noch ein symbolischer Akt des Widerstands: Vor die Einfahrt seiner ehemals florierenden Betriebszentrale stellte er ein Schild mit dem Text: »Ich vertrete die Meinung: Hier vernichtete die Sparkasse Ende 1996 hundert Arbeitsplätze.« Und er verwies darauf, dass damit den Steuerzahlern fünf Millionen Mark (€ 2,56 Mio.) Schaden entstanden seien. Geholfen hat es ihm nichts, im Gegenteil: Die Sparkasse ließ ihm das Plakat per einstweilige Verfügung verbieten.

Im Jahr 2001 musste der Unternehmer erleben, dass ihn das Landgericht Wuppertal in zweiter Instanz wegen Konkursverschleppung zu einer Freiheitsstrafe von achtzehn Monaten verurteilte, wenngleich auf Bewährung. Er musste erleben, wie Insolvenzverwalter und Sparkasse über nicht unerhebliche Vermögenswerte feilschten, und er musste den Gedanken ertragen, in eine Pleite gerutscht zu sein, die bei korrektem Verhalten der Sparkasse nicht hätte sein müssen.

Als Otto Albers den elterlichen Betrieb übernahm, wurde er Chef eines der typischen kleingewerblichen Unternehmen im Tal der Wupper, die Bestecke und kleintechnische Geräte hoher Qualität herstellten – made in Germany. Dem Sohn sollte es gelingen, das Unternehmen zu einem weltweit orientierten Zulieferer der Automobilindustrie zu formen. In ihrer Blüte belieferte seine GmbH von Audi bis Porsche und deren Tochtergesellschaften alle namhaften Automobilhersteller mit Ausstattungskomponenten. In Teilmärkten durfte sich Albers gar Marktführer nennen.

Jedoch: Die Blüte war teuer erkauft, und sie barg damit den Keim des Niedergangs in sich. Denn am wichtigsten Meilenstein seines (Miss-)Erfolgswegs hatte der Unternehmer sich verkalkuliert: Als Ende der Achtzigerjahre die Nachfrage nach seinen Produkten so groß wurde, dass eine Erweiterung der Produktionskapazitäten dringend geboten erschien, bat er, mangels Erfahrung mit Investitionen dieses Volumens, die Sparkasse um Rat.

Bei der Erarbeitung des Finanzierungskonzepts passierte ein verhängnisvoller Fehler. Der Neubau wurde zu knapp kalkuliert und man vergaß, ausreichend Geld für den Umzug, die Wiedereinrichtung der Maschinen und für das Auffangen der Umsatzverluste bei der Produktionsunterbrechung bereitzustellen. Kosten, die später über das Girokonto abgerechnet wurden und den finanziellen Spielraum drastisch verkürzten.

Als das Geld 1992 durch die Investitionen in den Neubau, Leasingzahlungen und die durch die Verdoppelung der Umsätze anfallenden Zusatzkosten immer knapper wurde, verlangte die Sparkasse Bürgschaften und Grundschulden, ließ sich die Forderungen des Unternehmens gegenüber dessen Kunden abtreten und nahm die Maschinen als Pfand. Sie übte sogar Rechte auf Leasingmaschinen aus, die erst fünf Jahre später in das Eigentum des Unternehmers übergehen sollten. Der auf Bankrecht spezialisierte Rechtsanwalt Ernst-August Bach aus Hannover, der mit Albers' Tragödie als Letzter befasst war (nachdem seine juristischen Vorgänger bereits den ersten Strafprozess und auch ein Schadensersatzverfahren gegen die Sparkasse vergeigt hatten), addierte den Wert aller Sicherheiten, die Albers für die Kontoüberziehungen hatte geben müssen, auf etwa 20,5 Millionen Euro – bei einem Gesamtfinanzierungsvolumen von etwas über 5,6 Millionen Euro. Das, so Bach, sei eine extreme Übersicherung: »Damit hatte die Sparkasse die Firma regelrecht abgewürgt.«

Es war ein langsamer und qualvoller Prozess, bis es so weit war. Weil sich die Bank zum Beispiel weigerte, neue Maschinen zu finanzieren, suchte Albers eine Lösung über Leasingverträge, was ihm auch gelang. Die unerfreuliche Folge war, dass die Leasingraten, auf fünf Jahre Laufzeit angelegt, wesentlich höhere Ratenbelastungen mit sich brachten, so Rechtsanwalt Bach, als ein langfristiger Kredit jemals kosten konnte. Damit wurde dem Unternehmer die Liquidität geraubt sowie die Möglichkeit, Eigenkapital zu bilden.

Als die Liquiditätsdecke noch dünner wurde, versuchte Albers, den Knoten durch Umsatzsteigerung zu durchschlagen. Sein Kalkül: Mit zunehmendem Umsatz müsste endlich ein Gewinn zu erwirtschaften sein. Kurz nach Eröffnung der neuen Produktionsstätte stellte er mit einer Umsatzverdoppelung von 10 auf 20 Millionen Euro seine unternehmerische Kompetenz eindrucksvoll unter Beweis. Allerdings hatte er nicht erwartet, dass die Sparkasse ihm seinen unternehmerischen Erfolg regelrecht abblocken würde. Doch genau das tat sie, als sie ihm die ausreichende Vorfinanzierung des nun höheren Bedarfs an Rohstoffen und Vorprodukten verweigerte.

Albers konnte meist nicht einmal Skonti realisieren, weil ihm das Geld für prompte Zahlung fehlte. Häufig blieb er den Lieferanten das Geld monatelang schuldig, worauf diese mit Preiserhöhungen reagierten. Es spricht für die positiven Erwartungen der Lieferanten in die Überlebensfähigkeit der Firma, dass die meisten die Geschäftsbeziehungen nicht aufkündigten, sondern weiter lieferten. Wenn auch oft nur zögerlich und gegen Vorkasse beziehungsweise im Rahmen des Volumens, das die Kreditversicherer zur Verfügung stellten.

Das wiederum brachte die Fertigstellungstermine durcheinander. Da die Automobilindustrie aber auf pünktlicher Anlieferung bestand, sah sich Albers mehr und mehr gezwungen, kleine Chargen per Express oder sogar Flugkurier ausliefern zu lassen. Dadurch stiegen die Versandkosten dramatisch.

Im Bemühen, sein Unternehmen zu erhalten, hatte Albers frühzeitig Unternehmensberater eingeschaltet und sich mit Steuerberatern, Wirtschaftsprüfern sowie Rechtsanwälten umgeben, die ihm einen Weg aus der Misere zeigen sollten. Gleichzeitig verlangte und erhielt die Sparkasse Sanierungskonzept auf Sanierungskonzept – doch sie lehnte sie alle ab. Sogar ein ehemaliges Vorstandsmitglied der Norddeutschen Landesbank erarbeitete ein solches Konzept – auch er erfolglos, da half auch sein Hinweis nichts, die Sparkasse habe von Albers über Jahre hinweg überhöhte Zinsen verlangt. Selbst das Angebot eines Exbankers, ein Jahr lang ohne Gehalt als

Geschäftsführer zu arbeiten und, falls er einen Weg zur Besserung fände, sich mit eigenem Geld an dem Unternehmen zu beteiligen, fand kein Gehör. Sogar sein Angebot, einen dringend notwendigen Forderungsverzicht der Sparkasse durch einen Besserungsschein zu vergolden – also durch das verbriefte Versprechen, das Geld, auf das die Sparkasse fürs Erste verzichtete, später dann doch noch zu bezahlen – stieß auf taube Ohren.

Ebenso wenig war die Sparkasse bereit, einer Factoring-Bank Zutritt zu erlauben. Factoring-Banken strecken Unternehmern, natürlich gegen Gebühr, die Bezahlung ihrer Rechnungen vor. Dafür hätte die Sparkasse nur von ihrer Globalzession zurücktreten müssen – also von ihrem Recht, im Notfall ihr Geld bei Albers' Kunden direkt einzutreiben. Das ist umso unverständlicher, als die Sparkasse den Wert dieser Zession, die ihr den Zugriff auf bestehende Forderungen in Höhe von durchschnittlich 4,5 Millionen Euro erlaubte, mit nahezu Null einschätzte. Welcher Schaden hätte ihr also aus diesem Verzicht erwachsen können? Sie wäre dadurch nicht ärmer geworden, hatte sie doch genug andere Pfänder in der Hand. Für Albers aber wäre dieses Arrangement möglicherweise die Rettung gewesen. Denn so wäre schnell Geld auf dem Konto erschienen, mit dem er die Forderungen der Lieferanten hätte bezahlen können.

Ein anderer Sanierungsplan sah ein Sale-and-Lease-Back-Geschäft vor. Dabei sollte Albers die Firmenimmobilie an eine Leasinggesellschaft verkaufen, von der er diese sofort wieder hätte zurückmieten können. Der Betrag hätte wohl ausgereicht, die Schulden bei der Sparkasse zumindest zu einem großen Teil zu tilgen. Die weigerte sich jedoch, sich von den Grundpfandrechten an der Immobilie zu trennen.

Warum auch hätte der damalige Sparkassendirektor sich auf derartige Geschäfte einlassen sollen? Ihm musste es ja nicht um zweihundert Arbeitsplätze und nicht um die Existenz einer Firma mit Weltruf gehen, er war für die Gewinne seines Arbeitgebers verantwortlich. Wem für gerade 5,6 Millionen Euro Kredite das nahezu Vierfache an Sicherheiten in die Hand gegeben wird, der kann mit aller Ruhe abwarten, wie der Schuldner vor sich hin siecht. Bis zum Exitus fließen ja immerhin noch Zinsen, die sich in der Bilanz der Kasse gut machen – und je höher die ausfällt, umso größer sind die Tantiemen, die sich Sparkassenvorstände in die Tasche stecken dürfen.

Mit so einem Todeskandidaten lassen sich sogar Steuergewinne einfahren. Wenn nämlich, wie in diesem Fall, die Kredite wertberichtigt, in ihrem Wert also heruntergestuft werden, lässt sich der Verlust daraus steuerlich geltend machen. So kam heraus, dass Albers' Schulden um 2 Millionen Euro wertberichtigt wurden – macht einen möglichen Steuergewinn von etwa 1 Million Euro.

Bei all dem ging der Sparkassendirektor selbst nur ein Risiko ein – das er aber in diesem Fall vernachlässigen konnte. Wäre nämlich einer der Berater darauf gekommen, dass die Sparkasse das Unternehmen durch die Übersicherung so im Knebelgriff hatte, dass eigentlich sie selbst und nicht Albers die Geschäfte führte, dann hätte es passieren können, dass sie die nicht notwendigen Sicherheiten hätte zurückgeben müssen. Und wäre das Unternehmen dann doch nicht zu retten gewesen, hätte nicht Otto Albers, sondern wohl eher der Quasi-Geschäftsführer von der Sparkasse sich vor dem Strafrichter wegen Konkursverschleppung verantworten müssen. Bezeichnend dafür eine Notiz, die Albers in den Kreditakten der Kasse fand, als diese bei Gericht vorgelegt werden mussten. Dort steht unübersehbar: »Der Laden gehört uns.«

Für Rechtsanwalt Ernst-August Bach, der nun versucht, Otto Albers aus dem Schlamassel zu helfen, ist der Fall die »Spitze des banklichen Fehlverhaltens, das sich die Kreditinstitute heutzutage gegenüber mittelständischen Unternehmen leisten zu dürfen meinen. Der Mittelstand und damit die gesamte deutsche Wirtschaft werden so lange nicht aus ihrer Krise herauskommen, wie Banken derart kaltschnäuzig die Rücksichtnahme auf unternehmerische Belange verweigern.«

Und wenn sie schließlich fertig sind mit einem Unternehmer, dann haben die Bankmanager es gerne, wenn er eine Zeit lang für sie arbeitet – kostenlos natürlich und inklusive all seiner Mitarbeiter; wo der Lohn herkommen soll, ist ja nicht Sache der Finanzexperten. So erging es zum Beispiel Klaus Kaufmann (Name geändert), einem ehemaligen Korbwarenhändler mit einem Umsatz von zuletzt immerhin 6 Millionen Euro, der Kunde bei einer kleinen fränkischen Bank war. Sein Anwalt sagt: »Die haben einfach verlangt: ›Jetzt machst du für uns die Abwicklung deiner Firma.‹ Und auf die Frage, wer denn die Löhne bezahlen soll, haben die einfach nur geantwortet, das ginge sie nichts an.« Kaufmanns Anwalt nennt das moderne Leibeigenschaft.

Kaufmanns GmbH ist konkurs, er selbst pleite. Seine persönliche Habe verwertet der Insolvenzverwalter: Vermögen, Altersversorgung, Haus, Auto. Selbst die Ehefrau, die niemals persönlich für die Schulden der GmbH und auch nicht für die ihres Mannes gebürgt hat, hängt mit 150 000 Euro drin – dank eines hinterhältigen Bankentricks.

Anfang 1992, erinnert sich Kaufmann, machte ihm der Chef einer Bank in Franken ein verlockendes Angebot. Er brauche in seinem Firmenportfolio noch ein Unternehmen mit rund 10 Millionen Mark (€ 5,11 Mio.) Umsatz. Dieses Unternehmen solle die Kaufmann GmbH werden. Ob er, Kaufmann, mitmachen wolle? Dem stockte der Atem. Denn eine Umsatzausweitung von damals 3 auf zukünftig 10, 12 Millionen Mark muss ja nicht nur vom Arbeitsaufwand her verkraftet, sondern auch finanziert werden. Der Banker sah keinerlei Probleme, für die Finanzierung wolle man schon geradestehen. Und los ging's. Der Korbwarenhändler schaffte es tatsächlich: Im Juni 1995 stießen die Kaufmanns auf die Erreichung ihres Ziels an.

Für die Bank war das Sparschwein jetzt wohl reif, es saß seit längerem schon in der Falle, und die hieß überteuerte Finanzierung. Denn der Erfolg des Korbwarenhändlers basierte auf einem nahezu unbegrenzten Kontokorrentkredit, der sich zum Zeitpunkt des Umsatzmaximums auf 900 000 Mark (€ 460 000) belief, verzinst bei 16 Prozent und mit der sattsam bekannten Zinseszinsgeldmaschine versehen. Für die Bank ein sicheres Geschäft, war der Kredit doch mit einer Grundschuld auf das Haus der Kaufmanns besichert.

Der Unternehmer hatte im Strudel des Aufbaus diese ungünstigen Konditionen akzeptiert. Jetzt, wo er daranging, die Firma zu konsolidieren und ein wenig auch die Früchte des Erfolgs zu genießen, wollte er von den extrem hohen Finanzkosten herunter. Zunächst ging die Bank auch auf sein Anliegen ein. Allerdings schuldete sie mit dem, wie sie ihn ausdrücklich nannte, »Konsolidierungskredit« nicht die gesamte Überziehung um, sondern ließ noch, sozusagen als Grundstock für einen neuen Schuldenberg, einen Rest von 100 000 Mark (€ 51 000) auf dem Kontokorrent. So weit, so üblich.

Weniger üblich war die Art der zusätzlichen Besicherung. Normalerweise verdienen sich Banker gern ein hübsches Zusatzsümmchen, indem sie dem Kreditnehmer eine neu abzuschließende Lebensversicherung oder einen neuen Bausparvertrag aufdrängen. Das hat den Vorteil für die Bank: Statt sich selbst das Geld für den Kredit bei der Bundesbank oder den Landeszentralbanken zu leihen, nehmen sie es bei Lebensversicherungsunternehmen auf. Das kommt sie billiger als die Refinanzierung über die Zentralbanken. Dafür müssen sie sich verpflichten, den betreffenden Kredit mit einer frischen Kapitallebensversicherung zu koppeln, für die dann Provisionen gezahlt werden. Nach ähnlichem Muster waren und sind Absprachen mit Bausparkassen gestrickt. Für den Kreditnehmer hat dieses Geschäft nur Nachteile, denn die frischen Lebensversicherungen und Bausparverträge sind zunächst nichts wert und kosten nur Prämien und Beiträge. So wird ihm von Beginn der Vertragszeit an zusätzlich Liquidität entzogen – für ein Unternehmen im Aufbau oder in der Konsolidierung eine missliche Sache.

Bei Kaufmann wurde eine besondere Variante dieser Refinanzierung angewandt: Er sollte Zerobonds kaufen. Zerobonds sind Anleihen großer Firmen, die nicht verzinst werden, dafür aber zu einem besonders niedrigen Ausgabekurs zu haben sind. Nach Ablauf der Anleihe erhält der Anleger einen wesentlich höheren, vorher garantierten Rückgabekurs ausgezahlt. Wenn er also einen Zerobond zum Ausgabekurs von 50 Euro kauft und ihn nach zwanzig Jahren zu 100 Euro zurückgeben kann, hat er einen Gewinn von 50 Euro gemacht, den Inflationsverlust abgezogen.

Der Bankchef überzeugte Kaufmann also davon, zur Besicherung seines Kredits für 36 000 Mark (€ 18 400) in Zerobonds zu investieren, die nach dreißig Jahren fällig und dann 100 000 Mark (€ 51 000) wert wären. (Kaufmann hätte dann das gesegnete Alter von fünfundachtzig Jahren erreicht.) Den Betrag zog die Bank gleich von der Kreditsumme ab – ein derber Schnitt in die Liquidität. Hinzu kam eine besondere Pikanterie: Die Manager sorgten dafür, dass nicht Kaufmanns GmbH als Eigentümer der Zerobonds auftrat, sondern der Privatmann, was diesem eine erhebliche jährliche Steuerbelastung einbrachte.

Vielleicht, weil externen Prüfern die Finanzierungsstruktur der Kaufmann GmbH merkwürdig erschienen war, zog die Bank den Kreditrahmen im nächsten Schritt allmählich enger. Das geschah, indem so genannte Avale nicht mehr als gesondertes Volumen geführt, sondern als Teil des Kontokorrentrahmens verstanden wurden. Das ist überaus ungewöhnlich. Bei Avalen handelt es sich um Bürgschaften, die eine Bank abgibt, um ihren Kunden langfristige Geschäfte zum Beispiel im Ausland zu ermöglichen. Wenn Kaufmann mit seinen Lieferanten in China ausmachte, dass die ihm Ware im Wert von einer halben Million schickten, verlangten diese eine Sicherheit für sich. Die Bank bürgte dann für ihn in dieser Höhe. Avale werden in den Büchern der Bank als Kredite geführt und brauchen eine Besicherung durch den Unternehmer, üblich sind 10 Prozent der Bürgschaftshöhe. Der Unternehmer zahlt dafür auch eine Gebühr, normalerweise aber keine Zinsen.

Werden Avale als Teil des Kontokorrentrahmens geführt, wird dadurch die Liquidität des Unternehmens blockiert, wenn ein besonders großes Geschäft abgewickelt werden soll, was dem Sinn der Avale vollkommen widerspricht. Ebenso müsste der Unternehmer plötzlich Zinsen für die Avale bezahlen, wenn auch indirekt. Denn wenn ein Unternehmen mit einem Kreditrahmen von 100 000 Euro auskommt, also nur den vereinbarten Zins und nicht die zusätzliche Überziehungsprovision zahlen muss, und es strapaziert seinen Überziehungskredit bei der Hereinnahme eines Avals in Höhe von einer halben Million um eben diesen Betrag, muss es dafür plötzlich Zins, Zinsprovision und Zinseszins aufbringen. Da verteuert sich ein Importgeschäft so mir nichts, dir nichts leicht um bis zu 18 Prozent. Was wiederum die Marktgängigkeit der Waren infrage stellt. Passt der Unternehmer nicht auf und berücksichtigt er die Konotokorrentkosten nicht bei der Kalkulation der Waren, rutscht er wie Kaufmann unweigerlich ins Minus.

So wurde es enger und enger. Schließlich müssen die Banker geglaubt haben, unbehelligt mit Kontenmanipulationen durchzukommen. Eines Tages nämlich fand Frau Kaufmann auf ihrem bis dahin kaum belasteten Privatkonto ein Minus von 20 000 Mark (€ 10 230) vor. Die Banker hatten den Betrag ohne Rückfrage einfach bei ihr abgebucht und den Konten der GmbH gutgeschrieben. Zur Rede gestellt, erklärte der Bankchef vor Zeugen, das habe man so machen müssen, weil die Revision im Hause gewesen sei und man die Konten des Unternehmens optisch entlasten wollte. Das Geld würde zurückgebucht, was dann auch geschah.

Entnervt, wie sie zu diesem Zeitpunkt schon waren, begingen die Kaufmanns einen schweren Fehler: Statt dem Banker derartige Manipulationen ein für alle Mal zu verbieten, nahmen sie die Erklärung ohne weitere Reaktion zur Kenntnis. Kurz darauf wiederholte sich das Spiel, jetzt nach telefonischer Ankündigung. Frau Kaufmann akzeptierte das alles, kannte sie doch die Probleme ihres Mannes. Als die Luftbuchungen zur Routine wurden und auch schon einmal zur Finanzierung von Überweisungen dienten, fragten die Banker gar nicht erst nach und schoben die Hunderttausende nach Gusto fröhlich hin und her – bis die Bank von sich aus Konkursantrag stellte. Da hatte Frau Kaufmann das Pech, gerade mit rund 300 000 Mark (€ 153 000) im Soll zu stehen, die die Bank jetzt gnadenlos einfordert. Dabei hatte Frau Kaufmann nie einen ordentlichen Kredit beantragt noch bekommen, die Summen waren für sie als einfache Angestellte auch jenseits der Vorstellungskraft. Trotzdem ließ die Bank sogar bei ihrem neuen Arbeitgeber, einer Sparkasse im Landkreis, das Gehalt pfänden.

Frau Kaufmann kann froh sein, wenn sie mit einem blauen Auge aus dieser Misere herauskommt. Denn sind erst einmal ein, zwei eigenmächtige Buchungen unbeanstandet geblieben, kommen die Richter gern zu der Auffassung, hier läge ein grundsätzliches Einverständnis vor. Dann sähe sich die Frau gezwungen, die Individualinsolvenz zu beantragen.

Und wie ging es derweil der Firma? Zwischenzeitlich konnte der Unternehmer bestellte Lieferungen nicht annehmen, was ihm Konventionalstrafen in Höhe von einer halben Million Mark einbrachte. Bald begann die Bank auch, Kaufmanns und seiner Angestellten Arbeitszeit mit Forderungen nach Konzepten, betriebswirtschaftlichen Analysen und sonstigem Papierkram zu blockieren. Dabei wusste die Sparkasse längst um die Konkursreife der GmbH.

Kaufmanns Anwalt ist überzeugt, dass die Firma seit spätestens 1992 überschuldet, also konkursreif war und dass sich Kaufmann seit dieser Zeit der Konkursverschleppung strafbar gemacht hatte. Da frage er sich, warum der Unternehmer damals überhaupt noch Kredite bekommen habe. »Da prüfen doch regelmäßig die Kontrolleure des Verbandes. Haben die denn nicht gesehen, was da passierte?« Als der Anwalt im Jahr 2000 die Bank mit seiner Einschätzung konfrontierte und eine Sanierungsfinanzierung einforderte, ohne die er seinem Mandanten rate, sofort Insolvenzantrag zu stellen, nahm ihm die Bank diese Mühe ab und stellte Insolvenzantrag – und gleichzeitig Strafanzeige wegen Konkursverschleppung.

So wie hier ein einstmals blühendes Unternehmen zuerst in die Enge getrieben und danach liquidiert wurde, sind auch eine junge Frau als Firmengründerin und ihr Lebensgefährte systematisch in die Verzweiflung getrieben worden.

Es handelt sich um Corinna Deim (Name geändert) und ihren Partner Peter Wolf (Name geändert) aus dem Sauerland. Frau Deim hatte 1999 über ihre Hausbank, die Sparkasse am Ort, zwei von der öffentlichen Hand subventionierte Kredite von insgesamt 100 000 Mark (€ 51 000) erhalten. Die Deutsche Ausgleichsbank besicherte die Kredite zugunsten der Sparkasse (nicht der Gründerin) als Nachrangbürgin, was bedeutete, dass sie, wenn die Geschäftsgründung schief ginge, für 75 Prozent jener Schulden haften würde, die übrig blieben, nachdem andere Sicherheiten verwertet wurden. Dafür, dass die Sparkasse derart abgesichert wurde, bezahlte Corinna Deim sogar 1,25 Prozentpunkte mehr als ohne diese Bürgschaft. Sie bezahlte also zusätzlich Zinsen für ein geringeres Risiko der Bank.

Die Sparkasse sorgte ihrerseits dafür, dass das Risiko der Ausgleichsbank möglichst gering blieb, indem sie Peter Wolf dazu brachte, eine Bürgschaft über die gesamte Kreditsumme abzugeben. Damals verdiente Wolf als Angestellter der Telekom recht gut. Es war aber abzusehen, dass er kurz nach der Firmengründung als Angestellter seiner Partnerin arbeiten würde, wodurch sein Einkommen sich drastisch reduzierte. Unter diesen Umständen erscheint die Bürgschaft im Nachhinein als eine Überforderung.

Das Gründungskonzept sah drei Standbeine vor: Erstens der Verkauf von CD-ROM-Rohlingen an Endverbraucher über Trinkhallen, Kioske, Copy-Shops, Internet-Cafés oder Tankstellen. Zweitens wollte sich Frau Deim die Option freihalten, das Datenträgergeschäft mit diesen Handelspartnern auf den Verkauf von Soft- und Hardware-Komponenten bis hin zu kompletten Computeranlagen auszuweiten. Drittens wollten die Gründer mit der Erstellung von CD-ROM-Applikationen in Kleinserien verdienen. Industrieunternehmen setzen solche Datenträger zum Beispiel für die Schulung von Mitarbeitern oder Mitarbeitern ihrer Handelspartner ein. Dieser Geschäftszweig war jedoch eher als zusätzliche Einnahmequelle gedacht denn als Hauptstandbein.

Es sollte aber alles anders kommen. Denn die Preise für wiederbeschreibbare CD-ROMs brachen kurz nach der Gründung radikal ein, weil die großen Vertriebsketten mit Vehemenz in diesen Markt drängten. Da, wo vorher zum Beispiel Woche für Woche achthundert CDs über den Ladentisch gingen, tat sich plötzlich nichts mehr. Fatal für Corinna Deim und Peter Wolf, hatten sie doch 60 Prozent des Kredits für den Einkauf der CDs ausgegeben – auf Verlangen des Gutachters der IHK, wie Corinna Deim berichtet, der seine (zwingend vorgeschriebene) Zustimmung zum Konzept nur unter dieser Voraussetzung abgeben wollte. Die Rohlinge lagerten nun als unverkäufliche Ware im Keller. Mit dem Wegfall ihres Vertriebswegs verlor die Gründerin zugleich die Option auf den Verkauf von Hard- und Software.

Blieb allein das Geschäft mit den Replikaten. Da Peter Wolf diesen Markt gut kennt, hatten die beiden schnell Erfolg. Ihre Akquisitionsbemühungen führten zu Jobs für namhafte Auftraggeber aus Industrie und Verwaltung. Allerdings kostete die Umstellung Geld, die Konten rutschten ins Minus. Zudem zeigte sich schnell, dass die maschinelle Ausstattung der Firma nicht ausreichte. Es musste Geld her, viel Geld.

Zwei Investitionsschritte ging die Sparkasse noch mit, wenngleich sie auch hier bereits Fesseln anlegte: Zunächst genehmigte sie im April 1999 eine Erhöhung des Kontokorrents von 10 000 auf 18 000 Mark (von € 5100 auf 9200) im Oktober eine weitere auf 50 000 Mark (€ 25 600). Gebraucht hätte Frau Deim, der damals lukrative Aufträge ins Haus standen, ein Limit von 75 000 Mark (€ 38 300), sie hatte diesen Bedarf auch im Gespräch angemeldet. Bemerkenswert war dabei, dass ihr die Konditionen für ihren Kontokorrentkredit nie mitgeteilt wurden, wie sie auch nie einen schriftlichen Kontokorrent-Kreditvertrag erhalten hatte.

Dass die Sparkasse damals nicht sofort schaltete und das Abenteuer beendete oder, was möglich gewesen wäre, ihre Kundin auf die Weiterförderung durch die öffentliche Hand verwies, legt den Verdacht nahe, dass der Kundenbetreuer eine positive Entwicklung durchaus für möglich hielt und der Sparkasse die hohen Kontokorrentzinsen sichern wollte. Damals glaubte er offensichtlich den Beteuerungen der Unternehmerin, zumindest die Überziehung in Höhe von 50 000 Mark (€ 25 600) schnell abdecken zu können.

Die zu kurze Finanzdecke sollte sich jedoch als fatal erweisen: Da die geplante Kapazitätsausweitung nicht im erforderlichen Maße durchgeführt werden konnte, musste Frau Deim überhöhte Angebotskalkulationen schreiben, die interessierte Neukunden abschreckten.

Trotzdem stiegen das Auftragsvolumen und vor allem die Zahl

der Anfragen rasant an. Der Grund dafür lag in der Spezialisierung auf kleine Auflagen und bei den konkurrenzlos niedrigen Preisen, bei denen Corinna Deim aber immer noch Gewinne erzielen konnte. Peter Wolf hatte zudem dafür gesorgt, dass eine Reihe von Subunternehmern bereitstand, die in der Lage waren, zusammen auch Auflagen bis zu einer Million binnen kürzester Zeit zu liefern. Das Problem: Sowohl die Lieferanten der CD-ROMs wie auch die Subunternehmer bestanden auf kurzfristiger Bezahlung, am liebsten per Lastschriftverfahren. Damit war Corinna Deim bei einer permanenten Liquiditätskrise das Instrument zur Steuerung ihrer Zahlungsflüsse aus der Hand genommen. Als die Sparkasse sich weigerte, eine Lastschrift einzulösen, fiel ein wichtiger Subunternehmer und dessen dringend gebrauchte Fertigungskapazität aus.

Corinna Deim versuchte Anfang März 2000, den Problemknoten mit einem Streich zu durchschlagen: Sie bat die Sparkasse um Hilfe bei der Beschaffung eines Erweiterungskredits in Höhe von 650 000 Mark (€ 332 000). Damit sollten nicht nur die Schulden getilgt, sondern unter anderem Geräte zur Schaffung von sechs Arbeitsplätzen besorgt werden. Die Nachfrage seitens der Abnehmer erlaubte es, in so großen Dimensionen zu planen. Gestützt wurde sie dabei von Gutachtern der IHK und der Wirtschaftsförderungsstelle des Landkreises.

Zwei Wochen später erhielt die Unternehmerin eine Absage. Hauptablehnungsgrund: Die Bilanz weise ein 53-prozentiges Minuskapital, bezogen auf die Bilanzsumme, aus. Solch eine Situation ist nicht unüblich bei Neugründungen, die sich nach der Phase der Gewinnerwartungen (die die finanzierenden Banken ja geteilt haben, sonst hätten sie die Startfinanzierung nicht durchgeführt) auf dem harten Boden der Tatsachen wiederfinden. Genau für diese Situation hält die Deutsche Ausgleichsbank staatliche Mittel bereit.

Interventionen bei der Sparkasse halfen jedoch nichts, selbst ein Gespräch, bei dem einer der Vorstände anwesend war, brachte kein positives Ergebnis. Damals war die Gesprächsatmosphäre bereits sehr ruppig, wie Ausschnitte aus einem Brief an den Bürgermeister der Gemeinde, den obersten Kontrolleur der Sparkasse, belegen, in dem Frau Deim ihre Erfahrungen mit den Entscheidungsträgern der Bank protokolliert hat:

»Zeitpunkt: Mai 2000
Teilnehmer: Herr Arnold (Kundenbetreuer, Name geändert), Herr Mertens (Vorstand, Name geändert), Herr Wolf, Frau Deim.

Inhalt: Das Gespräch startete mit den Worten Herrn Mertens': ›Wir haben gehört, dass Sie sich ungerecht behandelt fühlen.‹ (Durch diese Eingangsworte ließ man uns deutlich erkennen, dass es den betroffenen Personen offensichtlich nicht gefiel, dass wir uns nicht mit der äußerst unqualifizierten Absage zufrieden gaben. Dieser Eindruck verstärkte sich im Verlauf des Gesprächs besonders durch die oft schon mehr als inkompetenten Fragen von Herrn Mertens, die bei einer objektiven und aufmerksamen Einarbeitung und Auseinandersetzung mit dem Konzept nicht hätten gestellt zu werden brauchen.)

In diesem Gespräch wurden sämtliche offenen Fragen besprochen. Die künftige Marketingpolitik mit den entsprechenden Werkzeugen wurde unsererseits erläutert und seitens der Sparkasse als durchaus notwendig angesehen.

Die Umsatzprognose wurde anfänglich seitens der Sparkasse recht skeptisch bewertet. Als wir aber deutlich machten, dass der prognostizierte Umsatz nicht mal 1 Prozent Marktanteil ausmacht, haben wir diese Zweifel offensichtlich ausgeräumt. Denn ich möchte Herrn Mertens – ›Herr Wolf, ich glaube Ihnen, dass Sie Ihr Produkt verkaufen können‹ und Herrn Arnold: ›1 Prozent Marktanteil ist ja wirklich nicht viel.‹ zitieren. (Anmerkung: Einem geplanten Jahresumsatz im ersten Jahr von rund 1,5 Millionen Stück stehen zum Beispiel die Jahreskapazität eines Presswerks von 120 Millionen Stück gegenüber; in Deutschland produzieren derzeit sieben Presswerke.)

Die Arbeitsplatzpolitik wurde zunächst ebenfalls nicht verstanden. Herr Mertens startete seine Argumente mit den Worten: ›Warum starten Sie von Null auf 100?‹ (Anmerkung dazu: Es sollten in den ersten drei Monaten sechs Personen eingestellt werden.) Es wurde offensichtlich immer unterschlagen, dass das Unternehmen bereits existiert (also sicher nicht bei Null anfängt) und dringenden Bedarf an Manpower hatte, um die erarbeiteten Wettbewerbsvorteile so effizient und so schnell wie möglich umzusetzen. Außerdem war die Frage von Herrn Mertens ein weiteres Indiz, dass er sich unmöglich ernsthaft mit dem Konzept auseinander gesetzt haben konnte, da im Konzept die absolute Mindestbesetzung nach Funktion und Anzahl aufgeschlüsselt war. Aber auch dieser Punkt war im weiteren Verlauf unbestritten.

Anschaffung vom Fuhrpark und Maschinen: Diese Anschaffungen hatten wir vorgesehen, um der Sparkasse einen Sicherungswert für ihr Risiko gegenüberstellen zu können. In dem Gespräch wurden wir von Herrn Mertens auf die Möglichkeit des Leasings angesprochen, um den Kapitalbedarf zu verringern. Wir sind nach anfänglichem Zögern auf diesen Vorschlag eingegangen. Somit haben wir nun über einen Kapitalbedarf von 300 000 DM (€ 153 000) gesprochen, der zwar das absolute Minimum darstellte, aber uns die Möglichkeit zum Start und zur Beschaffung privater Mittel gegeben hätte. …

Da die erste Absage unter anderem lautete ›Solange keine positiven Zahlen vorliegen …‹, haben wir zu diesem Gespräch auch die BWA für das erste Quartal 2000 mitgebracht. Der Gewinn betrug rund 7000 DM (€ 3600). Selbstverständlich ist das noch nicht viel, aber es zeigte deutlich, dass wir auf dem richtigen Weg sind. Allerdings war das nun wieder der Sparkasse zu wenig.

Die Absage erfolgte wiederum schriftlich mit der Begründung, dass selbst mit der Leasingvariante die Sparkasse diese Finanzierung nicht begleiten möchte, da sie von dem Erfolg nicht überzeugt sei. … Auch hier bin ich nicht allein der Meinung, dass diese Aussage, so sie denn wahr ist, schon viel eher hätte getroffen werden müssen. …

Nach dieser Absage habe ich Kontakt mit dem Berater der staatlichen Förderbank aufgenommen und ihm die Lage geschildert. Auch er konnte das Verhalten der Sparkasse nicht verstehen. Seine Anmerkung dazu war zum Beispiel, dass die Aussage ›Wir glauben nicht an den Erfolg‹ doch normalerweise zuerst erfolgt. Er hat dann Kontakt zur Sparkasse aufgenommen und wollte sich umgehend bei mir melden. Nachdem ich nichts gehört hatte, habe ich nach zwei Wochen bei ihm nachgefragt, was er erfahren hat. Interessanterweise hat entweder Herr Mertens oder Herr Arnold ihm mitgeteilt, dass noch Gespräche ausstünden. Diese Gespräche haben nicht stattgefunden und waren auch nicht angekündigt.«

Es folgte noch ein weiteres Gespräch, dem, von der Sparkasse unwidersprochen, etwas Anekdotisches anhaftet:

»In diesem Gespräch habe ich aber nochmals abschließend und eindeutig ohne die Intention, doch noch jemanden zu überzeugen, also rein interessehalber die Frage gestellt, wo denn die Sparkasse nun effektiv das Problem sieht. Antwort von Herrn Mertens: ›Im Konzept.‹ Darauf fragte ich nochmals: ›Wo im Konzept?‹ Die Antwort darauf war zunächst lautlos (offener Mund und große Augen). Offensichtlich um die Situation zu retten, griff Herr Arnold Herrn Mertens mit der Ergänzung: ›Na, im Konzept und weil das erste gescheitert ist‹ hilfreich unter die Arme. … Dazu habe ich dann nur noch bemerkt, dass wir letztendlich … vom ersten zum zweiten Quartal 2000 eine deutliche Umsatzsteigerung von über 47 Prozent nachweisen können. Kommentar von Herrn Mertens: ›Da können Sie sich ja auch irren.‹«

Weil Corinna Deim den Eindruck hatte, die Sparkassenverantwortlichen hätten weniger aus sachlichen Gründen, sondern mehr aus persönlichen Aversionen heraus ihr Engagement abgebrochen, versuchte sie, in der benachbarten Großstadt mit einer anderen Sparkasse ins Geschäft zu kommen.

Dort liefen die Verhandlungen zunächst gut, auch von der staatlichen Förderbank kamen durchaus positive Signale. Doch ausgerechnet in dieser sensiblen Phase, wir schreiben Oktober 2000, traf Corinna Deim ein herber Schlag: Die Sparkasse führt die Lastschrift des letzten Presswerks, das noch für Frau Deims Firma arbeitet, nicht aus. Und sie teilte der Unternehmerin mit, dass der Kontokorrentkredit von jetzt an nur noch 10000 Mark (€ 5100) betrage. Sie fordert Corinna Deim zugleich auf, ihr mitzuteilen, wie sie sich die Rückführung der inzwischen auf rund 64000 Mark (€ 33000) angestiegenen Überziehung vorstelle. Frau Deim missversteht diesen Brief und beantwortet ihn nicht, weil sie in ihm eine verklausulierte Aufforderung zur sofortigen Rückführung und damit als Kündigung sieht. Das ist ein Fehler, den in dieser Situation nahezu alle Schuldner begehen. Die Rückführung des Kontokorrentlimits war sachlich korrekt, da die Ausweitung nur befristet genehmigt und die Frist zu diesem Zeitpunkt bereits überschritten war. Die Folge wäre zunächst nur ein Zinssprung in Höhe der Überziehungsprovision gewesen.

Es kam, wie es kommen musste: Die Sparkasse in der benachbarten Großstadt lehnte den Kreditantrag ab.

Corinna Deims Fall zeigt nicht nur, wie Störungen in der Chemie zwischen den Menschen Chancen zerstören. Er zeigt auch, dass selbst bei denen, die die Förderprogramme verwalten, Unkenntnis herrscht, denn auch die staatliche Förderbank entzog ihr jede Unterstützung. Die Unternehmerin wäre nicht die, die sie ist, hätte sie nicht von der Förderbank Rechenschaft für die Ablehnung des Kredits gefordert. Zurück kam, mit freundlichen Grüßen, die Belehrung, man habe absagen müssen, weil sich Corinna Deim in ihrer Geschäftsführung nicht an das ursprüngliche Konzept gehalten habe:

> »Vielmehr zeigen die diesem Antrag beigefügten Unterlagen, dass die Planungen Ihres Gründungskonzeptes aus 1998 in keiner Weise von Ihnen umgesetzt worden sind. Sowohl Ihre geplanten Leistungsangebote wie auch Ihre Vertriebsschienen sind

nicht annähernd realisiert worden. ... Somit ist die Vermutung, dass Sie nicht über ausreichende Produkt- und Marktkenntnisse und/oder die persönliche Qualifikation für die Führung beziehungsweise den Aufbau des von Ihnen geplanten Unternehmens verfügen, nicht von der Hand zu weisen und steht einer weiteren Kreditgewährung im Wege.«

Gefragt, ob ein Gründer, der sieht, dass seine ursprünglich anvisierten Märkte wegbrechen, und daher Alternativen sucht, trotzdem mit dem verlustreichen Geschäft weitermachen müsse, erklärte ein Sachbearbeiter der Deutschen Ausgleichsbank, das sei Quatsch. Man gebe schließlich personenbezogene Kredite und keine projektbezogenen. Und überhaupt müsse man sich wundern, was die Banken mit den Gründern manchmal treiben.

Die Sparkasse trieb es auf die Spitze. Sie kündigte alle Kredite und versucht nun, Peter Wolf aus der Bürgschaft heraus in Anspruch zu nehmen. Der aber hat selbst massive Probleme. Denn bei seiner Bank, einer Volksbank, steht er mit rund 25 000 Euro in der Kreide. Als nämlich bei der Sparkasse nichts mehr ging, hat er viele Rechnungen und Anschaffungen selbst bezahlt und außerdem auf sein Gehalt verzichtet. Ihr Geld will die Volksbank so schnell wie möglich wiedersehen.

Wieder einmal musste eine überlebensfähige Firma dran glauben, musste die Unternehmerin den bitteren Weg in die persönliche Insolvenz gehen und mit ihr ein Partner, der fest an die gemeinsame Idee geglaubt hat.

## Wenn die Bank falsch spielt: Getäuschte Hoffnung

Iris Nordau (Name geändert) hat ihr Leben der Schönheit gewidmet: Blumen, Pflanzen, Gartenbau, Innenausstattung. Sie gehört zu jener jungen Garde von Floristen, die zwischen den Pflanzencentern auf der grünen Wiese, den Versendern und Billigketten eine Nische gefunden haben: das Wohnumfeld anspruchsvoller und gut betuchter Menschen zu gestalten. Sie könnte mit ihrem Unternehmen in der fränkischen Kreisstadt auch gut leben, wenn da nicht die Schulden wären. Und die hat sie von ihrem Vater, der das Geschäft vor ihr geführt hat. Nicht dass Iris Nordau unvorsichtigerweise ein insolvenzreifes Erbe übernommen hätte – nein, sie hat es auf Anraten ihrer Bank, die auch die des Vaters war, und eines Steuerberaters übernommen. Ohne die Schulden zu kennen. Ihr Mann, ebenfalls im Gartenbau tätig und vermögend, hat ihr mit 300 000 Mark (€ 153 000) Bürgschaft dabei geholfen – auch er wusste nichts vom finanziellen Desaster des schwiegerväterlichen Betriebs.

Nun hält sich das Mitleid mit Unternehmern, die sich bei solch einem Handel übers Ohr hauen lassen, durchaus in Grenzen. Aber hier ging die Mitwirkung der Vermittler, Berater und Finanziers offenbar erheblich über das Übliche hinaus. Den Vater, einen guten Gärtner und weniger guten Kaufmann, trifft die Schuld am wenigsten, schließlich wollte er seinen Betrieb nicht verkaufen, sondern nur seiner Nachfolgerin übergeben. Er war, versichert Iris Nordau überzeugend, zum Zeitpunkt des unglücklichen Deals im Jahr 1996, der Überzeugung, das Unternehmen wäre zu retten gewesen, obwohl Mitarbeiter der Landwirtschaftskammer ihn bereits drei Jahre zuvor und noch einmal kurz vor der Übergabe vor einer Überschuldung gewarnt hatten.

So vertraute Iris Nordau zunächst ihrem Vater und später auch dessen Steuerberater. Dessen Rat kam auf etwas merkwürdige Weise zustande, wie Iris Nordau erzählt: »Zuerst hatte er mir gesagt, dass es tatsächlich schwer werden würde, den Laden zu führen.

Dann schloss er sich mit meinem Vater ein; und als die fertig verhandelt hatten, kam er aus dem Zimmer, erklärte mir, ich würde von den Zahlen ja doch nichts verstehen, ich könne es aber machen, müsse nur den Umsatz ein wenig ausweiten.« Was ihr verschwiegen wurde: Das väterliche Unternehmen machte damals einen Umsatz von 600 000 Mark (€ 307 000) und kämpfte mit Verbindlichkeiten von mehr als dem Doppelten.

So begab sich Iris Nordau also zum Notar und unterschrieb den von der Raiffeisenbank vorbereiteten Schuldübernahmevertrag. Anwesend waren neben dem Notar und Iris Nordau auch der Chef der Bank. Dann, die Tinte auf dem Papier war noch nicht trocken, geschah wohl etwas Unglaubliches. Iris Nordau berichtet: »Der Banker schaute mich an und sagte, beim Geschäft meines Vaters sei es bereits fünf nach zwölf gewesen. Warum ich denn nicht auf den Konkurs gewartet habe, um dann alles zu kaufen. Der sagte wörtlich, er hätte mir das alles für einen Appel und ein Ei übergeben.« Da wusste die junge Frau, dass ihr eine bittere Zeit bevorstand.

Immerhin hielt sie drei Jahre durch. Es gelang ihr sogar, die Gärtnerei umzustrukturieren und neue Kundenkreise zu gewinnen. Sie drückte den Umsatz auf eine Dreiviertelmillion (€ 383 000) hoch und konnte zumindest die Kosten einschließlich der horrenden Zinsen abdecken. Denn als sich ein Rechtsanwalt ihrer annahm, waren die Verbindlichkeiten nur unbedeutend höher als bei der Übernahme. Verdient hat sie in dieser Zeit keinen Pfennig; was sie für ihren Lebensunterhalt brauchte, hat ihr Mann in den Haushalt eingebracht.

Der war für die Raiffeisenbank ein begehrenswerter Partner. Schließlich gehören ihm einige schöne Immobilien in der benachbarten Großstadt. So war es der Bank nicht unangenehm, dass der Mann für seine Frau mit 300 000 Mark (€ 153 000) bürgte – in Form einer Grundschuld, gekoppelt mit einer persönlichen Haftung, die die Bank zum Ende des Dramas auch gnadenlos vollstreckte. Sie pfändete nämlich im Handstreich das Kontokorrent des Mannes, was diesem mit einem Schlag jegliche Liquidität und damit auch jegliche Beweglichkeit in seinem eigenen Unternehmen raubte. So drohte dann seinem kerngesunden Unternehmen für einen Moment ebenfalls die Insolvenz.

Damit das nicht passiert, wird Iris Nordau die Bürgschaft einlösen. Sie wird die persönliche Insolvenz beantragen und für die nächsten fünf Jahre der Bank alles Geld abliefern müssen, das sie in dieser Zeit verdient. Es sei denn, es gelingt dem Anwalt, ein Verschulden der Bank zu beweisen und diese schadensersatzpflichtig zu machen. Dann müsste die Bank dem Ehepaar Nordau viel Geld überweisen. Man wird sehen – in vielleicht zehn Jahren.

Nicht weniger raffiniert ging die gleiche fränkische Bank bei dem Verkauf eines Schuhgeschäfts vor; hier trat sie sogar als Makler auf. Der Vorstandsvorsitzende der Bank schlug der damaligen Hausfrau Erika Kastner (Name geändert) vor, einen Laden zu übernehmen, der schon seit langem im Ort existierte. Die Besitzer hatten mit Ware zweiter Wahl gute Geschäfte gemacht, indem sie aus den vielen Schuhfabriken, die in der nächsten Umgebung ansässig waren, Produkte mit kleinen Mängeln bezogen. Mitunter war der Besitzer, wenn er die gewünschte Ware nicht auf Lager hatte, sogar schnell zu den Fabriken gefahren, um dort Schuhe in der passenden Größe abzuholen. Eine einträgliche Geschäftsidee, deren Fundament jedoch verloren ging, als die Schuhfabriken eine nach der anderen schließen mussten. Die letzte hatte ihren Betrieb lange aufgegeben, als Frau Kastner sich mit dem Angebot des Bankers konfrontiert sah.

Der Banker gab sich trotzdem großzügig: Die 2,2 Millionen Mark (€ 1,12 Mio.), die das Ladenlokal samt Warenbestand kosten sollte, könne er voll finanzieren. Selbst als Frau Kastner ankündigte, sie werde, bevor sie sich auf das Abenteuer einlasse, ihr gesamtes Vermögen einschließlich der Grundstücke auf ihren Mann übertragen, einen erfolgreichen Schuhhändler in einem Nachbarort, blieb er bei seinem Angebot. Nur in einem gab sich der Banker störrisch: Bilanzen des Unternehmens rückte er nicht heraus. Bank- und Steuergeheimnis.

Erika Kastner übertrug ihr Vermögen und unterschrieb. Nach

drei Jahren stand sie vor einem Schuldenberg von zweieinhalb Millionen Mark (€ 1,28 Mio.). Da wurde der Banker noch einmal großzügig: Das Kreditinstitut übernahm den Laden, dessen damaligen Verkehrswert ein Anwalt auf gerade einmal 600 000 Mark (€ 307 000) schätzt, für satte 1,2 Millionen Mark (€ 613 000). Auf dem Rest der Schulden blieb die verhinderte Schuhverkäuferin sitzen. Auch sie sieht keinen anderen Ausweg als den Weg in die persönliche Insolvenz.

Sie nimmt es eher gelassen. Was sie aber wütend macht, ist das Verhalten der Bankmitarbeiter, als der Kauf ihres Geschäfts durch die Bank ruchbar wurde. Die Unternehmerin: »Plötzlich kamen immer wieder einmal Wildfremde herein und verlangten Rabatt. Mindestens 30 Prozent. Als ich sie fragte, wie sie denn darauf kämen, sagten sie, sie seien Mitarbeiter der Bank, und der gehöre hier jetzt doch alles. Die sagten das ganz dreist und laut, während noch andere Kunden im Geschäft waren. Ich habe mich notgedrungen darauf eingelassen, für diese Beträge aber eine zweite Kasse benutzt. So kann ich die Summen jederzeit nachweisen.«

Noch bei einem dritten Fall abenteuerlicher Geschäftsübergabe spielte die fränkische Bank eine seltsame Rolle: 1995 übernahm Erna Krings (Name geändert) die Firma ihres Chefs, ein Reifenserviceunternehmen, Kaufpreis 2,4 Millionen Mark (€ 1,23 Mio.). Als Grundlage für die Ermittlung des Preises diente ein Umsatz von vorgeblich 1,3 Millionen Mark (€ 665 000), obwohl das Unternehmen nie auf diesen Wert gekommen ist. Die Bank schoss den vollen Kaufpreis vor, wobei sie auch öffentliche Mittel in die Finanzierung einbezog. Dabei geschah aber etwas Eigentümliches: Statt eines normalen Kreditvertrags wurde ein Tilgungsstreckungsdarlehen abgeschlossen, also ein Darlehen, mit dem Bank und Kunde üblicherweise vereinbaren, die Laufzeit eines Kredits, mit dem es Schwierigkeiten gibt, zu verlängern und dadurch die Raten zu senken. Noch heute rätselt der Anwalt von Frau Krings, warum gleich von Anfang an ein solcher Vertrag abgeschlossen wurde. Nahmen die Banker von vornherein an, Frau Krings könnte ihren Verpflichtungen nicht nachkommen? Wenn ja: Warum gaben sie der Frau dann das Geld? Oder sollte der bestehende Vertrag übernommen werden, um den Prüfern des Verbandes einen unbelasteten neuen Schuldner präsentieren zu können?

Wie auch immer: Drei Jahre nach der Übernahme war die Katastrophe perfekt. Frau Krings hatte noch keine müde Mark verdient, nicht einmal ihr eigenes Gehalt. Schlimmer noch, sie hatte auf die alten Schulden neue aufgehäuft. Nach langen Verhandlungen gelang es dem Anwalt, die Bank zu einem Vergleich zu bewegen: Sie verzichtete auf über eine halbe Million Mark (€ 260 000). Die Restschuld von 1,8 Millionen (€ 920 000) wurde mit höchstens 2 Prozent jährlich verzinst, eine Tilgungsrate sollte dann fällig werden, wenn das Unternehmen den Zins auch erwirtschaften würde; ansonsten ginge die Bank leer aus. Zusätzlich erklärte sich die Bank bereit, einen Betriebsmittelkredit von einer Viertelmillion (€ 128 000) bereitzustellen. Außerdem wurde Erna Krings aus der persönlichen Haftung für den Kredit entlassen, als Sicherheit stand nur mehr das Betriebsgelände zur Verfügung. Traumhafte Bedingungen für eine Unternehmerin, die eigentlich schon pleite war. Vielleicht wäre es ihr sogar gelungen, die Firma wieder flottzukriegen, denn immerhin setzte sie jährlich rund eine Million Mark (€ 511 000) um.

Nur: Die Bank hielt sich nicht an die Vereinbarung. Sie buchte weiter Zins und Tilgung aus dem Kontokorrent ab, wodurch die Liquidität mit der Zeit wieder bedenklich sank. Schließlich beantragte sie die Zwangsverwaltung der Firma, womit sie der Unternehmerin nicht nur jeglichen Handlungsspielraum nahm, sondern obendrein verlangt der Zwangsverwalter jetzt eine monatliche Pacht von 6000 Mark (€ 3100) von Frau Krings, damit diese auf ihrem eigenen Grundstück und im eigenen Betriebsgebäude weiter wirtschaften darf.

In einem hat sich die Bank allerdings in den Finger geschnitten: Das Gelände ist weitgehend wertlos. Denn um auf dem Schwemmkiesgrund im Gewerbegebiet irgendetwas Größeres aufzubauen als eine leichte Halle, müsste der Boden mittels Betonpfählen zehn Meter tief armiert werden. Keiner weiß, wie teuer so etwas werden kann.

Bleibt festzuhalten: Eine Bank finanziert Firmenübernahmen, deren Vergeblichkeit jedem Kundigen ins Auge springen muss. Sie stellt geschäftlich unerfahrenen Jungunternehmern Mittel zu Bedingungen zur Verfügung, deren Folgen diese nicht überblicken können. Nun ist das noch lange kein Verstoß gegen die guten Sitten, sagt der Bundesgerichtshof, denn jeder darf sich so schnell und so nachhaltig ruinieren, wie er möchte. Die Frage ist nur, ob dabei alles mit rechten Dingen zugegangen ist. Der Anwalt von Iris Nordau zum Beispiel meint beweisen zu können, dass die Bank vor der Kreditvergabe die Bonität der jungen Frau nicht entsprechend den Vorschriften geprüft hat. Hätte sie es getan, wäre schnell klar gewesen, dass es mit der Zahlungsfähigkeit nicht weit her war. Es reicht nämlich nicht aus, einen Kredit allein aufgrund der Sicherheiten herauszugeben. Ein Kredit darf vielmehr erst dann ausgezahlt werden, wenn der Kreditnehmer auch Tilgung und Zinsen aus den frei verfügbaren Mitteln bezahlen kann. Der Umsatz, den Frau Nordau mit dem Geschäft ihres Vaters machen konnte, reichte aber nicht einmal zur Bestreitung der Lebenshaltungskosten. Und auf Umsatzzuwächse zu hoffen, die die Ertragslage deutlich verbessern – das ist, der Fall beweist es, ein überaus unsicherer Wechsel auf die Zukunft.

Leider handelt es sich bei diesen Praktiken nicht um Ausreißermethoden einer Außenseiterbank. Dass sich ein Kunde auf Vermittlung seiner Bank plötzlich im Besitz eines konkursreifen Unternehmens befindet, sich mit einem Betrüger verbunden sieht oder statt für ein vermeintlich hundertprozentiges Geschäft für die Schulden eines windigen Unternehmers bürgt, ist so selten nicht.

## Sabotierte Sanierung: Auf der Kante

Er hat zwar mehrere hunderttausend Mark verloren, aber seinen Humor behalten: Als der Kölner Industrieelektronik-Unternehmer Karl-Josef Wallmeyer nach überstandener Schlacht eines Tages mit dem Vorstandssprecher der Kölner Bank eG, Peter Müllejans, zu Tische saß, wollte oder konnte dieser auch nicht erklären, warum die Bank mit ihm, Wallmeyer, so umgesprungen ist. Dabei wollte der Unternehmer die aus seiner Sicht völlig irrationale Handlungsweise der Bank doch nur verstehen.

Wallmeyer erzählt, dass Müllejans, wie bei solchen Gelegenheiten wohl üblich, ihm ein Gastgeschenk mitbrachte, eine Sammlung Kölscher Kochrezepte. Die Bereitschaft, die Affäre endlich aufzuarbeiten und vielleicht Wiedergutmachung zu leisten, brachte er damals offenbar nicht mit.

In seinen Tagebuchaufzeichnungen zitiert Wallmeyer Franz Kafkas Roman *Das Schloss.* Darin wird der Landvermesser K. mit seiner Beschwerde, das gesamte Fürstentum sei zuungunsten der Untertanen falsch vermessen, von Saal zu Saal weitergereicht, der einer um den nächsten immer prächtiger ausfällt. Und vor jedem stehen Torhüter, die alle nur den einen Auftrag haben: niemanden durchzulassen. Wallmeyer schreibt:

> »Nun war ich also mit dem obersten Türhüter der Kölner Bank zusammen und erinnerte mich an einen Kommentar zum Roman: ›Zum ersten Mal spricht ein Schlosssekretär freundlich mit K. – allerdings lässt auch diese Freundlichkeit Zweifel aufkommen. Aber immerhin ist es das erste Mal, dass ein Organ des Schlosses guten Willen zeigt, sogar sich bereit erklärt, in den Gang der Angelegenheit, für die er freilich nicht zuständig ist, einzugreifen und K. zu helfen.‹«

Genauso war es dann auch. Es war ein freundliches Gespräch. Müllejans gab wohl auch zu, dass Schäden entstanden sind, er aber keine Möglichkeit einer Regulierung sehe. »Aber es wäre für mich doch viel vorteilhafter, wenn über die Bank Aufträge an mich vergeben würden.«

Natürlich kam ein solcher Auftrag nie, berichtet Wallmeyer, »nicht einmal die Aufforderung, an einer Ausschreibung teilzunehmen«. Und so schenkte Wallmeyer dem Bankenaufseher den Kafka-Roman als Gegengabe.

Eine schöne Geschichte, und wir wollen sie Wallmeyer glauben (der bereit ist, einen Eid auf sie abzulegen), wenngleich es unserer Erfahrung nach so üblich nicht ist, dass ein Bankboss sich mit einem Kunden zum Essen trifft, der dem Ruin nur so eben und wohl auch nur mit viel Glück entronnen ist. Und ihm auch noch ein Buch schenkt. Aber Wallmeyer ist in Köln ein einflussreicher und geachteter Mann, ist er doch Obermeister der Innung für Informationstechnik und daher in ständigem Kontakt mit Menschen, die zu den Stammkunden einer Volksbank gehören.

Wallmeyers Geschichte passt in dieses Buch, weil sie eine ganz typische Erfahrung vermittelt, die alle machen, die mit einer Bank in Schwierigkeiten geraten: die Erfahrung, mit berechtigten Anliegen ins Leere zu laufen und sich selbst dabei mehr und mehr zu verlieren. Plötzlich scheint man für niemanden mehr von Bedeutung zu sein.

Dem kölschen Buchwechsel war folgendes vorausgegangen: Sieben Jahre vor dieser Begegnung sah sich der Unternehmer Wallmeyer urplötzlich mit einer Situation konfrontiert, die dazu hätte führen können, dass er die Bücher seiner alteingesessenen Betriebe für immer hätte schließen müssen. Und das nach jahrzehntelanger Mitgliedschaft seiner Familie in der Bankgenossenschaft.

Alles begann mit einer vertrauensbildenden Maßnahme wie aus dem Lehrbuch für den perfekten Umgang mit Banken: Die frühe Darlegung von Problemen soll Vertrauen aufbauen und eine gemeinsame Bewältigung der Krise erleichtern. So weit die Theorie.

Als sich Karl-Josef Wallmeyer im Februar 1993 mit dem damaligen Bankvorstand Franz Faulhaber traf, drückten ihn arge Sorgen. Vor allem seine Ehekrise machte ihm zu schaffen, die anstehende

Trennung würde ihn viel Geld kosten, das er möglicherweise nur durch den Verkauf von Immobilien würde realisieren können. Zu allem Überfluss traf die Rezession im Industriebau das Unternehmen mit voller Wucht. Existenzbedrohend war die Situation jedoch bei weitem nicht. Die Verbindlichkeiten machten gerade mal ein knappes Drittel des Werts der Immobilien aus, die Wallmeyer verpfändet hatte. Mit anderen Worten: Die Bank hatte sich bemerkenswert hoch besichert und damit den Unternehmer mit einer seit langem bestehenden unbegrenzten selbstschuldnerischen Bürgschaft in der Hand. Selbst ein Konkurs seiner Firmen wäre für ihn kein Ausweg gewesen, hatten die Banker mit dieser Bürgschaft doch ungehindert Zugriff auf sein Privatvermögen.

Nach dem Gespräch mit dem Bankvorstand war Wallmeyer zunächst guten Mutes. Er berichtet: »Ich habe den Eindruck mitgenommen, dass man meine Geschäfte in eine Art Intensivstation zur Bewältigung von Krisen verlegen würde. Und dass man dort, wie in Intensivstationen üblich, alles zu deren Genesung tun würde.«

Der Unternehmer freute sich geradezu, in schwieriger Situation fachkundige Hilfe zu bekommen. Vielleicht ließe sich auf diese Weise sogar die gesamte Firmengruppe umstrukturieren, Ballast abstoßen, neue Geschäftsfelder einrichten. All das, wozu sich ein Chef, will er seine Firma zukunftssicher machen, alle paar Jahre aufraffen müsste, dafür aber nur selten wirklich Zeit findet. Die Banker als Unternehmensberater – und das umsonst, das war nicht ohne Reiz. Dachte Wallmeyer.

Er durfte nur wenige Tage träumen. Denn wenig später erreichte ihn ein Schreiben, das ihn auf einen Schlag ernüchterte:

> »... aufgrund der nicht zufrieden stellenden wirtschaftlichen Verhältnisse Ihres Unternehmens haben wir Ihr Kreditengagement ab sofort auf unsere Abteilung ›Kreditüberwachung‹ übertragen. Ihre zukünftigen Ansprechpartner in dieser Abteilung sind die Herren B. und B.«

Es folgten Hausaufgaben, die der viel beschäftigte Unternehmer am besten sofort, zumindest aber innerhalb der nächsten zwei Wochen erfüllen sollte: Ein Liquiditätsplan für die nächsten drei Monate sei vorzulegen, außerdem eine aktuelle Forderungsaufstellung und eine Liste des aktuellen Auftragsbestands. Die Unterschrift war unleserlich, eine Namenszeile gab es nicht. Da klangen die freundlichen Grüße des Briefeschreibers wie Hohn.

Wallmeyer war wie vom Donner gerührt. Natürlich befand er sich in einer Krise. Aber hatte er seine Kredite etwa nicht stets pünktlich bedient? Hatte er nicht in all den guten Jahren Rücklagen gebildet – auch wenn sich diese Immobilien jetzt als eher unhandlich erwiesen? Wallmeyer protestierte – vergeblich. Stattdessen wurde im Juni ein Dauerauftrag in Höhe von 1000 Mark mangels Deckung nicht ausgeführt – und das, obwohl die Kreditüberwacher bei der Kölner Bank eigentlich wissen mussten, dass Wallmeyer damals durchaus in der Lage war, seinen Verpflichtungen nachzukommen.

Zu diesem Zeitpunkt verhandelte der Unternehmer bereits mit der Stadtsparkasse, die ohne Zögern bereit war, Wallmeyer mit all seinen Konten als Kunden zu übernehmen. »Die haben nur mit den Köpfen geschüttelt«, erzählt Wallmeyer, »und gesagt, bei meinen Vermögensverhältnissen könnten die sich doch in die Hängematte legen.«

Ende September begann die Kölner Bank sich in Wallmeyers Vermögensverwaltung hineinzudrängen. In einem Brief kündigte sie zunächst Verlängerung eines Betriebsmittelkredits an. Nach diesem erfreulichen Auftakt kamen die Banker jedoch ganz unverblümt zur Sache:

> »Aufgrund der nicht ausreichenden wirtschaftlichen Verhältnisse müssen wir darauf insistieren, dass Sie Ihre Gesamtverschuldung durch den Abverkauf des zu unseren Gunsten belasteten Objektes Neue Maastrichter Straße reduzieren müssen.«

Der Verkauf sollte innerhalb von neun Monaten über die Bühne gehen, und das in einer wirtschaftlichen Flaute. Wallmeyer vermutet: »Die wollten wohl, wenn ich nicht zu einem guten Preis verkaufen konnte, die Immobilie zum Zerschlagungswert!« Er ließ sich auf die Forderung nicht ein.

Gut drei Monate später, am 6. Januar 1994, versuchte es die Bank erneut mit Zuckerbrot und Peitsche. Sie bot eine Umschuldung und neue Kreditlinien an. Jedoch: Ein Teil des neuen Kredits sollte »zur Renovierung von diversen Wohneinheiten« verwendet werden – vielleicht für jene im umkämpften Mehrfamilienhaus in der Neuen Maastrichter Straße?

Zugleich sollte Wallmeyer der Bank das Recht einräumen, das Haus selbst zu verkaufen, falls es dem Handwerker binnen eines knappen Jahres nicht gelingen sollte, das Anwesen selbst zu veräußern. Sogar notariell wollte sich die Bank diesen Deal als Verkaufsvollmacht verbriefen lassen. Zwar wurde ein »Basiskaufpreis« genannt, aber auf dieser Basis hätte die Bank das Wohn- und Geschäftshaus nach Gutdünken verschleudern können.

Nicht einmal zwei Monate später ließen die zuvorkommenden Banker erneut Daueraufträge unbearbeitet. Es ging um etwas mehr als tausend Mark. Dann häuften sich die Nickeligkeiten. Der Zufall will es, dass auch eine Zweitbank zickig zu werden beginnt und einen Kontokorrentrahmen über 100 000 Mark (€ 51 000) bei 90 000 Mark (€ 46 000) einfriert. Wenn Wallmeyer in diesem Zusammenhang von »Zufall« spricht, schwingt Zorn in seiner Stimme mit.

Zornig klingt er auch, wenn er berichtet, dass die Banker das Gutachten eines Wirtschaftsprüfers völlig unbeeindruckt gelassen hat. Darin wurden die Vermögensverhältnisse dargelegt und erklärt, dass die Finanzsituation völlig ausreicht, »um in Ruhe geeignete Maßnahmen zu überlegen und treffen zu können, um die Ertragslage durch strukturelle Änderungen zu stabilisieren, was voraussetzt, dass die Kredit gebenden Banken das Unternehmen kurzfristig, das heißt bis zur Vorlage eines durchdachten Planungskonzeptes, begleiten.« Für Wallmeyer lässt sich daraus nur ein Schluss ziehen: »Diese Zeit wollten die mir wohl nicht lassen!«

Jetzt hatte Wallmeyer die Faxen dicke. Er führte die Verhandlungen mit der Stadtsparkasse zu Ende, zahlte seine Frau aus und verkaufte einige Wohnungen zu seinem Preis. Wie sehr sich die Volksbank verrannt hatte, zeigt unter anderem die Tatsache, dass die Sparkasse bereit war, Wallmeyer die nötigen Kredite herauszureichen, obwohl sie im Grundbuch nur an zweiter Stelle aufgeführt wurde.

Nachdem die Lage geklärt war, schrieb Wallmeyer dem Vorstand der Kölner Bank am 18. März 1994 einen Brief voller Erleichterung und unverhohlenem Triumph:

> »Aus den in letzter Zeit geführten Gesprächen und der Korrespondenz sowie der Verlagerung von der Betreuung in der Kreditabteilung zu der Abteilung Kreditüberwachung/abwicklung (›Intensivstation‹) habe ich den Eindruck gewonnen, dass Sie Sorgen um die Rückzahlung der Kredite haben.
>
> Nachdem ich meine Probleme nun weitgehend lösen konnte, habe ich auch nach Lösungen gesucht und gefunden, der Kölner Bank die Sorgen zu nehmen.
>
> Im Gegenzug wäre ich dankbar, wenn Sie kulant bei der Bereinigung des Grundbuches (…) verfahren könnten und auf Vorfälligkeitszinsen verzichten würden.
>
> Ihrer geschätzten positiven Antwort entgegensehend verbleibe ich mit freundlichen Grüßen Karl-Josef Wallmeyer.«

Doch die Manager der Kölner Bank mochten selbstverständlich nicht auf die Vorfälligkeitsentschädigung verzichten und stellten Wallmeyer eine Forderung von rund 40 000 Mark (ca. € 20 500) in Aussicht, später wurden daraus rund 32 000 Mark (ca. € 16 400). Als Wallmeyer auf einer detailierten Abrechnung bestand, dokumentierte die Bank Ende Januar 1995 einen ihrer Ansicht nach tatsächlich angefallenen Schaden in Höhe von rund 4500 Mark (ca. € 2300). Und Ende November 1998, Wallmeyer hatte immer noch nicht lockergelassen, bescheinigte ihm die Kölner Bank, »nur DM 9302,34 (ca. € 4800) an Vorfälligkeitsentschädigung gezahlt zu haben«. Sie sind wirklich wahre Rechenkünstler, die von der Kölner Bank.

Eine Vorfälligkeitsentschädigung wird dann von den Banken in Rechnung gestellt, wenn ein Kunde einen Kredit vorzeitig ablöst. Die Banker argumentieren, mit dem Platzen des Geschäfts müssten sie einen Verlust hinnehmen, nämlich die Zinsen, die der Kunde ihnen eigentlich hätte weiter bezahlen müssen. Ganz besonders unverschämte Banker haben in solchen Fällen den vollen Zinsverlust verlangt und eingetrieben, bis der Bundesgerichtshof dem ein Ende gesetzt hat. Die Richter waren zu der Auffassung gekommen, dass die Banker das zurückerhaltene Geld ja wieder anlegen können und mit den Zinsen daraus ihren Verlust verringern können. Der Kunde habe dann nur die Differenz zwischen Wiederanlagegewinn und Gewinn aus den Kreditzinsen zu zahlen. Einige Banker meinten auch, sie könnten selbst dann eine Vorfälligkeitsentschädigung verlangen, wenn sie den Kredit von sich aus gekündigt haben. Auch dem hat der Bundesgerichtshof einen Riegel vorgeschoben.

Obwohl Wallmeyer die Forderung der Bank nicht hinnehmen will, hat er zunächst keine Chance: Die horrende Summe von 32 000 Mark (€ 16 361,34) wird ihm einfach vom Konto abgebucht. Erst nach etwa einem Jahr war die Bank bereit einzulenken: Sie schrieb Wallmeyers Konto 23 000 Mark (€ 11 759,71) gut. Aus Kulanzgründen, wie sie schreibt, »ohne Anerkennung jeglicher Rechtspflicht«.

Nach diesen Erfahrungen beschloss Wallmeyer, das Verhalten der Bank nicht einfach so auf sich beruhen zu lassen. Weil immer mehr Unternehmen über unfaires und unkorrektes Verhalten der Banken klagen, gründete er 1999 den »Arbeitskreis Banken und Existenzsicherung«; zur Gründungsversammlung kamen immerhin fünfundfünfzig Personen, die sich von Banken geschädigt fühlten und die größtenteils auch Mitglieder wurden.

Wallmeyer tat einiges, um seinen Fall im Kreise der Kollegen und in der Öffentlichkeit bekannt zu machen. Die Kölner Bank eG reagierte darauf außergewöhnlich heftig. Ende November 1998 stellte sie in einem Schreiben an Wallmeyer die Behauptung auf, sie habe die Reduzierung der Vorfälligkeitsentschädigung nur unter der Voraussetzung ausgesprochen, dass er auf »abwertende Äußerungen auf unser Haus bezogen« verzichte. Der ehemalige Leiter der Rechtsabteilung drohte sogar: »Wie wir aber feststellen müssen, halten Sie sich nicht daran. Wir machen Sie darauf aufmerksam, dass wir bei nächster Gelegenheit rechtliche Schritte ohne vorherige Ankündigung einleiten werden und auch strafrechtliche Maßnahmen nicht mehr ausschließen.«

Doch eine Verpflichtung zum Stillschweigen scheint es nie gegeben zu haben. Wallmeyers Anwalt, Sebastian Dorfmüller aus Köln, wies die Bank darauf hin und bot ein klärendes Gespräch über die Geschehnisse an. Im selben Schreiben sprach er Wallmeyers Schaden an und machte noch einmal die Höhe der Vorfälligkeitsentschädigung zum Thema. Das war für die Rechtsabteilung der Bank wohl zu viel. Aus ihrem Antwortschreiben:

> »... mit Interesse haben wir zur Kenntnis genommen, dass Ihr (...) Schreiben der Unsubstantiiertheit und Polemik der Einlassungen Ihrer Mandantschaft nicht abzuhelfen vermocht hat. Unabhängig von vertraglichen Ansprüchen stehen uns auch andere Abwehransprüche für den Fall zur Verfügung, dass Ihr Mandant seine Drohungen weiterhin umsetzt. Ferner beabsichtigen wir, Ihr (...) Schreiben der Rechtsanwaltskammer zur Prüfung vorzulegen, ob die darin teilweise anzutreffenden Formulierungen einer anwaltlich sachlichen Verhandlungsführung entsprechen. Ihrer eventuell ergänzenden Erläuterung sehen wir bis zum 28. Januar 1999 entgegen.«

Passiert ist danach nichts, auch nicht, als die Zeitschrift *impulse* Wallmeyers Fall im Rahmen eines Beitrags über unfaire Bankpraktiken anriss. Wallmeyer ist dennoch irritiert: »Wie soll ich mir die ›anderen Abwehransprüche‹ vorstellen? Muss ich mich jetzt bewaffnen? Einen Bodyguard anschaffen oder reicht ein Pitbull?« Seinen Humor hat der Unternehmer behalten.

Eher zum Weinen ist der Fall von Dieter Bertram (Name geändert) aus jenem fränkischen Ort mit der so unglücklich agierenden

Bank, die schon vorgestellt wurde. Bertram war bis Anfang 2001 Bauträger mit einer ganz besonderen Kompetenz: Er baute energieoptimierte Häuser.

Darüber hinaus war eine Erfindung Bertrams zum Patent angemeldet: eine spezielle Grundierung aus Kunststoff. Wer auf einen Keller verzichtete, dem setzte Bertram das Haus auf eine unverrottbare Kunststoffschale. Diese Technik erspart einige tausend Euro an Aushubkosten und erlaubt sogar, Häuser ohne aufwendige Isolierung auf eher feuchtem Grund zu errichten, ohne dass der Bauherr für später Schwamm in den Wänden befürchten muss.

Die fränkischen Häuslekäufer ließen sich von der innovativen Bauweise zunehmend überzeugen, so dass Bertram, den die Rezession im Baugewerbe zunächst ebenso getroffen hatte wie alle anderen, als Einziger unter den Kollegen bald wieder nennenswerte Aufträge zu verzeichnen hatte.

Trotzdem musste der Techniker Insolvenz beantragen. Eine Pleite, die nach Ansicht seines Anwalts durchaus vermeidbar gewesen wäre. Die Chefs der örtlichen Sparkasse und einer weiteren Bank müssen wohl derselben Meinung gewesen sein, denn sie waren bereit, dem Unternehmer ein dringend benötigtes Überbrückungsdarlehen in Höhe von 100 000 Mark (ca. € 51 000) zu gewähren. Allein Bertrams Hausbank wollte das Risiko nicht mehr tragen und stellte von sich aus Insolvenzantrag.

Bertrams finanzielle Probleme resultierten aus seiner Blauäugigkeit. In dem Bestreben, sich möglichst viel vom lukrativen Markt der Bauträger abzuschneiden, übersah er die Gefahren einer chronischen Unterfinanzierung. Später stellte sein Anwalt fest, dass die Bank ihm jahrelang immer nur neun Zehntel des Geldes gegeben hatte, das er für die Erschließung eines Wohngebietes und die darauf folgenden Baumaßnahmen brauchte. Den Rest sollte Bertram quasi aus eigener Kraft erbringen – durch seine persönliche Arbeitsleistung.

Dieses Modell macht Sinn, wenn ein handwerklich begabter Häuslebauer sein neues Domizil in der Freizeit zu einem großen Teil aus eigener Kraft errichtet – die Fachleute sprechen dann von der »Muskelhypothek«. Es funktioniert aber nicht, wenn mit »Muskelhypothek« Planungsleistungen gemeint sind, die als berufliche Leistung und möglicherweise noch von Angestellten erbracht werden. Dann vergisst der Unternehmer nämlich, seinen eigenen Lohn in die Kalkulation der Häuser mit einzubeziehen, so dass er quasi ohne Einkommen existieren muss. Was er zum Leben braucht, entnimmt er dann der Firmenkasse.

Solche Konstruktionen gehen so lange gut, wie der Unternehmer die Unterdeckung durch Umsatzsteigerungen kaschieren kann. Dann kommt zunehmend Geld ins Haus, das die Verluste der Vorgängerprojekte auffängt. Die Firma aber blutet auf lange Sicht aus.

Bei Bertram war das Ende der Fahnenstange Ende 2000 erreicht, als die Baukonjunktur wieder einmal einbrach. Als dann auch noch ein kalkulatorischer Missgriff bei einem seiner Projekte hinzukam, informierte er seine Hausbank, die Sparkasse sowie die Genossenschaftsbank als Nebenbanken.

Von da an befand sich Bertram im freien Fall. Zunächst sperrte ihm die Hausbank den Kontokorrent. Der war bis dahin so eingerichtet, dass Bertram zu Beginn eines Projekts ein großzügiger Rahmen eingerichtet wurde, der sich durch hereinkommende Zahlungen der Hauskäufer sukzessive abbaute. Dabei konnte Bertram immer davon ausgehen, dass die Bank Schwankungen im Abbau der Verbindlichkeiten hinnahm, weil die Handwerker ja kontinuierlich bezahlt werden wollten.

Plötzlich aber ging nichts mehr. Selbst dann nicht, nachdem die Bank ihm das Fortbestehen des Kreditrahmens schriftlich bestätigt hatte. So wurden größere Überweisungen an die Handwerker nicht mehr bezahlt, Kleinstbeträge um 100 Mark aber schon. Diese Inkonsequenz zehrte ebenso an den Nerven des Unternehmers wie die immer lästiger werdenden Forderungen der Bank nach neuen Status- und Projektionszahlen aus der Geschäftsentwicklung. Einmal verlangte sie in Anwesenheit von anderen beteiligten Bankern sowie Bertrams Steuerberater und seines Anwalts, eine »Planbilanz« für die nächsten drei Jahre. In den Augen aller anderen Beteiligten ein höchst unseriöses und auch gefährliches Unterfangen – denn woher sollte Bertram wissen, wie sich sein Geschäft in den nächsten drei Jahren entwickeln würde? Eine Abweichung von den Planzahlen hätte der Hausbank die Möglichkeit in die Hand gespielt, den Sanierungsprozess ohne weitere Begründung durch die Kündigung aller Kredite zu beenden. Am Ende dieser Sitzung konstatierte der sichtlich verärgerte Sparkassenchef, für derartige Veranstaltungen stelle er die Besprechungsräume seines Hauses nicht mehr zur Verfügung.

Solange noch in dieser Art und Weise verhandelt wurde, zeigten sich die Hausbanker hin und wieder zuvorkommend. So sollen sie, dafür will Bertram Zeugen aufbieten, sogar Zahlungsversprechungen gemacht haben, als der Unternehmer meinte, dass er die Erschließungsmaßnahmen für sein neuestes Projekt einstellen müsse, wenn der Subunternehmer nicht bezahlt werde. Der solle ruhig weitermachen, soll der Chefbanker erklärt haben, man werde die Rechnungen begleichen. Nichts dergleichen geschah, der Handwerker blieb auf seiner Rechnung in Höhe von 50 000 Mark (ca. € 25 600) sitzen.

Den Kollaps leitete die Bank dann in eigener Regie ein. Als Bertrams Anwalt die Finanzer darauf hinwies, es sei an der Zeit, den Sanierungskredit auszureichen, da sein Mandant sonst Insolvenzantrag stellen müsse, kamen sie dem Unternehmer zuvor. Außerdem zeigten sie ihn wegen Konkursverschleppung an. Jetzt kämpft Bertram nicht nur um seine bürgerliche Existenz, sondern auch um seine Freiheit.

## Schumpeters Lazarus: Eine exemplarische Geschichte

Es beginnt stets mit der fehlerhaften Startfinanzierung. Üblicherweise tritt ein Jungunternehmer, ob er sich nun als Selfmademan profilieren oder als Nachfolger eines mehr oder weniger erfolgreichen Vaters in dessen Fußstapfen treten will, mit einer eher diffusen Vorstellung an die Bank heran. Er hat etwas von Fördergeldern gehört, vielleicht bei einer Gründermesse, bei einer Versammlung smarter Jungunternehmer oder bei einer Veranstaltung der Sparkasse. Weil ihn die Banker bisher immer so zuvorkommend behandelt haben und weil die sich so kundenfreundlich und kompetent geben, meint er, ihm würde nun auf die freundlichste und professionellste Weise geholfen.

So stellt er sich denn vor und breitet seine Geschäftsidee aus. Er kennt jedoch nicht die Struktur der staatlichen Hilfen. In den allermeisten Fällen sehen die nämlich nur eine Zinsverbilligung vor, was für die Bank bedeutet, dass sie erstens nur Zinsen für einen Betriebsmittelkredit verlangen darf und zweitens einen Haufen Arbeit hat mit der Anbahnung und Abwicklung der staatlichen Hilfe. Es gibt nur selten eine Ausfallbürgschaft von der öffentlichen Hand, und wenn doch, dann nur über einen Teil der Kreditsumme. Wenn es schief geht, bleibt die Bank auf dem Rest des Geldes sitzen und muss sich darum kümmern, beim Jungunternehmer die Außenstände einzutreiben. Das gelingt nur, wenn Sicherheiten da sind: eine Immobilie (selten), die Bürgschaft des Lebenspartners (häufig), die Bürgschaft der Großmutter oder anderer naher Verwandter (nicht selten) oder eine Lebensversicherung. Das alles ist aus Sicht der Bank reichlich kompliziert für die zu erwartende winzige Verdienstmöglichkeit.

So sinnt mancher Banker bereits darüber nach, wie er den Profit aus der Sache erhöhen kann, während der Jungunternehmer noch voller Enthusiasmus seine Geschäftsidee vorträgt. Zunächst stellt er sich die Frage, wen er für die Flausen des jungen Menschen vor ihm in Haftung nehmen könnte: die Familie zum Beispiel. Das geht am besten, wenn nach dem ersten Gründungsüberschwang sich Liquiditätsprobleme einstellen, etwa wenn bei guter Auftragslage die Mittel fehlen, die Aufträge auch auszuführen. Wenn dann noch ein Kunde mit der Bezahlung länger als erwartet zögert und Zahlungen, beispielsweise an das Finanzamt und die Sozialversicherungen, anstehen, lässt sich leicht eine Bürgschaft erpressen – wen kümmert's, wie schief der Haussegen bei dem Jungunternehmer anschließend hängt.

Wenn Vermögen vorhanden ist, am besten ein Haus, bietet sich dem Banker eine besonders ergiebige Spielwiese. Denn dann lassen sich die Schulden hübsch langsam in die Höhe treiben, bis die Oberkante des Möglichen erreicht ist. Dann ist es an der Zeit, den Sack zuzumachen und an die Verwertung des Häuschens zu gehen. Dass es der Oma gehört, spielt da keine Rolle.

All diese Möglichkeiten bedenkt der Banker während des Beratungsgesprächs. Und mitten in die Begeisterung des Jungunternehmers hinein stellt er diesem seine unbegrenzte Unterstützung in Aussicht. Die Idee habe ihm gefallen. Er verspricht ihm die Finanzierung. Jetzt müsse man nur noch die Anträge ausarbeiten. Gutachten hereinholen – der ganze Papierkram also. Das dauere ein wenig, und anschließend müsse ja auch die Förderbank noch ihre Entscheidung treffen. Schade um die viele Zeit.

Er habe aber einen Vorschlag zu machen: Hier sei ein Kontokorrent von, sagen wir einmal, 5000 Euro. Über die könne der Gründer sofort verfügen. Also schon einmal anfangen, Maschinen kaufen oder so. Inzwischen würde er, der Banker, sich um den Papierkram kümmern. Der Jungunternehmer solle doch einfach nur leben. Wir kümmern uns um den Rest. Und machen den Weg frei. Die Sprüche sind so beliebig wie bekannt.

In dieser Phase verlieren die meisten Jungunternehmer den Verstand und erkennen die Falle nicht. Denn wer sein Unternehmen startet, noch bevor die staatliche Förderung genehmigt ist, der ist eben kein Gründer mehr, wenn der Antrag dann etwa auf dem Schreibtisch des Sachbearbeiters bei der Kreditanstalt für Wiederaufbau landet, sondern ein ganz normaler Unternehmer mit Liquiditätsproblemen. Und dafür gibt es keine Gründungshilfe. Schon hat der hoffnungsvolle Unternehmensgründer verloren!

Es ist dem Banker ziemlich gleichgültig, dass er ihm staatliche Förderung versprochen hat. Denn in der Regel gibt es keine Zeugen dafür, schon gar keine seitens des Unternehmers. Vor Gericht würde Aussage gegen Aussage stehen, und erfahrungsgemäß glauben Richter einem in feinem Zwirn gekleideten Bankangestellten mehr als einem verschuldeten armen Würstchen. Es hat auch Fälle gegeben, und zwar nicht zu wenige, in denen ein Bankerkollege, der am Beratungsgespräch teilgenommen hatte, kaltschnäuzig einen Meineid schwor.

Aber bis zu der Auseinandersetzung vor Gericht ist noch viel Zeit. Zunächst bewegen sich die Schulden des Unternehmers in erträglichen Grenzen, wenn sie auch exponentiell wachsen. Denn Kontokorrentüberziehungen werden verzinseszinst, wodurch erst nach längerer Zeit extrem hohe Finanzkosten entstehen. Noch meint der Unternehmer, die Kosten überblicken zu können. Und der Banker toleriert willfährig jede Überziehung des Limits. Das kostet zwar zwischen 4 und 6 Prozent zusätzlich, aber in der schwierigen Aufbauphase, denkt der Unternehmer, muss sich jeder nach der Decke strecken, also auch er. Die Zeiten, wo Milch und Honig fließen, werden schon noch kommen.

Bis dann aus heiterem Himmel, gerne an einem Freitag und noch lieber kurz vor Weihnachten oder Ostern, wenn kein Anwalt mehr aufzutreiben ist, ein Brief eintrifft. Darin wird kurz und bündig der Schuldenstand aufgeführt und der Unternehmer zum Rapport gebeten. Möglichst gleich in der nächsten Woche – egal, was gerade ansteht an wichtigen, termingebundenen Arbeiten. Eine verschärfte Version dieses Schreibens fordert gar die Rückzahlung der Summe, die über den genehmigten Kontokorrent hinausgeht. Und zwar binnen zweier Wochen, sonst übergebe man die Angelegenheit der Rechtsabteilung.

Selbstverständlich schluckt der Unternehmer in seiner Panik den selbstherrlich gesetzten Termin. Und weil er nicht mit leeren Händen vor seinen Banker treten will, vernachlässigt er seine Aufträge und erarbeitet eine Übersicht seines finanziellen Status: laufende Aufträge, zu erwartende Aufträge, Offene-Posten-Liste, bisheriger Umsatz, bisheriger Gewinn. Mit diesem Material bewaffnet, begibt er sich zum zuständigen Sachbearbeiter. Dort erwarten ihn mit Sicherheit zwei streng blickende Banker, denn der Unternehmer soll merken, dass es um ihn und sein Unternehmen ernst steht und dass es jetzt zur Sache geht.

Und es geht zur Sache. Man habe, wird es heißen, seit einiger Zeit mit Sorge die Entwicklung auf den Konten gesehen und sich immer wieder bemüht, zu helfen. Jetzt sei aber die Grenze weit überschritten, sagt der Sachbearbeiter, und der Unternehmer möge ihn doch bitte verstehen, er müsse sich ja auch vor seinem Vorgesetzten (scheuer Blick auf den zweiten Banker) rechtfertigen, und überhaupt stehe man in der Pflicht gegenüber denen, die ihr sauer Erspartes bei der Bank anlegten und mit deren Mitteln der Unternehmer bisher gearbeitet habe. Wie er sich denn vorstellen könne, die Überziehung zurückzuführen?

In dem Moment wird der Unternehmer bestrebt sein, seine Papiere vorzulegen und zu beweisen, dass die Situation so schlimm ja nicht sei. Wenn dieser Auftrag käme und jener, da sei er ganz sicher, wäre in einem halben Jahr alles wieder im Lot. Außerdem müssten in den nächsten Tagen diese Gelder hereinkommen: Er überreicht seine Offene-Posten-Liste. Die steckt der Banker schnell weg, der Unternehmer sieht es mit einem (trügerischen) Gefühl der Erleichterung. Denn er weiß nicht, dass er mit der Übergabe stillschweigend seine Forderungen an die Bank abgetreten hat – zumindest sehen das einige Gerichte so. Im Notfall kann die Bank von da an direkt an den Kunden des Unternehmers herantreten und die Überweisung auf ein Konto der Bank verlangen, über das der Unternehmer keine Verfügungsgewalt hat. Auch so etwas ist schon vorgekommen, denn eine eiserne Bankerregel lautet: »Greif dir die Sicherheiten und schau hinterher, wem sie wirklich gehören.«

Sobald die Forderungsabtretung über die Bühne gegangen ist, wird es für den Unternehmer unangenehm. Das alles sei ja schön und gut, und man wolle ihm auch gerne glauben, wird es heißen, aber es gebe nun einmal bankrechtliche Vorschriften (scheuer Blick auf den Vorgesetzten), und die sähen vor, dass es Kredite nur gegen Sicherheiten gebe. Was der Unternehmer denn anbieten könne? Kein Sparbuch? Keine Briefmarkensammlung? Kein Aktiendepot? Aber das Festgeldkonto für die Steuern, das müsse er abtreten, ist ja bloß eine Formsache. Haben die Eltern nicht ein Haus? Ob er mit denen nicht einmal reden könne? Schließlich ginge das Unternehmen ja wirklich nicht schlecht, und man wolle gerne helfen. Zum Beweis könne er an der Kasse gerne noch etwas Bargeld mitnehmen, man kenne ja den momentanen Engpass. Wie viel soll es denn sein – 2000 Euro, 3000? Kein Problem, sagen wir 3500. Einen Auszahlungsschein habe man schon mitgebracht. Beide Banker zeichnen ab. »Das mit der Grundschuld muss aber in zwei Wochen über die Bühne gehen!« Händedruck, der des Vorgesetzten fällt etwas fester aus als der des Sachbearbeiters, strengsympathischer Blick direkt in die Pupille, Schlusslächeln, und ab geht's zur Kasse.

Der Unternehmer verlässt die Bank mit gemischten Gefühlen. Wie soll er das den Eltern beibringen – in zwei Wochen? Egal, er schafft es. Die Eltern willigen ein, mit ihrem Haus über zwei Jahre für die 100 000 Euro Schulden ihres Sohnes einzustehen. Die Mutter weint ein wenig beim Notar, der Vater blickt grimmig, der Sohn kommt sich vor, als habe er ins Bett gemacht. Aber jetzt wird alles wieder gut.

Nichts wird gut, weil die Eltern nämlich eine Bombe unterschrieben haben, die die Familie etwa sieben Jahre später auseinander reißen wird. So lange dauert nämlich im Durchschnitt der Untergang einer Unternehmerexistenz vom Stapellauf bis zur Strandung. Die Eltern haben zugestimmt, mit einer Grundschuld nicht nur für die 100 000 Euro aufzukommen, die der Sohn momentan schuldet, sondern für »jede Verbindlichkeit«, und das unbefristet. Sie haben zudem der sofortigen Vollstreckung zugestimmt, was ihnen später einige Schwierigkeiten bereiten wird, die Versteigerung ihres Häuschens aufzuhalten. Und sie haben, drittens, eine persönliche Haftungserklärung unterschrieben, mit der die Bank ihnen sogar noch ins Portemonnaie pfänden darf, wenn die Versteigerung des Hauses nicht das Notwendige bringt. Im Notfall unter Zwang auf offener Straße. Aber alles das haben die Eltern beim Notar nicht so richtig verstanden, weil der so schnell gesprochen hat. Praktischerweise sitzt der Notar im selben Haus wie die Bank und nimmt alle derartigen Beurkundungen vor. Ein netter Kerl eigentlich, wenn auch mit einem eigentümlich traurigen Blick. Sein Händedruck wirkte lasch – wer gibt Toten auch gerne die Hand?

Ein Stockwerk tiefer unterschreibt der Unternehmer schließlich den bereits vorbereiteten Kreditvertrag: Die 100 000 Euro Schulden werden in einen Betriebsmittelkredit mit variablen Zinsen umgeschrieben. Der Zinssatz erscheint sogar besonders günstig, etwa 0,5 Prozent unter dem der Konkurrenz gleich ums Eck. Laufzeit vier Jahre. Und weil die Sicherheitenlage nun so angenehm entspannt sei, räume man ihm gleich einen Kreditrahmen auf dem Kontokorrent in Höhe von 20 000 Euro ein. Über die könne er sofort verfügen. Stehen da nicht noch ein paar Steuerzahlungen und Sozialabgaben offen? Leider könne man die jetzt nicht mehr aus dem Festgeld bezahlen, weil das ja als Sicherheit verpfändet sei. Er könne die Summen ja per Telefon durchgeben, man werde die Überweisungen dann schon durchführen. So geschieht es. Der Unternehmer hat zwar jetzt bereits wieder 10 000 Euro Miese auf dem Kontokorrent, den doppelten Betrag dafür aber auf dem Festgeldkonto eingefroren. Der Banker freut sich sehr über das gute Geschäft.

Zwei Jahre lang geht alles bestens. Die ausstehenden Zahlungen kommen pünktlich herein. Die Auftragslage wird immer besser, der Unternehmer arbeitet Tag und Nacht. Er bleibt auf dem Teppich und verkneift sich jeden Luxus. Nur einmal flüchtete er zusammen mit der Freundin aus dem trüben Deutschland ins warme Mallorca, in der Nachsaison. Dort beschließen sie zweierlei: zu heiraten und in spätestens fünf Jahren dort ein Ferienhaus zu kaufen. Der Laden läuft ja.

Viel zu gut läuft er. Eines Tages macht ihn die Bank auf einen möglichen neuen Kunden aufmerksam. Mit dem habe man schon gesprochen, der Unternehmer möge sich dort bitte einmal melden, hier die Telefonnummer. Das Gespräch kommt zustande, man trifft sich, man findet sich sympathisch, vor allem die Preise, die der Unternehmer verlangt, stimmen. Man wird handelseinig, obwohl der Auftrag für das junge Unternehmen mindestens zwei Nummern zu groß ist. Aber: Bei guter Kalkulation ließe sich der Kredit, für den die Eltern gebürgt haben, zur Hälfte zurückzahlen. Sogar ein fulminanter Vorschuss lockt, wenngleich der Auftraggeber hier auf einer Absicherung besteht, einer Avalbürgschaft. Mit der haftet die Bank dafür, dass der Unternehmer sich nicht mit dem Geld auf und davon macht.

Der Banker gratuliert dem Unternehmer und grinst sich einen: Jetzt hab ich dich! Das mit dem Aval ginge schon in Ordnung, nur brauche er dafür erneut Sicherheiten, etwa in halber Höhe der Bürgschaft. Er wisse auch schon, wie sich das darstellen ließe: Vom Kredit seien doch schon rund 20 000 Euro zurückgezahlt. Die könne man dafür nehmen. Man wolle das Kreditkonto also mit 20 000 Euro erneut belasten, das Geld auf ein Festgeldkonto legen und dieses als Sicherheit für das Aval hernehmen. Ob das seine Eltern erfahren müssten?, fragt der Unternehmer bang. Schließlich würden die sich die Kontenabrechnung vierteljährlich vorlegen lassen, damit auch ja nichts schief ginge. Das sei in der Tat ein Problem, räumt der Banker ein, dann müsse man das anders machen. Er solle seinen Kontokorrent um die 20 000 Euro überziehen, das werde er durchgehen lassen und das Geld wie beschrieben hinterlegen. In einem halben Jahr, wenn das Geschäft abgewickelt sei, könne man ja alles wieder ausgleichen, dann käme er wieder in die schwarzen Zahlen.

So einigt man sich, und so macht man es auch gleich. Der Unternehmer schließt den Vertrag mit seinem neuen Kunden ab und begibt sich mitten ins Chaos. Denn bei dem Job läuft nichts, wie es laufen sollte. Die Zulieferanten erledigen nur schleppend die ungewohnt hohen Bestellungen; weil sie dem jungen Unternehmer nicht so recht trauen, verlangen sie eine Anzahlung von mindestens der Hälfte des Lieferwerts. Da ist der Vorschuss schnell aufgebraucht. Aber die Bank zieht mit: Welche Überweisung der Unternehmer auch immer hereinreicht – sie bezahlt. Das Kontokorrent steigt ins Unermessliche, die Zinsen auch. Aber noch ist der Unternehmer guten Mutes, sieht er doch mit der Abschlussrechnung, die er bald zu stellen hofft, Licht am Ende des Tunnels. Nebenbei laufen ja auch noch die üblichen kleinen Aufträge. Im Prinzip, denkt er sich, geht es mir gut. Ich habe bloß kein Geld.

Dann, am Freitagnachmittag um kurz vor fünf, der Anruf von der Bank. Es meldet sich nicht der Sachbearbeiter, mit dem der Unternehmer bisher stets vertrauensvoll zusammengearbeitet hat, sondern ein neuer. Einer, den der Unternehmer hin und wieder in der Bank gesehen hat, mit dem er auch ein paar Worte wechselte, aber nie so recht warm geworden ist. Der Neue stellt sich als Nachfolger des bisherigen Sachbearbeiters vor. Der sei in die ferne Bankzentrale versetzt worden und mache dort irgendetwas mit Immobilien. Aber nichts mehr mit Firmenkunden; dafür sei nun er, der Neue, zuständig. Und wie er so die Konten seiner Kunden durchgehe, sei ihm die hohe Überziehung des Unternehmers aufgefallen. Man müsse dringend miteinander reden, möglichst gleich Montag früh. Weil da wieder neue Überweisungen vorliegen, die er beim besten Willen nicht bezahlen könne. Auf keinen Fall die ans Finanzamt mit der riesigen Mehrwertsteuer.

Dem Unternehmer gefriert das Blut. Natürlich versuche er zu kommen, er müsse nur terminlich ein wenig umdisponieren. Er rufe zurück. Für Montag waren eigentlich zwei Gespräche mit vielversprechenden Kunden geplant. Da die ihren Sitz in einer recht attraktiven Gegend der Republik haben, hatte sich der Unternehmer eigentlich vorgenommen, mit seiner Frau – denn er hat inzwischen geheiratet – bereits Freitagabend dorthin zu fahren, um das Wochenende für einen Kurzurlaub zu nutzen. Daraus wird jetzt nichts. Er erreicht auch nur einen der beiden Kunden, der ein wenig verschnupft auf den Wunsch nach einer Terminverschiebung reagiert. Aber immerhin, es klappt. Den Geschäftsführer des zweiten potenziellen Kunden erreicht er nicht, weil dieser im Ausland weilt. Er bittet die Sekretärin, ihm die Terminabsage mitzuteilen. Die Frau reagiert distanziert: Ihr Chef habe extra einen Zwischenstopp zwischen zwei Auslandsterminen geplant, um mit ihm zu reden. Ausweichtermine sieht sie für die nächsten vier Wochen keine. Da der Auftrag aber eile, werde man ihn wohl an einen anderen vergeben müssen, der sich ebenfalls am Montag vorstellen wollte. Schade. Sie werde aber alles versuchen. Schönes Wochenende. Dem Unternehmer wird kalt. Er weiß: Man redet viel in dieser Branche.

Als Nächstes versucht er einen früheren Schulfreund zu erreichen, der sich in der Stadt als Anwalt niedergelassen hat. Doch dort läuft nur der Anrufbeantworter. In der Hoffnung, den Termin mit dem Banker auf den späten Nachmittag verlegen zu können, nimmt er sich vor, den Anwalt gleich Montag früh zu kontaktieren. Doch der neue Sachbearbeiter lässt sich auf keine Diskussion ein: Montag um halb neun, basta. Ansonsten müsse er die Sache leider der Rechtsabteilung übergeben. Dem Unternehmer wird immer kälter.

Dann hat er einen Geistesblitz. Er ruft beim Lieferanten an, erreicht dort noch seinen Kundenbetreuer und bittet, die noch ausstehende Ware sofort herzuschicken. Spätestens am Montag solle sie auf dem Weg sein. Weil es so eilig sei, schicke er sofort einen Scheck. Der Kundenbetreuer verspricht, die Ware noch heute zu expedieren, kein Problem, der Unternehmer solle ihm nur eine Kopie des Schecks zufaxen. Montag könne er dann weiterarbeiten. So geschieht es dann auch.

Zu Hause wartet seine Frau mit den gepackten Koffern. Sie wird merklich still, als er ihr sagt, dass es mit der Reise doch nichts wird. Und sie gerät in Panik, als er ihr erklärt, warum. An diesem Abend haben sie zum ersten Mal, seit sie sich kennen, einen richtigen, ernsthaften Streit, der sich auch bis Sonntag nicht bereinigen lässt. Beide schlafen in diesen Nächten kaum. Der Unternehmer flüchtet ins Büro, um Papiere zu ordnen und sich auf das Gespräch mit dem Banker vorzubereiten. Dort erreicht ihn der Anruf, dass der Auftraggeber, den er nicht mehr hat erreichen können, ihn gerne am Dienstag treffen wolle. Vielleicht geht doch noch was. Wenigstens eine gute Botschaft an diesem Wochenende.

Der Montagmorgen sieht den Unternehmer pünktlich um halb neun in der Bank. Der neue Sachbearbeiter hat noch keine Zeit. Er sei in einer Besprechung mit seinem Vorgesetzten, heißt es, der Unternehmer möge ein wenig warten. So sitzt er denn mit seiner Aktentasche auf den Knien in der Kassenhalle auf einem unbequemen Stuhl und schaut den Bankern bei deren Verrichtungen zu. Schließlich, es ist inzwischen halb zehn, wird er in das Büro des Sachbearbeiters gerufen. Der begrüßt ihn zunächst allein. Aus einem Ordner zieht er einen Stapel Überweisungen hervor. Die wolle er mit dem Unternehmer durchgehen, sagt er. Und legt Überweisungsaufträge vor, von denen der Unternehmer angenommen hat, dass sie seit mindestens zwei Wochen erledigt seien. Das hier, sagt der Sachbearbeiter, sei alles ein wenig viel. Vor allem die Finanzamtssachen könne er nicht durchgehen lassen – so einen Riesenbetrag Mehrwertsteuer. Und diese Überweisungen an die Lieferanten – die müsse er halt noch etwas vertrösten. Wann denn das nächste Geld komme?

Darauf hat der Unternehmer nur gewartet. Schnell zieht er seine Offene-Posten-Liste hervor. Wenn man alles zusammenrechne, seien die Überziehungen doch fast schon wieder abgedeckt. Spätestens in drei Wochen sei alles da. Und dann seien da auch noch die neuen Aufträge, für die er eigentlich Vorschuss verlangen könne, wenn die Bank ihm noch einmal mit Avalen helfen könne.

Der Banker kriegt große Augen. Noch einmal einen Bürgschaftskredit? Das seien dann doch mehr als doppelt so viel Schulden wie bisher. Das ginge nicht. Überhaupt nicht. Es sei denn, der Unternehmer könne neue Sicherheiten stellen. Das Äußerste, worauf er sich einlassen könne, wäre, die Hälfte der Überweisungen durchführen zu lassen. Und so gehen beide die liegen gebliebenen Aufträge durch. Schweren Herzens entschließt sich der Unternehmer, einen Teil seiner Lieferanten zu bevorzugen und die anderen warten zu lassen. Er weiß, dass eine lange Gesprächsrunde voller

Erklärungen und Versprechungen auf ihn wartet. Immerhin verspricht der Sachbearbeiter, die eiligen Überweisungen noch am selben Tag durchführen zu lassen.

Da klopft es und ein zweiter Banker kommt hinzu – der Vorgesetzte. Den kennt der Unternehmer bereits. Kerniger Händedruck, ernste Miene. Wie er sich das denn vorstelle. Hohe Umsätze, schön und gut – aber wo sind die Gewinne? Wie es aussehe, so der Vorgesetzte, habe sich die wirtschaftliche Situation doch sehr verschlechtert. Man überlege ernsthaft, die Kredite zu streichen und die Bürgen zu informieren. Man habe ja Verantwortung gegenüber den Sparern, das sei ja deren Geld, das der Unternehmer da riskiere. Auf jeden Fall müssten neue Sicherheiten her.

Der Sachbearbeiter schiebt die Offene-Posten-Liste hinüber. Der Vorgesetzte nimmt sie, nickt anerkennend mit dem Kopf und erklärt, das mache die Sache etwas besser. Wo die Auftragslage so gut aussehe, könne der Unternehmer doch eine offizielle Forderungsabtretung unterschreiben. Dann könne man ein Zehntel der Forderungen als Sicherheiten einsetzen. Außerdem habe der Unternehmer doch kürzlich geheiratet, Glückwunsch nebenbei – ob seine Frau nicht bürgen könne? Das sei sowieso früher oder später notwendig. Denn man sehe nicht ein, dass der Unternehmer sich hier ein Schlupfloch offen ließe, um Vermögen zu verschieben. Da habe er doch vor einem Monat 5000 Euro auf das Konto seiner Frau überwiesen. Das sei schon bedenklich! Den Hinwies, das sei ein Zuschuss für den Kauf eines gebrauchten Kleinwagens gewesen, will der Banker so nicht hinnehmen. Vermögensentnahme ist Vermögensentnahme. Entweder die Frau unterschreibt, oder man müsse die Kredite fällig stellen, so einfach sei das. Da sei er, der Unternehmer, nicht der Erste, dem er, der Vorgesetzte, beigebracht habe, wie einer sich der Bank gegenüber korrekt verhalte. Und überhaupt – wo seien denn die letzten betriebswirtschaftlichen Analysen? Die fehlten auch noch. Spätestens Ende der Woche müssten die da sein! Bestürzt verlässt der Unternehmer die Bank.

Zu Hause erwartet ihn ein Strafgericht. Natürlich weigert sich seine Frau, eine Bürgschaft zu unterschreiben. Wutentbrannt ruft sie den Vorgesetzten an, um ihm die Meinung zu sagen. Dann wird sie immer leiser und kleinlauter. Schließlich stimmt sie zu, am nächsten Tag in der Bank vorbeizukommen, um alles in Ruhe zu besprechen. Allein wird sie kommen, weil ihr Mann am nächsten Tag bei einem Kunden erwartet wird. Den Banker freut's, jetzt hat er leichtes Spiel. Die Frau meldet sich für den nächsten Tag an ihrer Arbeitsstelle ab – Arztbesuch. Dass sie sowieso vorhat, ihren Frauenarzt aufzusuchen, sagt sie ihrem Mann nicht. Dass sie ein Kind erwartet, wollte sie ihm eigentlich am vergangenen Wochenende bei dem geplanten Kurzurlaub verkünden. Jetzt ist wohl nicht der richtige Zeitpunkt dafür. Stattdessen denkt sie an Abtreibung, falls alles den Bach heruntergeht. Auch diese Nacht wird keine gute für das junge Paar.

Am Abend darauf, der Unternehmer kommt mit einem recht erfreulichen Auftrag zurück, findet er seine Frau eher gelöst vor. Ein netter Mann sei dieser Banker, sagt sie. Dass er offen mit einem rede, habe schon was für sich. Jetzt sehe sie klarer, und dem Unternehmen gehe es ja eigentlich ganz gut. Sie habe auch mit ihren Eltern geredet, die gleich bereit waren, auf ihr Haus eine Hypothek aufzunehmen. Wenn sie jetzt bürge, ihre Eltern eine Grundschuld hergeben und er die Forderungsabtretung unterzeichne, habe er endlich Luft, seine Aufträge abzuarbeiten. Nur eines müsse er noch dazu beitragen: Sie und das Kind mit einer Kapitallebensversicherung absichern. Der Banker habe da schon etwas vorbereitet, er brauche die auch als zusätzliche Sicherheit. Außerdem wäre es ja gut, wenn sie für die Zukunft etwas beiseite legen könnten.

Dem Unternehmer stockt der Atem: das Kind? Da klärt sie ihn auf. Und endlich wird es wieder einmal eine glückliche Nacht. Eine Woche später sind die Verträge unterzeichnet, die Kreditlinie auf dem Kontokorrent ist auf eine halbe Million Euro ausgeweitet. Der Großauftrag ist abgewickelt, die Endabrechnung ist so hoch, dass das kleine Unternehmen von allen Sorgen befreit ist. Gleich denken beide wieder an diese kleine Bucht auf Mallorca. Lass uns hinfahren, sagt sie. Er nickt: Sobald das Geld da ist und die Rechnungen bezahlt sind.

Doch das Geld lässt auf sich warten. Der Kunde gibt auch nicht das Aval zurück. Wenn der Unternehmer anruft, erreicht er niemanden, der zuständig ist. Vier Wochen vergehen, fünf, sechs. Dann kommt eine Teilzahlung, die gerade mal so die Kosten deckt. Der Rest wird für den Monat darauf versprochen. Dann nichts mehr, bis es heißt, der Kunde habe die Insolvenz beantragt. Jetzt hat der Unternehmer ein Problem.

Die anschließende Unterredung in der Bank wird stürmisch, bringt aber nichts. Die Banker lassen sich den Vorwurf nicht gefallen, ihm einen faulen Kunden vermittelt zu haben. Stattdessen wollen sie wissen, wie der Unternehmer den Fehlbetrag abzudecken gedenkt. Die Überziehungen seien wieder auf eine bedenkliche Höhe gestiegen. Nach dem Gespräch begibt sich der Unternehmer vorsichtshalber erst einmal zum Arzt – in der Herzgegend sticht es verdächtig. Der Mediziner macht einen Kurzcheck, spricht beruhigend von leichten Durchblutungsstörungen, sagt, er müsse Stress abbauen, und verschreibt ein pflanzliches Mittel. Das Medikament lässt der Unternehmer lieber im Büro; überhaupt sagt er seiner Frau nichts von dem Streit in der Bank. Auch die Kontostände sind jetzt kein Thema mehr zu Hause. Dafür zieht sich die Frau mehr und mehr in sich zurück. Er hält das zunächst für eine Folge der Schwangerschaft.

Die Arbeit mit den selbst akquirierten Kunden hingegen macht zunehmend Spaß. Es herrscht absolute Offenheit, seine Probleme mit der Bank sind ihnen nicht entgangen. Sie steckten selbst einmal in einer ähnlichen Situation. So fließen Vorschüsse und Zahlungen pünktlich, Sicherheiten werden nicht verlangt. Trotzdem gelingt es nicht, den Fehlbetrag schnell auszugleichen. Aber wenigstens wächst die Überziehung nicht weiter an, Kosten und Einnahmen halten die Balance. Der Kontokorrent wird nicht weiter als im vereinbarten und verbürgten Rahmen belastet, meist braucht der Unternehmer ihn noch nicht einmal auszuschöpfen. Inzwischen sprechen die Ehepartner wieder übers Geschäft, wenn auch nur sehr verhalten und von seiner Seite mit aufgesetztem Optimismus. In zehn Wochen wird das Kind erwartet; die Frau bereitet sich auf den Mutterschaftsurlaub vor.

Die Wochen vor Weihnachten sind von Hektik geprägt: Jahresabschluss, neue Aufträge, die Jagd nach Vorauszahlungen und der Streit um Verzögerungen der Lieferanten. Einer hat es ihm immer noch nicht verziehen, dass der damals in der Not ausgestellte Scheck geplatzt ist. Der Unternehmer begreift immer noch nicht, warum das hat passieren müssen. Denn als der Scheck bei der Bank aufgetaucht war, lagen alle Bürgschaftszusagen längst vor, nur der Notar hatte noch keinen Termin freimachen können. Es wäre doch einfach gewesen, noch einmal ein Auge zuzudrücken. Er nimmt sich vor, beim nächsten Gespräch in der Bank diesen Vorgang zum Thema zu machen.

So treibt alles in gewohntem Stress den Feiertagen zu, bis am 23. Dezember zwei Briefe auf den Tisch kommen: einer vom Finanzamt und einer von der Bank. Das Finanzamt fordert eine Mehrwertsteuernachzahlung an; darauf war der Unternehmer eingestellt, und das Geld liegt auch schon bereit. Die Bank schreibt, aufgrund der allgemeinen Preisentwicklung bei Immobilien reichten die Sicherheiten nicht mehr aus, den Kreditrahmen zu decken. Man werde daher ab sofort keine weiteren Verfügungen mehr zulassen. Jeder hereinkommende Betrag werde nur noch zur Senkung der Schuld hergenommen, im Übrigen sei der Kreditrahmen »mit sofortiger Wirkung« um die Hälfte gekürzt. Die Guthaben auf den Nebenkonten, einschließlich des Kontos für die Steuerrücklagen, seien aufgelöst und zur Senkung der Belastung verwendet worden – »entsprechend Ihrer Vollmacht«. Der Unternehmer möge diese neue Situation doch bitte bei seinen Dispositionen berücksichtigen. Mit den besten Wünschen zum Fest.

Weder der Sachbearbeiter noch sein Vorgesetzter waren telefonisch zu erreichen. Weil der Unternehmer aber gar so laut in die Sprechmuschel schrie, wurde er mit dem Vorstand verbunden. Der hörte sich die Tiraden eine Weile an und erklärte dann in sehr ruhigem und konzentriertem Tonfall, dass, weil der Unternehmer der

Bank offenbar nicht mehr traue, die Grundlage für den Fortbestand der Geschäftsbeziehung entfallen sei. Es läge also ein Grund vor, alle Kredite mit sofortiger Wirkung zu kündigen. Wenn er, der Unternehmer, jetzt nicht sofort die Luft anhalte, werde er den entsprechenden Brief auf der Stelle diktieren. Wenn ihm an einer weiteren Zusammenarbeit gelegen sei, solle der Unternehmer zwischen den Feiertagen vorbeikommen. Man werde sehen, was sich machen ließe.

An diesem Abend und an den Tagen darauf hatte die Frau des Unternehmers Mühe, überhaupt zu ihm durchzudringen. An den Feierlichkeiten nahm er nicht teil, sondern er vergrub sich in seine Zeitungen, betrank sich bis zur Oberkante und spie die Wohnung voll. Die Frau floh zu ihren Eltern. Am zweiten Weihnachtsfeiertag begab sich der Unternehmer in die Fabrik, um die Bücher zu prüfen und einen vorläufigen Liquiditätsplan zu erarbeiten.

Am nächsten Tag stand er mit einem Packen Papiere vor der Bank und begehrte Einlass im Vorstandsbüro. Nach einigem Hin und Her wurde er auch vorgelassen. Nacheinander kamen hinzu: der Sachbearbeiter, dessen Vorgesetzter und, weil er zufällig gerade im Haus war, ein Anwalt als sachkundiger Zeuge. Der Unternehmer genehmigte dessen Anwesenheit mit einem Nicken. Was auch immer er vortrug: Der Unternehmer biss auf Granit. Die Sicherheiten reichten hinten und vorne nicht. Am besten, der Unternehmer stelle einen Insolvenzantrag. Der Verschleppung habe er sich sowieso schon schuldig gemacht. Aufschieben ließe sich das nur noch durch eine professionelle Umschuldung.

Die Bank biete ihm an, eine Wohnanlage in den neuen Bundesländern zu kaufen. Die könne man wegen der Subventionen und der Steuervorteile zu 150 Prozent finanzieren. Was bedeutete: Nach dem Kauf fließe sofort das überflüssige Geld als Liquiditätshilfe auf sein Konto. Allerdings dürfe nicht die Bank direkt das Geschäft machen, sondern nur ein Vermittler, der mit der Bank zusammenarbeite. Für den Verkauf der zehn Wohneinheiten würde ein Unternehmen sorgen, das der Firmengruppe des Vermittlers angehöre. Eine weitere Firma würde ihm und den späteren Verkäufern eine Mietgarantie geben. Das alles sei ein höchst lukratives

Geschäft, das man für exakt solche Fälle wie seinen zugeschnitten habe, um dynamischen Jungunternehmern bei der Sicherung ihrer Firma zu helfen. Hier die Adresse, man erwarte ihn dort schon.

Der Vermittler rechnete den Unternehmer schwindlig. Den Ausschlag gab schließlich, dass der Vermittler dem Unternehmer quasi als Vorschuss einen Scheck über exakt die Summe überreichte, die er brauchte, um das Finanzamt zu befriedigen. Nur eine Einschränkung gab es: Der Unternehmer dürfe den Scheck erst dann einlösen, wenn das Geschäft unter Dach und Fach sei. Der Unternehmer ließ sich darauf ein, weil er wusste, dass ein Scheck ein Zahlungsversprechen bedeutet – auf welches Datum er auch immer ausgestellt ist.

Zwar plagte ihn nach den vielen Unterschriften, die er hatte leisten müssen – darunter auch eine Vollmacht, die den Vermittler zu allen Geschäften rund um das Objekt ermächtigte –, arges Bauchweh. Aber fürs Erste war er gerettet, und so konnte er mit seiner Frau über das überstandene Abenteuer reden und auf das neue Jahr anstoßen. Zwei Tage später war es dann so weit: das Kind, ein Mädchen, wurde geboren. Als er den kleinen Wurm zum ersten Mal in den Armen hielt, vergaß er für einen kurzen Moment seine Sorgen.

Die nächsten Monate gingen leidlich über die Bühne. Aufgrund der gekürzten Kreditlinie drückte es an allen Enden und Ecken. Doch weil der Unternehmer sich zum exquisiten Verkäufer entwickelt hatte, weitete sich der Umsatz kontinuierlich aus. Ohne Betriebserweiterung ließ sich das Volumen nicht mehr halten. Es mussten neue Maschinen her, die wiederum neue Arbeitsplätze generierten. Dafür wäre aber ein Neubau nötig gewesen – ein schier unüberwindlicher Kraftakt für eine Firma mit geringem Eigenkapital und katastrophaler Liquiditätslage.

Sorgen machte auch das Bauprojekt in den neuen Bundesländern. Zwar war die Anlage fast pünktlich fertig geworden, nur mit dem Verkauf der Wohnungen haperte es. Von den zehn Wohnungen waren erst fünf verkauft, und von denen waren auch erst zwei vermietet. Zeitungsberichte über Geisterdörfer in den neuen Bundesländern ließen den Unternehmer schaudern; monatlich kostete ihn das Abenteuer das Gehalt zweier Facharbeiter. Der Steuerberater hatte auch schon warnend die Hand gehoben und von der Notwendigkeit gesprochen, die Abrechnung der Anlage endlich von der des Unternehmens zu trennen. Vor allem, wo es jetzt offensichtlich länger dauern würde, bis die letzte Einheit verkauft wäre. Zu allem Unglück waren auch noch die Hausverwaltung und, was schwerer wog, die Firma, die die Mietgarantien gegeben hatte, in die Insolvenz gefallen. Jetzt riefen fast täglich die Besitzer der nicht vermieteten Wohnungen an und mahnten die Zahlungen an. Hinzu kam, dass er als Eigentümer der meisten Wohnungen auch überproportional an den Nebenkosten beteiligt war. Die fraßen das Gehalt eines weiteren Facharbeiters auf.

Auch privat stand alles Spitz auf Knopf. Weder seine Eltern noch die Eltern seiner Frau mochten ihn mehr sprechen. Wenn sie das Kind besuchen kamen, musste er so lange im Büro bleiben, bis sie wieder fort waren, seine Frau hätte ihn gar nicht erst ins Haus gelassen. Die Kommunikation zwischen den Eheleuten war auf ein Minimum beschränkt. Als er einmal im Fernsehen einen Bericht über Mallorca gesehen hatte, war er in Tränen ausgebrochen, seine Frau hatte nur höhnisch geschnaubt. Mit der Sekretärin wollte er keine Affäre anfangen, obwohl die ihm Avancen machte; das erschien ihm dann doch allzu abgeschmackt. Das Kind war häufig krank, litt an Asthma und rätselhaften Ausschlägen.

Eines Abends, nach einem leidlich erfolgreichen Tag, empfing ihn seine Frau bereits an der Haustür, blanke Mordlust in den Augen; in der Hand einen Kontoauszug. Was ihm einfiele, ihr Geld vom Konto zu klauen. Geld, das sie sich mühsam zurückgelegt habe, um wenigstens das Kind ernähren zu können, wenn er alles durchgebracht habe – erst das Geld ihrer Eltern und jetzt auch noch ihres. Sie habe die Nase voll, sie haue ab. Das Kind sei schon bei den Großeltern, und sie ziehe wieder in ihr altes Kinderzimmer. Besser das als dieser Scheiß, den sie all die Jahre mitgemacht habe, sei das allemal. Weg war sie. In der Hand hielt er den Kontoauszug als Zeichen seines zerbrochenen Glücks. Was darauf stand, konnte er gar nicht mehr lesen, so sehr zitterte ihm die Hand.

Später, nach ein paar Flaschen Bier, hatte er sich wieder so weit unter Kontrolle, dass ihm nicht mehr ausmachte, was er da sah: Über 95 000 Euro Minus, vorher war ein Guthaben von 5000 Euro darauf gewesen. Wie er die Nacht überstanden hatte, wusste er am nächsten Tag nicht mehr zu sagen. Er hatte sich irgendwann gezwungen, nicht mehr zu trinken, und lieber vier Aspirin geschluckt. Beim zweiten Versuch war es ihm sogar gelungen, die Tabletten bei sich zu behalten. Trotzdem war er verkatert wie sonst nur am Morgen nach der Schützenfestparty. Und er fühlte eine ungeheure Wut in sich.

Der Sachbearbeiter bei der Bank war ohne Wartezeit für ihn zu sprechen. Beim Anblick des Kontoauszugs stockte er ein wenig. Dann sagte er hastig, er könne alles erklären und es sei alles mit rechten Dingen zugegangen. Juristisch sei alles in Ordnung. Dann kam der Vorgesetzte hinzu, und beide erklärten ihm, was vorgefallen war. Es sei nämlich die Revision ins Haus gekommen, und die habe das Unterste nach oben gekehrt. Da sein Konto noch immer viel zu hoch belastet sei bei den minimalen Sicherheiten, habe man schnell die Spitze durch eine vordatierte Lastschrift zulasten des Kontos seiner Frau abgefedert. Als die Revisoren zwei Tage später fertig waren und alles glimpflich abgelaufen war, habe man die 100 000 Euro sofort wieder zurückgebucht, als Storno. So habe man ihn und sich selbst gerettet. Da die Revisoren aber länger im Haus geblieben waren als erwartet, sei leider auch der Kontoauszug mit der Belastung hinausgegangen. Hier sei der nächste Auszug, der beweise, dass alles wieder in Ordnung sei.

Rechtlich angreifbar sei das nicht gewesen, weil er seinerzeit bei der Übernahme der Wohnanlage eine Generalvollmacht unterschrieben habe, die auch für seine Konten gelte. Und da seine Frau für seine Schulden bürge, hätte sie im Fall der Katastrophe sowieso mit ihrem Geld für alles geradestehen müssen. So sei der Trick nicht mehr als eine formelle Lappalie gewesen. Beifall heischendes Lachen. Der Unternehmer war viel zu müde, um irgendeinen Protest herauszubringen. Über den Finanzstatus der Wohnanlage wollte er auch nicht mehr reden, obwohl die Banker da plötzlich einen ungeheuren Klärungsbedarf entdeckten. Er verließ die Bank, um sich im Büro erst einmal auszuschlafen. So hatte ihn die Sekretärin noch nie erlebt, schnell machte die Nachricht von einem Schwächeanfall des Chefs die Runde im Betrieb.

Es half alles nichts – es musste weitergehen. Und so führte er eines Tages ein Gespräch mit einem Mitarbeiter der Industrie- und Handelskammer über Fördermöglichkeiten bei der Erweiterung von Produktionsbetrieben. Der Mann prüfte die betriebswirtschaftlichen Auswertungen, die Bilanz und die Auftragslage, stutzte kurz, runzelte die Stirn und schaute den Unternehmer ernst an. Dann sagte er ihm ohne Umschweife und ohne sonderliche Höflichkeit, dass er keine Förderung für die Ausweitung des Betriebs brauche, sondern eine gründliche Sanierung. Wenn dabei eine Ausweitung des Betriebs herauskäme – gut. Aber erst einmal müssten die Finanzen in Ordnung gebracht werden. Das sei so schwer nicht, wenn man die Auftragslage und die Gewinnsituation betrachte. Warum der Unternehmer sich aber derart habe melken lassen, sei ihm ein Rätsel. Er empfehle einen Unternehmensberater, hier die Anschrift und die Telefonnummer. Auf Wiedersehen und viel Glück.

Der Unternehmensberater schluckte erst einmal, als er die Zahlen des Unternehmers sah. Er murmelte etwas von »typisch Bank« und vereinbarte einen Termin vier Wochen später. Bis dahin habe er sicher auch einen Gesprächspartner bei einer der Banken, die staatliche Gelder zur Verfügung stellen. Der Unternehmer solle die Ohren nicht hängen lassen. Außerdem: kein Wort zur Bank.

Von den Bankern scheinbar unbemerkt, hatte sich der Unternehmer ein Konto bei einem zweiten Kreditinstitut zugelegt, das bis dahin strikt im Positiven geführt wurde. Jetzt begann er, einige Zahlungen seiner Kunden auf dieses Konto umzuleiten. Daher schrieb er stets zwei Rechnungen – eine, die er der Bank als Dokument für zu erwartende Zahlungen vorlegte, und eine zweite mit der neuen Kontonummer, die er seinen Kunden schickte. So hatte er sich mit der Zeit ein kleines Polster für Notfälle zugelegt.

Aber wie der Teufel es wollte, führte auch einer seiner Kunden ein Konto bei seiner Hausbank. Und der Sachbearbeiter sowie sein Vorgesetzter beobachteten den Bypass schon seit einiger Zeit mit hämischer Erwartung. Irgendwann kam der Tag, an dem die Falle zuschnappen musste – und dieser Tag war heute. Heute würden sie den Mechanismus lostreten, morgen den Mann anschreiben, am Freitag würde er den Brief lesen, und am Montag würden sie ihm das Rückgrat brechen. Von da an hätten sie ihn bis zum Lebensende am Haken und die ganze Familie mit.

Es wurde Zeit für den finalen Schlag. Sonst würde der Mann womöglich noch jemanden finden, der ihn umfinanzierte, und dann gingen ihnen die hübschen Häuschen der Eltern durch die Lappen. Vorher wollten sie aber noch kräftig absahnen. So griffen sie schnell noch einmal auf das Konto der Gattin zu. Diesmal würden sie die Miesen etwas länger darauf lassen und auch nicht daran denken, nach der Rückbuchung die angefallenen Zinsen zu ersetzen. Ein paar hundert Mark würden dabei auf jeden Fall rausspringen, zuzüglich der Stornogebühren. Rechtlich waren sie sogar auf der sicheren Seite: Weil weder der Unternehmer noch dessen Frau gegen die erste Buchung schriftlich protestiert hatten, würde von da an jeder Richter eine Abbuchung selbst ohne offizielle Ermächtigung als korrekt ansehen. Ein Vermerk »nach telefonischem Auftrag« würde als Beweis vollkommen ausreichen, dass alles mit rechten Dingen zugegangen war.

Sie würden auch die Zinsberechnungen noch einmal drastisch zu ihren Gunsten manipulieren. Dass der Unternehmer die Abrechnung jemals prüfen würde, war genauso unwahrscheinlich wie ein Hauptgewinn im Lotto, mit dem er seine Schulden ausgleichen könnte. Außerdem würde man schnell noch ein zweites Girokonto anlegen, von dem sie beliebige Summen abbuchen und auf einem Festgeldkonto hinterlegen würden. Und Überweisungen würden sie auf dieses Festgeldkonto umleiten. Als Schlusspunkt würden sie dann die Kredite kündigen und dafür auch noch Gebühren und eine Vorfälligkeitsentschädigung verlangen.

Wenn es dann an die Verwertung der Sicherheiten ginge, würden sie mit den Immobilien beginnen und die Guthabenkonten zunächst unangetastet lassen. Erst wenn dann noch Schulden übrig blieben (und dafür würden sie sorgen), würden sie die Konten auflösen. Die Lebensversicherung des Mannes würden sie sich offiziell auszahlen lassen, insgeheim aber weiter bedienen, weil sie nicht das geringste Interesse daran hatten, die Gewinnbeteiligung verfallen zu lassen. Zuallererst würden sie aber die Forderungsabtretung aktivieren und die Kunden des Unternehmers zwingen, alle Zahlungen nur noch auf ein Sonderkonto zu leisten. Von dem Moment an müsste der Unternehmer um jeden Pfennig Geld betteln.

Zunächst aber der erste Streich: Das Geld, das der Kunde des Unternehmers auf das Zweitkonto bei der anderen Bank überweisen wollte, lenkten sie um. Und zwar so, dass nicht das Konto, das der Unternehmer bei der anderen Bank führte, als Zielkonto genannt wurde, sondern das bei ihnen geführte.

Dann ließen sie den Leiter der Rechtsabteilung einen Brief diktieren, in dem dieser seiner Verwunderung Ausdruck verlieh, dass der Unternehmer noch bei einer anderen Bank ein Konto unterhalte, auf das er Beträge leite, die laut Forderungsabtretung doch eigentlich dieser, seiner Hausbank, gehörten. Er sehe darin nicht nur einen ungeheuren Vertrauensmissbrauch, der Unternehmer habe sich damit auch des Kreditbetrugs schuldig gemacht, was mit einer Gefängnisstrafe bedroht sei. Vorerst wolle man von einer Anzeige absehen, bitte aber für den kommenden Montag zu einem Gespräch. Mit freundlichen Grüßen.

Am Montag erschien dann auch der Unternehmer, kreidebleich, mit schlecht sitzendem Anzug und strubbeligem Haar. Ob er getrunken hatte, war nicht auszumachen. Auf jeden Fall roch der Mann nicht gut, seine Bewegungen wirkten fahrig und in seinem Blick lag Resignation. Abschussreif, dachten der Sachbearbeiter, der Vorgesetzte und der Chef der Rechtsabteilung. Machen wir es einträglich, langsam und qualvoll.

Es folgten ein Donnerwetter, die Verlesung einschlägiger Paragraphen, einige gezielte Beleidigungen und ein Ultimatum: Wenn der Unternehmer nicht innerhalb von vier Wochen die Überziehung abgebaut habe, müsse man die Kredite fällig stellen und die Schufa benachrichtigen. Danach dauere es höchstens noch acht Wochen, bis die Häuschen der Eltern zur Zwangsversteigerung anstünden. Doch dann machte einer der Banker einen Fehler: Er erkundigte sich nach der Familie und fügte hinzu, er habe die Frau neulich kellnern gesehen. Dort, wo die Banker immer zum Kegeln hingingen. Die drei konnten sehen, wie ein Ruck durch den Unternehmer ging. Der biss sich aber lieber auf die Zunge, als vorzeitig etwas von dem Umschuldungsversuch zu verraten, stand auf, verabschiedete sich kurz und ging. Er bat nur noch, ihm all das schriftlich zukommen zu lassen, was man gerade oktroyiert habe. Er werde versuchen, sich danach zu richten. Es wäre aber gut, wenn die Glattstellung nicht binnen vier, sondern in sechs Wochen erfolgen könne. Er wolle mit seinen Kunden reden, laufende Aufträge etwas schneller als geplant erledigen und für zügige Bezahlung sorgen. Da schauten die Banker ein wenig sorgenvoll.

Der Leiter der Rechtsabteilung merkte als Erster, dass der Bank die Beute zu entgleiten drohte. Wieder im Büro, diktierte er die Aufforderung, die Konten binnen einer Woche glatt zu stellen, wenn der Unternehmer die Kündigung der Kredite vermeiden wolle. Verfügungen wolle der Unternehmer bitte keine mehr vornehmen, außerdem seien mit sofortiger Wirkung alle Kreditkarten gesperrt.

Der Unternehmer seinerseits informierte den Berater von der IHK über die verschärfte Situation. Der versprach, sein Konzept in zwei Tagen zu präsentieren und möglicherweise auch gleich mit einem Banker bei ihm vorbeizukommen. Mit dem habe er die Probleme bereits durchgesprochen und positive Signale erhalten. In der Szene wisse jeder Eingeweihte, wie mies die Bank des Unternehmers mit ihren Kunden umginge. Kein Wunder, schließlich habe die Bank in den letzten Jahren mit dubiosen Immobiliengeschäften böse Verluste gemacht. Die Prüfer des Verbandes gingen dort ein und aus. Dem Unternehmer wurde ein wenig wohler ums Herz, und er überlegte kurze Zeit, ob er nicht seine Frau anrufen solle, ließ es dann aber lieber doch bleiben. Die Abrechnung kommt nach der Sanierung, dachte er grimmig. Und: Vielleicht ist doch noch etwas zu retten.

Wenige Tage später kam der Brief der Bank mit dem Ultimatum. Da wusste der Unternehmer: Jetzt herrscht offener Kampf. Nur gut, dass er bei der anderen Bank ein wenig Kriegskapital angesammelt hatte. Zunächst widerrief er alle Abbuchungsaufträge. Alle, die nötig waren, um den Betrieb aufrechtzuerhalten – Strom, Telefon, Entsorgung –, leitete er auf die zweite Bank um. Andere wollte er je nach Kontostand bedienen, im Notfall auch einmal warten lassen. Sorgen machten ihm das Finanzamt und die Sozialversicherungen. Denn mit dem Girokonto waren auch die Guthabenkonten für diese Verpflichtungen gesperrt, hatte ihm der Banker geschrieben. Und die fast 50 000 Euro Mehrwertsteuer waren fällig, auch die Überweisungen an die Krankenkassen der Mitarbeiter. Dort, dachte er sich, liegt wohl das größte Bedrohungspotenzial. Und in der Insolvenzantragsfrist. Wie auch immer: In den kommenden sechs Wochen entscheidet sich, wie es weitergeht mit mir und unseren Familien.

Derweil lief die Arbeit im Betrieb auf Hochtouren. Zwar hatten alle gemerkt, dass der Chef ungewöhnlich nervös wirkte, doch das schrieb man der wohl bevorstehenden Scheidung zu. Nur die Sekretärin, die alle Post öffnete, war eingeweiht. Er hatte ihr eingeschärft, über alles, was in den nächsten Wochen geschehe, absolutes Stillschweigen zu wahren, wenn sie eine Chance auf Weiterbeschäftigung in der Firma wahren wolle. Die Dame gelobte es, nahm sich jedoch vor, wegen eines möglichen neuen Jobs die Augen offen zu halten.

Das Finanzamt meldete sich und ließ sich vertrösten, wenn auch mit grimmigen Mahnungen. Von da an wusste der Unternehmer, dass sich die Vollstreckungsstelle bereits mit ihm befasste. Ebenso die Sozialversicherungen, wobei die Reaktion von verständnisvoll bis hysterisch gereizt schwankte. Aber immerhin – bei allen hatte er sechs Wochen herausgeschunden. Er wollte jedoch versuchen, trotz allem die gebunkerte Mehrwertsteuer herauszuholen, und schickte eine entsprechende Überweisung an die Bank. Prompt kam der Rückruf des Sachbearbeiters: Was er sich vorstelle. Nichts ginge an das Finanzamt. Er solle sich doch einen Kredit bei der anderen Bank besorgen. Ob er nicht endlich damit anfangen wolle, die Schulden auf dem Girokonto zu tilgen. Er habe noch eine Woche Zeit. Auf die verblüffte Frage des Unternehmers, wieso noch kein Geld eingegangen sei, schließlich habe er mit seinen Kunden Vorauszahlungen vereinbart, die längst auf dem Weg seien, erwiderte der Sachbearbeiter pampig, ihm liege nichts vor. Und auf die Frage des Unternehmers, wieso er eigentlich seit jetzt vier Wochen keine Kontoausdrucke mehr zugeschickt bekomme, gab der Sachbearbeiter zur Antwort, das könne nicht sein, er solle lieber mal seine Organisationsstrukturen verbessern – »wenn schon Kontoauszüge bei Ihnen verschwinden!« Und was ihm eigentlich eingefallen sei, die Prämien für die Lebensversicherung nicht mehr zu bezahlen. Das habe er jetzt von sich aus veranlasst, damit der Schaden für die Bank nicht noch größer werde, wenn die Versicherung in ein paar Wochen auch verwertet werden müsse. Außerdem habe er dafür gesorgt, dass die Krankenkassen ihr Geld bekämen. Da könne er sehen, dass die Bank noch immer bereit sei, ihm zu helfen. Aber nun auf Wiedersehen, er habe jetzt keine Zeit mehr.

Dann das Gespräch mit dem Berater, der tatsächlich einen Banker mitgebracht hatte. Beide kamen schnell zur Sache: Gute Geschäftsentwicklung, gute Erträge, nur viel zu hohe Finanzierungskosten. Was der Unternehmer und die Bank alles falsch gemacht hätten, solle hier nicht im Detail erörtert werden, das zu erläutern würde den ganzen Tag dauern. Nur so viel: Die Bank sei mehrfach übersichert. Sie müsse einige Sicherheiten herausgeben, die die neue Bank dann für ihre eigenen Umschuldungsmaßnahmen heranziehen wolle, wenn sie überhaupt nötig würden. Denn die staatlichen Förderstellen seien in der Situation, in der sich der Unternehmer befände, sicher bereit, eigene Bürgschaften zu erklären, so dass die der Eltern und Schwiegereltern nicht mehr gebraucht würden. Hier die entsprechenden Anträge. Er solle doch mit seiner Hausbank reden und die Herausgabe der Sicherheiten fordern. Nur für den Fall, dass sie bei der Umfinanzierung doch gebraucht würden, zum Beispiel die Forderungsabtretung. Die würde helfen, eine erste Liquiditätsspritze von der neuen Bank zu bekommen. Als Betriebsmittelkredit zu 5 Prozent. Da ging dem Unternehmer zum ersten Mal auf, was der Sachbearbeiter und seine Vorgesetzten mit ihm getrieben hatten.

Umgehend rief der Unternehmer den Sachbearbeiter an und berichtete, er habe am Abend zuvor seine Finanzlage und die Situation des Unternehmens gründlich durchdacht. Er habe sich auch über die Hilfsangebote des Staates informiert und sehe durchaus Möglichkeiten, die Firma jetzt noch zu sanieren. In der nächsten Woche werde er mit einem Berater der Handelskammer reden. Ein Gespräch mit dem Sachbearbeiter im Finanzamt habe ihn in dieser Entscheidung bestärkt. Außerdem sei die andere Bank bereit, gegen Forderungsabtretung einen kleinen Betriebsmittelkredit herauszureichen, denen gefielen seine Daten ausnehmend. Er brauche also die Rückgabe der Forderungsabtretung am besten noch heute, die Bank habe ja noch ausreichend andere Sicherheiten, einschließlich der Festgelder. Wann er mit einer positiven Antwort rechnen könne?

Der Sachbearbeiter war verblüfft und zitierte ihn für den übernächsten Tag in die Bank. Eins könne er ihm aber schon jetzt sagen: Auf keine einzige Sicherheit könne die Bank verzichten. Und statt woanders neue Schuldenberge aufzuhäufen, solle er erst einmal die alten abtragen.

Kaum hatte er das Gespräch beendet, verfiel der Sachbearbeiter in hektische Betriebsamkeit. Zuerst diktierte er einen Brief, in dem er alle Kunden des Unternehmens von der Forderungsabtretung informierte und diese in Kraft setzte: alle Gelder zu uns auf ein Sonderkonto. Dann bat er den Chef der Kreditabteilung, die Kündigung aller Kredite auszusprechen und die Bürgen zu informieren. Die sollten doch bitte die entsprechenden Beträge überweisen, andernfalls er ihre Häuser zwangsversteigern lassen müsse. Außerdem sei es jetzt angebracht, seitens der Bank den Insolvenzantrag zu stellen und die Staatsanwaltschaft über die Konkursverschleppung des Unternehmers zu informieren.

Damit schloss der Sachbearbeiter ein weiteres Kapitel Wirtschaftsgeschichte wie schon in vielen Fällen zuvor: in der Gewissheit, mit der späteren Hereinnahme der beiden Häuser, mit denen für die Kredite gebürgt worden war, die Eigenkapitalsituation der Bank wieder ein wenig verbessert zu haben. Sie würden noch etwa fünfzig solcher Fischzüge brauchen, um die Bank wieder in sicheres Fahrwasser zu bringen. Schließlich musste der Sachbearbeiter ja für die Sicherheit seines Jobs sorgen. Mit diesen Gedanken griff er zufrieden zum Telefon, um seine Teilnahme an der heutigen Kegelrunde anzukündigen. Mal sehen, wie sich die Frau des Unternehmers heute anstellen würde beim Servieren von Bier und Korn.

# Wer sich nicht wehrt, lebt verkehrt: Strategien gegen die Bank

Wenn Banken eine hoffnungsvolle Unternehmerkarriere zerstören und den vorzeitigen Tod des Unternehmens bewirken, bestimmen Falschberatung, sittenwidriges Verhalten, Mobbing sowie Betrug und Diebstahl das Verhalten der Banker. Typischerweise ist der Weg in den Untergang durch fünf Phasen gekennzeichnet:

1. Der Startmalus.
2. Das torpedierte Wachstum.
3. Der Sanierungsbetrug.
4. Der Todesstoß.
5. Leichenfledderei.

Durchschnittlich sieben Jahre dauert es, bis die Banker ein junges Unternehmen zugrunde gerichtet haben. Im Folgenden wird jede dieser fünf Phasen näher beleuchtet, und es werden Mittel und Wege aufgezeigt, dem Verhängnis zu begegnen.

## 1. Der Startmalus

Viele Existenzgründer haben nur ihre Geschäftsidee, auf die hin ihnen jemand Geld borgen soll. Andere, die ein elterliches Unternehmen weiterführen wollen, sind häufig gezwungen, erhebliche Schulden mit zu übernehmen. Um Sicherheiten beizubringen, wird die Familie eingespannt, wo allenfalls ein Einfamilienhäuschen und ein paar nicht allzu große Rücklagen zu holen sind. Aber selbst die sind einigen Bankern kriminelle Handlungen wert.

Die Bundesländer, der Staat und auch die Europäische Gemeinschaft bieten zwar eine Vielzahl von Fördermöglichkeiten: Mittels Zinssubvention oder der Bürgschaft für Kredite, die die Bank herausreicht, soll dem Firmengründer die Kapitalbeschaffung erleichtert werden. Immer jedoch führt der Weg zu diesen Hilfen über die Bank: Sie nimmt die Anträge entgegen, koordiniert die Beschaffung der notwendigen Gutachten und handhabt den Papierkram. Das macht viel Arbeit und führt, wenn überhaupt, zu einem minimalen Gewinn für die Bank.

Daher gibt sich kein Kundenberater gern mit dem Förderzirkus ab. Hinzu kommen bankinterne Faktoren, die die Bearbeitung der Förderanträge behindern. Meist steht der Kundenberater unter dem Druck, irgendwelche »Produkte« verkaufen zu müssen; die Umsatzvorgaben sind rigide, und ob er die vorgegebenen Ziele erreicht oder nicht, wirkt sich direkt auf die Karriere aus. Wie soll ein Kundenberater, der innerhalb eines bestimmten Zeitraums vielleicht fünf Lebensversicherungen, drei Bausparverträge und Zerobonds im Wert von 5000 Euro verkaufen muss, sich zwei, drei Stunden mit einem Förderantrag herumschlagen? Ein paar Fondsanteile an jemanden zu verkaufen, der gerade sein Erspartes auf ein sowieso schon gut gefülltes Sparbuch einzahlen möchte, dauert gerade einmal fünf Minuten. Aus Sicht des Beraters ist es daher sinnvoller, nach Möglichkeiten zu suchen, den Gewinn aus den Gründeraktivitäten zu optimieren. Schließlich gibt es auch für Neukredite harte Leistungsvorgaben.

Deshalb ist es das Ziel des Bankers, das Interesse der Gründer von den Fördermitteln weg zu den bankeigenen Krediten zu lenken – und zwar zu den möglichst teuren. Am sichersten geht das, indem der Banker das Förderungsbegehren torpediert. Das heißt, er nimmt den Antrag zwar entgegen, leitet ihn aber nicht weiter. Später wird er dem Jungunternehmer mit tiefem Bedauern mitteilen, dass der Staat für dieses Vorhaben leider kein Geld bereitstellen möchte. Oder er macht den Unternehmer mürbe, indem er vorgibt, es müssten immer wieder neue Papiere, Konzepte, Finanzierungs- und Liquiditätspläne eingereicht werden. Irgendwann wird der Unternehmer die Geduld verlieren und aufgeben oder es auf eigene Kraft versuchen. In beiden Fällen ist die Bank gerne bereit, mit eigenen Krediten auszuhelfen.

Eleganter ist die partielle Unterfinanzierung. Die Banker wissen in der Regel ganz genau, wie viel Geld der Jungunternehmer in den ersten Jahren wirklich braucht, um seine Firma in sicheres Fahrwasser zu leiten – sie sagen es ihm nur nicht. Grotesk niedrige Förderanträge sind die Folge. Ist das Geld dann verbraucht, kommt die Bank mit ihren teuren Mitteln zum Zug.

Noch perfider ist die dritte Variante: Der Banker gibt vor, von dem Projekt überzeugt zu sein, verunsichert den Gründer jedoch, indem er den bürokratischen Prozess dramatisiert und empfiehlt, das Ergebnis nicht abzuwarten, sondern einfach schon mal mit der Geschäftstätigkeit zu beginnen. Die Vergabe des dafür benötigten kleinen Kontokorrentkredits ist eine Sache von wenigen Minuten, denn ohne Rücksprache darf ein Kundenberater am Banktresen in der Regel mindestens über 10 000 Euro freie Kredite pro Kunde entscheiden. Er tut das gerne, weil er damit seinem vorgegebenen Umsatzziel ein Stück näher kommt. Damit entfällt jedoch eine der wichtigsten Förderbedingungen: In den Genuss staatlicher Mittel für Firmengründungen kommt nur, wer zum Zeitpunkt der Vergabe noch nicht mit seiner Geschäftsidee aktiv geworden ist. Der voreilige Jungunternehmer fängt sich also eine harsche Absage ein, und es wird ihm nie gelingen, den Banker wegen Falschberatung festzunageln.

Methode 1 und 3, Verschleppung oder Falschberatung, wird der Berater wählen, wenn sich aus dem familiären Umkreis Sicherheiten aktivieren lassen (zum Beispiel Bürgschaften, Grundschulden, Verpfändung von Wertpapieren). Variante 2, die Unterfinanzierung, kommt zum Tragen, wenn der Unternehmer wirklich blank dasteht, aber zu erwarten ist, dass die neue Firma ausreichend Mittel erwirtschaften wird, um die Zinsen zumindest für einige Jahre hereinzubringen. Bis zum Zusammenbruch der Firma, macht die Bank dann den höchstmöglichen Gewinn, die staatliche Bürgschaftsbank ersetzt ihr den Großteil des geförderten Kredits, und der verbleibende Rest wird »wertberichtigt« und verringert die Steuerlast der Bank. So zahlt der Steuerzahler an einem von der Bank herbeigeführten Konkurs gleich mehrfach mit: Indem der

Staat für den Förderbetrag geradestehen muss, geringere Körperschaftssteuern erhält und zudem auf die Steuern aus einem möglicherweise erfolgreichen Unternehmen verzichten muss. Obendrein fallen Sozialleistungen an, wenn der Unternehmer nicht mehr auf die Füße kommt.

Aber noch befindet sich der Gründer in der euphorischen Phase. Ausreichende Sicherheiten vorausgesetzt, wird ihn der Banker bei der Gründung seines Unternehmens gerne unterstützen – und ihm einen Kontokorrentkredit einräumen. Ihm einen Betriebsmittelkredit zur Verfügung zu stellen wird einem Banker, der sein Geschäft versteht, erst gar nicht einfallen. Denn Betriebsmittelkredite sind in der Regel wesentlich preiswerter als der Kontokorrentkredit, und sie haben den entscheidenden Vorteil, der Zinseszins-Dynamik zu unterliegen. Die Unterschiede sind beträchtlich: 10 000 Euro, zu 10 Prozent verzinseszinst, kosten den Unternehmer nach sieben Jahren (so lange hält ein falsch finanzierter Unternehmer im Durchschnitt aus) satte 10 000 Euro; ein Betriebsmittelkredit zu vielleicht 6 Prozent und 4 Prozent Tilgung bringt der Bank hingegen nur 3500 Euro. Restschuld nur noch 6500 Euro.

Bevor der Gründer seinen ersten Kontokorrentkredit erhält, muss er allerdings eine persönliche Bürgschaft unterschreiben, die vorsieht, dass er nicht nur für diesen konkreten Kredit mit seinem persönlichen Vermögen haftet, sondern auch für alle weiteren Kredite aus der Geschäftsbeziehung; falls er eine GmbH gründet, wird diese Bürgschaft auf alle Kredite der GmbH ausgeweitet. Das macht in dieser Phase sicher Sinn, ist aber spätestens dann hinderlich, wenn die Firma Gewinne abwirft, die die Bildung von Rücklagen erlauben, oder wenn andere Sicherheiten wie Forderungsabtretungen wesentlich werthaltiger sind als die persönliche Bürgschaft. Trotzdem wird ein Banker eine nicht mehr gebrauchte Sicherheit niemals von sich aus freigeben.

Zusätzlich wird der Banker den Gründer dazu bringen, eine Kapitallebensversicherung und einen Bausparvertrag abzuschließen: die Kapitallebensversicherung als vermeintliche Sicherheit für den Kredit, den Bausparvertrag als vorgeblich weitsichtige Geldanlage für den Fall, dass der Jungunternehmer später einmal ein eigenes Produktionsgebäude errichten oder die angemieteten Räume umbauen will. Beides sind völlig nutzlose Investitionen, die der jungen Firma massiv schaden. Denn eine Lebensversicherung hat als Sicherheit für die Kreditsumme nur dann Sinn, wenn der Unternehmer plötzlich stirbt – und für diesen Zweck reicht eine wesentlich billigere Risikolebensversicherung völlig aus. Auch hier sind die Unterschiede und die Verluste enorm: Eine Kapitallebensversicherung über 50 000 Euro, über Kontokorrent finanziert (10 Prozent Zinsen), kostet in sieben Jahren 23 500 Euro, eine Risikolebensversicherung nur 1000 Euro (vierzigjähriger, gesunder Handwerksmeister). Der Bausparvertrag mit einer Ansparsumme von 50 000 Euro, die in zehn Jahren erreicht werden soll, erzeugt in sieben Jahren eine Belastung von 23 500 Euro, wenn er aus dem belasteten Kontokorrent finanziert wird. Dann fressen die Zinsen bereits die Hälfte der Ansparsumme. So wird dem Unternehmen schon in der Gründungsphase Liquidität entzogen. Wegen der Finanzierung aus dem Kontokorrent wird der Unternehmer in den nächsten sieben Jahren nie nachhaltig aus den Miesen herauskommen. Mal ist die Unterdeckung größer, mal niedriger, und vielleicht rutscht das Saldo zwischendurch sogar einmal in die schwarzen Zahlen. Aber in keinem der dem Autor bekannten Fälle schaffte es ein Unternehmen, seinen Verbindlichkeiten dauerhaft aus dem Kontokorrent nachzukommen. Diese Art der Startfinanzierung riss immer tiefere Löcher, weil jede Investition über diese extrem teure Kreditart finanziert wurde.

Bei den ersten kleinen Krediten, die für die Gründung benötigt werden, ist es häufig noch nicht nötig, auch das familiäre Umfeld in die Mithaftung zu nehmen. Der Banker wird es, sozusagen vorsorglich, versuchen, darauf aber großmütig verzichten, wenn der Unternehmer davor zurückschreckt. Geht es jedoch um fünfstellige Beträge, bei denen auch der Kreditausschuss der Bank mitzureden hat, wird der Sachbearbeiter versuchen, Familienimmobilien, zum Beispiel das Eigenheim der Eltern oder Schwiegereltern, als Pfand zu nehmen. Das Tückische dabei ist, dass der Banker sich nicht mit

Pfändern in Höhe des herausgereichten Kredites begnügt, sondern das Haus am liebsten bis zum Schornstein beleihen möchte. So verschafft er sich den Freiraum, um dem Unternehmer jederzeit erneut »helfen« zu können. Und um den Sack zuzuschnüren, lässt der Banker die Bürgen eine persönliche Haftung unterschreiben.

Nun wäre es nur fair, wenn die Bank gegen so hochwertige Sicherheiten wenigstens besonders niedrige Zinsen gewähren würde. Aber sie belässt es beim Kontokorrent, obwohl dessen hohe Zinsen nur dadurch begründet sind, dass hier mit hohen Risiken behaftete Gelder herausgereicht werden, für die es keine Sicherheiten gibt.

Es gibt Varianten bei dieser kundenfeindlichen Finanzierungstechnik. So kann ein Gründer durchaus einen (sehr kleinen) Betriebsmittelkredit erhalten, der allerdings für die Gründungsaufwendungen kaum und für die Begleichung der ersten Produktionskosten gar nicht ausreicht. Dafür hat der Banker einen Kontokorrent eingerichtet, aus dem auch die Raten und Zinsen des Betriebsmittelkredits bezahlt werden. Früher oder später schaukelt sich der teure Kredit dann in unüberschaubare Höhen, bis eine Umschuldung notwendig wird.

So unsinnig dieses Verhalten der Bank in volkswirtschaftlicher Hinsicht auch ist, es ist leider gang und gäbe. Ein gut gehendes Unternehmen, dessen Eigentümer nach kurzer Zeit gute Gewinne macht, sollte der Bank eigentlich mehr wert sein als dieses Herumbalancieren nahe am Abgrund. Die Banken erklären denn auch tatsächlich unisono, dass sie bessere Gewinne mit der Verwaltung von Vermögen machen als mit der Verwaltung von Krediten. Warum torpedieren sie also die künftigen Vermögen? Warum ist ein derartig unlogisches Verhalten zum Schaden der Bank so überaus häufig? Es kann nur einen Grund geben: Auf kurze Sicht lassen sich hier die besseren Erfolge erzielen. Ein Kunde ist schneller ausgeweidet als hochgepäppelt.

*Wie entkommt man dieser Falle?* Am besten, indem der Gründer gar nicht erst hineintappt. Auch wenn die Beziehungen zu den Eltern noch so innig sind: Die Kinder sollten sich nie darauf einlassen, bei der Übernahme des elterlichen Betriebs die alten Schulden zu übernehmen. Selbst dann nicht, wenn der Banker die Lage mit allen Mitteln der Kunst schönrechnet. Die Wirklichkeit sieht meist anders aus.

Wer schon in der Falle ist, sollte sich um eine korrekte Umschuldung bei einer anderen Bank bemühen. Damit die neue Bank mitmacht, muss der Unternehmer aber noch über freie Sicherheiten verfügen. Darauf zu hoffen, dass das erste Institut nach Erhalt der geschuldeten Beträge Zug um Zug die entsprechenden Sicherheiten freigibt, hat nur selten Erfolg, obwohl der Schuldner darauf Anspruch hat. Die erste Bank ist nicht daran interessiert, ihre Beute aus den Fängen zu lassen. Bevor der befreite Unternehmer womöglich den Spieß umdreht und die Bank auf Schadensersatz verklagt, torpediert sie durch Kreditkündigung und Eintrag in die Schufa-Dateien lieber jeden Umschuldungsversuch.

Rein theoretisch könnte der Unternehmer die Bank per Klage dazu zwingen, nicht benötigte Sicherheiten herauszugeben – das aber wird ein beschwerlicher Gang, obwohl es ausreichend höchstrichterliche Urteile gibt, die den Banken vorschreiben, nicht benötigte Pfänder herauszugeben. Schwierig ist bereits, den Grad der Übersicherung festzustellen.

So bleibt nur der Weg, im Kreis der Freunde und Bekannten oder bei anonymen Kapitalgebern um zusätzliche Sicherheiten oder neues Kapital nachzusuchen oder mithilfe der neuen Bank einen staatlichen Sanierungskredit zu beantragen. Denn auch dafür hat die öffentliche Hand Mittel bereitgestellt.

Wenn die Umschuldung gelungen ist, steht es dem Unternehmer frei, von der ersten Bank Schadensersatz zu fordern. Da der Schaden aus der überteuerten Finanzierung resultiert, muss der Schadensersatz die Rückerstattung zu viel bezahlter Zinsen und den Ausgleich entgangenen Gewinns beinhalten. Voraussetzung dafür ist, dass dem Unternehmer aufgrund nicht ausreichender Mittel ein lukratives Geschäft entgangen ist – allerdings müssen die fehlenden Mittel ursächlich mit der fehlerhaften Kapitalausstattung zusammenhängen. Das kann schwer zu beweisen sein, und der Prozess wird sich mit Sicherheit über mehrere Instanzen hinziehen. Aber Vorsicht: Die Verjährungsfalle schnappt bereits nach drei Jahren zu!

In der Regel hat der Geschädigte bereits Schwierigkeiten zu beweisen, dass die Bank die Gründungsförderung torpediert hat. Die Förderbanken geben nämlich nicht einmal Auskunft darüber, ob der Antrag auf Förderung überhaupt eingereicht wurde. Möglicherweise lassen sich diese Informationen herausklagen (so hat der Bundesgerichtshof inzwischen Banken verpflichtet, an den Kunden ihn betreffende interne Unterlagen herauszugeben), aber auch das wird seine Zeit dauern.

Die Situation des Geschädigten verbessert sich schlagartig, wenn den Bankern schwerwiegendes Fehlverhalten nachgewiesen werden kann. Wer seiner Bank nachweisen kann, dass sie Zinsanpassungen und Wertstellungen nicht korrekt durchgeführt oder Zinsen falsch berechnet hat, könnte die Banker schnell überzeugen, dass es besser ist, sich kooperativ zu verhalten. Es braucht allerdings einen hartnäckigen Anwalt, um die Staatsanwälte in solchen Fällen zu Ermittlungen zu bewegen.

Zumindest aber helfen derartige Erkenntnisse, Forderungen der Banker in der Höhe zu bestreiten. Das kann insbesondere dann hilfreich sein, wenn es darum geht, Zwangsvollstreckungsmaßnahmen zu beenden.

## 2. Das torpedierte Wachstum

Haben die Banken dem Jungunternehmer in der Startphase noch einigen Bewegungsspielraum gelassen, ziehen sie die Falle im alltäglichen Geschäft immer weiter zu. Mit wachsendem Kapitalbedarf des Unternehmers wächst seitens der Bank auch der Bedarf nach Sicherheiten. Notfalls heißt es: Bürgschaft her oder Konten zu. Dabei verschweigen die Banker, dass die fristlose Kündigung eines Kreditverhältnisses gar nicht so einfach möglich ist, wie es oft dargestellt wird.

Selbst wenn es dem Unternehmer gelingt, seine Kreditverpflichtungen konstant zu halten oder gar abzubauen, wird der Banker oft versuchen, die Besicherung zu erhöhen. Er argumentiert dann, die wirtschaftliche Situation des Unternehmens habe sich verschlechtert (selbst wenn es der Firma besser geht als je zuvor) oder der Wert des Sicherheitsguts habe sich verschlechtert – etwa, weil der Immobilienmarkt eingebrochen sei. Solche Argumente zu widerlegen macht vor allem Arbeit und kostet Zeit, die der Unternehmer besser in sein Geschäft gesteckt hätte. Und es fällt schwer, denn wenn die Bank behauptet, der Wert der Immobilien sei gesunken, braucht sie sich ausschließlich auf ihre eigene Bewertung zu beziehen, die Meinung fremder Gutachter muss sie nicht interessieren.

Irgendwann wird der Unternehmer einen Auftrag an Land ziehen, der eine Vergrößerung des Maschinenparks und damit des Personalbestands erforderlich macht. Den so plötzlich gewachsenen Kapitalbedarf können selbst gut gehende Unternehmen nur selten ohne zusätzliche Kreditaufnahme bewältigen. Reicht die Bank einen Kredit zur Beschaffung von Maschinen heraus, will sie stets zumindest die Maschinen als Sicherheiten verpfändet haben. Häufig rät der Banker aber auch, die Maschinen im Leasing zu übernehmen – am besten finanziert über ein mit seiner Bank verbundenes Spezialinstitut, wofür er wiederum eine Provision einstreicht. Dieser Rat ist nicht immer der beste, vor allem nicht für Unternehmen mit angespannter Liquidität. Denn die Leasingraten, die in der Regel über sieben Jahre bezahlt werden müssen, liegen meist höher als die Raten für einen ordentlich (also nicht über Kontokorrent) herausgereichten Anschaffungskredit. Außerdem muss unter Umständen nach Ende der Laufzeit des Leasingvertrags Geld zur Finanzierung des Restkaufwerts bereitgestellt werden, und dafür muss der Unternehmer zusätzliche Rücklagen bilden. So treibt die Entscheidung für die Leasing-Finanzierung das Verschuldungskarussell voran.

In einer solchen Situation fordern die Banker gerne weitere Besicherungselemente. Dann taucht die Frage nach der Forderungsabtretung auf. Damit ist gemeint, dass der Unternehmer zwar Rechnungen schreiben darf, das Geld aber eigentlich der Bank überwiesen werden müsste. Darauf verzichtet die Bank zunächst (andernfalls würde sie unter bestimmten Umständen direkt in die Geschäftsführung eingreifen, was spätere Haftungsansprüche begründen könnte), sondern sie überlässt das Geld großmütig dem Unternehmen, das damit auch weiter arbeitet.

Mit der Forderungsabtretung hat die Bank eine tödliche Waffe in der Hand. Denn wenn sie irgendwann einmal einem Kunden des Unternehmers gegenüber diese Ansprüche anmeldet – wozu sie spätestens dann berechtigt ist, wenn der Unternehmer mit seinen Verpflichtungen gegenüber dem Kreditinstitut in Rückstand gerät –, wird der Kunde auf diese Geschäftsbeziehung in der Regel verzichten. Er muss annehmen, dass sein Lieferant plötzlich ausfällt und er selbst dann nicht mehr störungsfrei produzieren kann. Oder dass er seine Vorschüsse abschreiben muss.

Bei der Erteilung umfangreicher Aufträge ist jeder Kunde gerne bereit, angemessene Abschlagszahlungen zum Beispiel für den Einkauf von Rohstoffen und Vorprodukten zu leisten. Je höher die Vorschüsse ausfallen, umso mehr neigt er dazu, bis zur Auslieferung der Ware Sicherheiten zu verlangen. Üblich sind Bankbürgschaften, die sicherstellen, dass der Auftraggeber seinen Vorschuss auch dann zurückerhält, wenn das Unternehmen aus irgendeinem Grund die vereinbarte Leistung nicht erbringen kann. Diese Bürgschaften heißen Avale und stellen faktisch einen neuen Kredit an den Unternehmer dar.

Da aber niemand davon ausgeht, dass der Unternehmer nach Erhalt der Anzahlung abtaucht oder das Unternehmen insolvent wird, gilt das Risiko, dass die Bürgschaft eingelöst wird, als eher gering. Eine korrekt arbeitende Bank wird einem stabilen Unternehmen daher ein Aval einrichten, das sie höchstens im Wert von 10 Prozent der Vorschusssumme besichert sehen möchte. Oder sie gewährt die Bürgschaft eben nicht und der Unternehmer muss sehen, wie er sich sonst mit dem Auftraggeber einigt.

Banken, die es darauf anlegen, ihre Kunden auszusaugen, lassen sich Sicherheiten bis zur vollen Höhe des Vorschusses geben. Meist verlangen diese Banken, die Summe auf ein Festgeldkonto einzuzahlen. Damit verkehrt sich der Sinn der Vorauszahlung in sein Gegenteil: Statt kostengünstig Vorprodukte einkaufen zu können, ist der Unternehmer erneut der Liquidität beraubt und sieht sich gezwungen, die Vorprodukte zu den Konditionen der Bank zu kaufen.

In dieser Phase greifen die Banken nicht selten direkt in die Geschäftsführung ein. So musste es eine Bauträgerfirma hinnehmen, dass eine Bank ihr einen bereits vertraglich vereinbarten und mit allen notwendigen Sicherheiten versehenen Kredit nur dann herauszureichen bereit war, wenn der Verkauf der mit diesem Geld erstellten Wohnungen ausschließlich durch die Immobilientochter der Bank erfolgte und die Bauarbeiten von einem Bauunternehmer durchgeführt wurden, den die Bank benannte. Niemanden wird es wundern, dass der von der Bank ins Geschäft gebrachte Bauunternehmer bankrott war (obwohl die Auskunft der Bank über ihn positiv war) und dass die Immobiliengesellschaft binnen dreier Jahre nur eine von den vier Wohnungen verkauft hatte.

Es gehört zur gängigen Praxis der Banken, die Risiken, die sie mit einem insolventen Kunden haben, auf einen noch leidlich solventen zu übertragen.

Wenn der Unternehmer aus lauter Überlastung wichtige Bereiche seiner Geschäftsführungsaufgaben delegiert, zum Beispiel die Kontrolle der Finanzflüsse, beginnen böswillige Banken, Chaos in die Konten der Firmen zu bringen. Sie profitieren von der Gewissheit, dass kein Steuerberater seinen Klienten auf rätselhafte Fehlbuchungen aufmerksam machen wird oder falsch angepasste Zinsen erkennt. So wiegt sich der Unternehmer in der trügerischen Sicherheit, dass alles in schönster Ordnung sei, da ihn ja weder Banker noch Steuerberater auf Fehlentwicklungen hinweisen. (Welche Missbrauchsmöglichkeiten sich den Banken hier eröffnen, das ist ausführlich in Teil 4 ab S. 239 dargestellt.)

Banken können exportabhängige Kunden mit einem einzigen Federstrich von ihren Märkten abschneiden. So passierte es einem

Unternehmer, dass seine Bank die Gebühren für die Bearbeitung von Akkreditiven von einem auf den anderen Tag verfünffachte und damit die Gewinnmarge der Exportgeschäfte empfindlich schmälerte. Mit einem Akkreditiv verspricht die Bank dem ausländischen Kunden, zu einem bestimmten Zeitpunkt oder beim Eintreten eines bestimmten Ereignisses eine vereinbarte Summe zu bezahlen. Wenn ein Unternehmer zum Beispiel eine Maschine in ein fernes Land liefert und mit seinem Kunden vereinbart, dass dieser die Maschine bezahlt, sobald sie auf dem Hof des Kunden eingetroffen ist, wird der Lieferant die Maschine nicht eigenhändig ausliefern, um das Geld vor Ort in Empfang zu nehmen, sondern eine Spedition damit beauftragen. Die Spedition schickt die Empfangsbestätigung dem Lieferanten zu, der das Papier bei seiner Bank einreicht, die sich daraufhin mit der Bank des Kunden in Verbindung setzt, die das Geld überweist. Es gibt vielerlei Akkreditive, die alle ein, wie es die Juristen nennen, »abstraktes Zahlungsversprechen« beinhalten. Die Bank des Lieferanten wie die des Kunden berechnen für ihre Bemühungen eine Gebühr, die der Unternehmer als Fixkosten in seine Kalkulation einfließen lässt. Eine plötzliche Verteuerung dieser Gebühren bringt die Planung des Lieferanten ins Wanken. Der Unternehmer, dem das passiert ist, und der fast ausschließlich für ausländische Kunden arbeitet und die notwendigen Vorprodukte meist importiert, unterstellt wohl nicht zu Unrecht dem Geldinstitut, dass es ihn als zu arbeitsintensiv gerne loswerden wollte.

*Wie entkommt man dieser Falle?* Zweifellos hat die Bank in diesem Spiel die besseren Karten, denn sobald sie den Kredit kündigt und diese Kündigung der Schufa meldet, läuft ein Automatismus ab, der eine Umschuldung bei anderen Kreditinstituten nahezu unmöglich macht. Nicht einmal staatliche Fördermittel können dann noch herausgereicht werden, weil es dazu ja der Zusammenarbeit mit einer Bank bedürfte.

Also versichern Sie sich sachkundigen Rats. Das ist nie der Steuerberater, das ist nicht einmal der Anwalt um die Ecke, selten der, mit dem der Unternehmer Mahnbescheide in die Welt setzt oder Verträge prüft. Das Bankrecht ist derart komplex, dass nur wirklich erfahrene Anwälte mit entsprechenden Mandaten betraut werden sollten (siehe S. 259 ff.). Es ist wichtig, den Anwalt frühzeitig einzuschalten. Die Banker sollen spüren, dass sie es nicht mit einem Wehrlosen zu tun zu haben. Ein guter Anwalt wird nicht gleich zur Klage raten, sondern durch Gespräche die Situation zu entspannen versuchen. Es geht ja auch darum, einem Banker die Angst zu nehmen, wegen eines Fehlers gleich an die Wand gestellt zu werden.

## 3. Der Sanierungsbetrug

Eine Firma in schwieriger finanzieller Lage ist noch längst kein Sanierungsfall. Aber irgendwann stellt sich möglicherweise doch die Frage, ob es Sinn macht, ständig am Rande des Möglichen zu operieren, oder ob der Unternehmer nicht versuchen sollte, mit fremder Hilfe in ruhigeres Fahrwasser zu gelangen. Aus eigener Kraft wird er es nicht mehr schaffen, weil seine Kreditrahmen maximal ausgereizt sind. Meistens sind auch die eigenen und die Immobilien der näheren Verwandtschaft bereits mit Zweit- und Drittgrundschulden belastet. »Schornsteinfinanzierung« nennen die Fachleute so etwas. Die Sicherheiten haben dann nur noch symbolischen Wert. Und doch muss irgendwo frisches Geld her.

Einmal angenommen, der Unternehmer produziert oder handelt in einem entwicklungsfähigen Markt mit einem marktgängigen Produkt, das Management ist in Ordnung und es stehen der guten Entwicklung nur zu hohe Finanzkosten entgegen – ist die Firma also sanierfähig, steht deren Rettung doch eigentlich nichts im Wege. Deshalb gibt es für solche Sanierungen auch öffentliche Mittel.

Gutwillige Banker beteiligen sich an diesem Sanierungsprozess, indem sie auf einen Teil ihrer Forderungen verzichten, wenngleich meist nur unter dem Vorbehalt eines Besserungsscheins. Damit verpflichtet sich der Unternehmer, falls es seiner Firma innerhalb einer bestimmten Zeit wesentlich besser geht, den Banken mehr zu zahlen als zunächst vereinbart. Solche Besserungsscheine können sehr detailliert auf die unterschiedlichsten Gesundungsphasen des Unternehmens abgestellt werden.

Ist eine Bank an der Sanierung eines Unternehmens wirklich interessiert, bemisst sie den Sanierungskredit am wirklichen Bedarf. Denn sonst kann sie sich ausrechnen, wann der Kunde erneut mit dem Rücken an der Wand steht.

Nun gibt es aber Banken, die ihren Kunden als Todfeinde gegenübertreten. Die nicht im Geringsten daran interessiert sind, ob Handelskammern und renommierte Unternehmensberater einer Firma eine gute Chance zum Überleben einräumen, wenn die Bank nur den Sanierungskredit herausreicht – sie schließen den Laden und verwerten, was sie greifen können. Diese Banken interessiert nicht einmal, dass die öffentliche Hand ihr Interesse am Weiterbestehen des Unternehmens bekundet, indem sie Bürgschaften und Zinssubventionen in Aussicht stellt.

Was es bedeutet, sich mit einer unwilligen Bank konfrontiert zu sehen, hat der Berliner Möbelhändler Manfred Hütter erlebt. Als sein Unternehmen in die Krise geriet, hatte er fest auf die bereits mündlich zugesicherten Kredite gesetzt und für die Neueröffnung seines Möbelhauses unter anderem bereits Zeitungsanzeigen und Werbespots geschaltet. Seine Hausbank wusste, dass der Unternehmer auf ihre Kreditzusage vertraut und hohe zusätzliche Kosten auf sich genommen hat, um die Sanierung durchzuführen. Zwei Wochen vor der Neueröffnung jedoch, als die Mitarbeiter bereits dabei waren, die Eröffnungsangebote in die Schaufenster zu rücken, zog die Bank ihre Zusage zurück. Da war Hütter ein ganzes Stück tiefer in den Schlamassel gerutscht, der Antrag auf Insolvenzeröffnung unvermeidlich. Nun muss er aufpassen, nicht sogar noch wegen Betrugs vor Gericht gestellt zu werden.

*Wie entkommt man dieser Falle?* Die meisten Unternehmer, denen so etwas widerfährt, geben in dieser Phase auf. Entweder fehlt ihnen die Kraft weiterzukämpfen oder das Geld, häufig beides. Zudem sind sie auch angeschlagen, weil Familie und Freunde sich von ihnen abgewandt haben. Dabei sind sie selbst in dieser Lage nicht hilflos.

Von nun an braucht der betroffene Unternehmer keine Rücksicht mehr zu nehmen, jetzt geht es um die Formulierung und die Durchsetzung von Schadensersatzansprüchen. Das wird kompliziert genug, weil der Unternehmer der Bank jetzt als Privatmann gegenübersteht. Die Ansprüche der Firma gegen die Bank hat der Insolvenzverwalter zu bewerten und durchzufechten, und der fährt nicht immer gern einen Konfrontationskurs, denn er ist der Gläubigerversammlung und damit auch der Bank verantwortlich.

Im Zusammenhang mit Schadensersatzansprüchen ist die Frage wichtig, ob die Bank nicht verpflichtet war, die Sanierung in irgendeiner Weise mitzutragen. Einflussreiche Bankrechtler bejahen das, wenn es sich um die Hausbank handelt, die in der Regel immer wieder für das Weiterleben des Unternehmens gesorgt habe, indem sie neue Kredite bewilligte. Vor allem wenn die Bank durch ungenehmigte und nicht durch Sicherheiten gedeckte Kontokorrentbelastungen in dem Unternehmer die Hoffnung erweckt hat, sie würde ihn auch weiter stützen, kann sie sich im Sanierungsfall nicht so einfach aus der Verantwortung stehlen. Erst recht nicht, wenn andere Banken bereit sind, die Risiken mitzutragen oder gar gänzlich zu übernehmen.

Der Unternehmer sollte auch sehr genau prüfen, ob die Banker nicht die Geschäftsführung seiner Firma übernommen oder wenigstens in wesentlichen Bereichen, etwa durch Beeinflussung der Rechnungsbegleichung, bestimmt haben. Auch in diesem Fall sehen die Juristen eine Pflicht der Bank, dem Unternehmen wenigstens noch eine letzte Chance zu geben – vorausgesetzt, es wird ein nachvollziehbarer Sanierungsplan vorgelegt. Nachvollziehbar muss er für eine neutrale Institution sein und nicht unbedingt für den Banker, dem die Branche, in der sich der Unternehmer bewegt, meistens fremd ist. So macht sich zum Beispiel ein Banker, der von Problemen in der Computerbranche gehört hat und daraus schließt, auch die angegliederten Dienstleistungsmärkte, wie das Brennen von CD-ROMs und DVDs, müssten in Schwierigkeiten geraten, die Sache zu einfach.

Vor allem aber muss die Bank ihre mündlichen Kreditzusagen einhalten. Denn Kreditvertrag ist Kreditvertrag, selbst wenn er nicht schriftlich formuliert wurde. Das Problem wird allerdings die Beweislage sein, daher ist die Einschaltung von Zeugen zu empfehlen (Lautstellen des Telefons, vorher den Banker informieren) oder das Versenden einer Gesprächsnotiz. Widerspricht der Banker der Behauptung, es sei ein Kredit zugesagt worden, nicht, hat er im Streitfall schlechte Karten. Aber Vorsicht: Der Unternehmer wird beweisen müssen, dass die Aktennotiz auch in der Bank eingetroffen ist, denn das Verschwinden wichtiger Dokumente ist bei Streitigkeiten mit Banken an der Tagesordnung. Daher sollte er am besten einen Dritten, idealerweise einen Anwalt mit dem Versenden der Aktennotiz betrauen. Weil der Unternehmer unter Umständen auch beweisen können muss, dass der Banker nicht geantwortet hat, empfiehlt es sich, die Korrespondenz mit der Bank vollständig über den Anwalt laufen zu lassen.

Wenn der Unternehmer im Vertrauen auf die Kreditzusage bereits neue Investitionen getätigt hat und beweisen kann, dass die Bank darüber informiert war, wird der Richter das Verhalten der Bank meist als stillschweigendes Einverständnis werten und die Rücknahme der Zusage als Vertragsbruch. Daraus leiten sich umfangreiche Schadensersatzansprüche ab – bis hin zur Verpflichtung der Bank, dem Unternehmer den Einkommens- und Vermögensverlust auszugleichen, den er vom Zeitpunkt des Firmenzusammenbruchs bis ans Lebensende hinnehmen muss. Die Anwälte freuen sich über solche Prozesse, bringen sie ihnen doch bei hohen Streitwerten und langer Dauer satte Honorare. Da darf sich glücklich schätzen, wer rechtzeitig eine zahlungsbereite Rechtschutzversicherung abgeschlossen hat.

Manchmal gelingt trotz heftiger Gegenwehr auch eine Sanierungsumschuldung. Dann entblöden sich einige Banker nicht, noch einmal heftig nachzutreten wie bei einem Unternehmer aus der Nähe von Stuttgart, dem seine ehemalige Bank zur Strafe für die Ablösung seiner Kredite noch eine Vorfälligkeitsentschädigung von 750 000 Euro abknöpfte – bei der Übertragung der Saldensummen von der alten auf die neue Bank. Er schreibt: »Somit bin ich fast nicht mehr liquide.«

## 4. Der Todesstoß

Eine gescheiterte Sanierung bedeutet für ein Unternehmen den Todesstoß. Aber selbst wenn es der Firma noch leidlich gut geht, wenn sie vielleicht gerade nur ins Wanken gekommen ist, weil ein Kunde verspätet zahlt oder insolvent geworden ist, zückt so mancher Banker den Dolch, obwohl Sanierungsmaßnahmen eigentlich nicht notwendig sind.

Zwei Hauptstrategien kennt der Banker, um den Exitus herbeizuführen. Bei der direkten Variante kündigt er ohne Umschweife die Kredite beziehungsweise friert die Überziehungslinien ein, was juristisch und faktisch auf das Gleiche herauskommt. Bei der indirekten Methode quält er Kunden und Lieferanten so lange, bis sie die Geschäftsbeziehung mit dem Unternehmer leid sind und sich zurückziehen.

Nachdem der Bundesgerichtshof es den Banken verboten hat, ihre Kunden stillschweigend ins Messer laufen zu lassen, wird der Unternehmer inzwischen wenigstens darüber unterrichtet, dass seine Überweisungen nicht mehr ausgeführt werden. Ein Grund dafür wird ihm allerdings oft nicht genannt, er ist auch nicht so recht einzusehen, hat sich doch die Situation der Firma nicht negativ verändert. Erst nach hartnäckigem Bohren erhält er, meistens mündlich, die Auskunft, man wolle die exorbitanten Überziehungen nicht mehr tolerieren, und ab sofort werde jede hereinkommende Summe ausschließlich zur Rückführung des Saldos verwendet. Somit ist der Unternehmer nicht mehr zahlungsfähig und verpflichtet, einen Insolvenzantrag zu stellen, wenn er sich nicht strafbar machen will.

Es kann aber auch sein, dass der Unternehmer aufgefordert wird, die Überziehung binnen weniger Tage auf die genehmigte Linie zurückzuführen, ansonsten man sich gezwungen sehe, die Sicherheiten zu verwerten. Da der Unternehmer dazu nur selten in der Lage ist, wird er auch in diesem Fall den Weg zur Insolvenzanmeldung gehen.

Dann gibt es noch die Variante, in der alle Kredite sofort, also binnen vier Wochen, zurückgefordert werden, da sonst die Grundpfandbriefe eingelöst werden. Auch das bedeutet natürlich den sofortigen Exitus.

Derartige Mitteilungen treffen den Unternehmer zwar nicht unbedingt unerwartet, aber doch unvorbereitet, weil er aufgrund der früheren Toleranz der Bank stets mit ihrer weiteren Kooperation rechnet. Und sofern in seinem privaten Vermögen, bei den Sicherheiten oder in der Firma kein extremer Werteverfall eingetreten ist, hat er auch keinen Grund, etwas anderes anzunehmen.

Bei der indirekten Methode, die auf das Zermürben der Kunden und Lieferanten zielt, weigert sich die Bank, Schecks und Lastschriften zu begleichen, und es werden die Zessionen offen gelegt. Damit alarmiert sie den Lieferanten, der künftig auf Vorkasse oder Inkasso per Nachnahme besteht. Er wird zudem die Preise drastisch anheben, weiß er doch die Situation seines Kunden richtig einzuschätzen.

Wegen der dramatischen Folgen einer solchen Maßnahme interpretieren Juristen das Nichtbezahlen von Schecks und Lastschriften als fristlose Kreditkündigung. Die darf aber selbst beim Kontokorrentkredit (der im Prinzip ja täglich fällig gestellt werden kann) nur dann erfolgen, wenn die Bank die Interessen des Unternehmers berücksichtigt hat. Somit muss die Bank, bevor sie zu einer solch einschneidenden Maßnahme greift, zunächst mit dem Kunden über Sanierungsmaßnahmen gesprochen oder ihn zumindest mehrfach abgemahnt haben.

Solange das Konto gedeckt ist – gleichgültig ob durch ein Guthaben oder innerhalb der genehmigten Kreditlinie –, muss die Bank Lastschriften ausführen. Sie darf sich unter Umständen sogar dann nicht weigern, Schecks und Lastschriften einzulösen, wenn das Konto weit über die Kreditlinie hinaus belastet ist – nämlich dann, wenn sich eine Art übliche Überziehung herauskristallisiert hat, die die Bank bisher jederzeit akzeptiert hat. Der Betrag, um den es geht, sollte allerdings den üblichen Rahmen nicht exorbitant überschreiten. Doch selbst in diesem Fall kann der Unternehmer eine Rückfrage des Bankers erwarten, schließlich könnte es ja sein, dass ein größerer Betrag in der Pipeline ist, der eine vorübergehende hohe Belastung rechtfertigt.

Häufig gehen die Banker bei den Kontenblockaden willkürlich vor und lassen manche Abbuchungen durchgehen, andere nicht. Zeiten größerer Toleranz wechseln sich ab mit Zeiten, in denen nicht ein Cent Mehrbelastung durchkommt. Das geschieht ohne jegliche Begründung und nachvollziehbaren logischen Zusammenhang. Manchmal lässt sich die Bank nach einem Gespräch mit dem Unternehmer auch gnädig stimmen und erlaubt, die Lastschrift noch einmal vorzulegen oder bietet eine Bezahlung per Überweisung an. Dieses Vorgehen zermürbt den Unternehmer und hält ihn von seinen eigentlichen Aufgaben ab. Solche Willkürakte schwächen die Position der Bank im Streitfall jedoch nachhaltig. Auch wenn sie beispielsweise Kredite mehrfach gekündigt, die Kündigung später aber wieder zurückgenommen hat, kann der Unternehmer davon ausgehen, dass die nächste Kündigung ebenfalls nur zum Schein erfolgt. Ernst nehmen, zum Beispiel als letzte Warnung, muss er die Kündigung schon – nur als letalen Stoß muss er sie nicht akzeptieren. In diesem Fall hat die Bank vor Gericht schlechte Karten.

Wenn die Bank das Ziel verfolgt, einer Firma den Hals umzudrehen, blockiert sie stets solche Schecks oder Lastschriften, die dem Unternehmen gefährlich werden können: Große Lieferanten stellen daraufhin möglicherweise die Zusammenarbeit ein, so dass der Unternehmer auf dem Trockenen sitzt. Das Finanzamt und die Sozialversicherungsträger dürfen Konten pfänden und von sich aus Insolvenzantrag stellen.

Die Offenlegung der Zessionen ist eine besonders wirksame Art der Kreditschädigung. Wenn die Bank die Kunden des Unternehmers darüber informiert, dass er seine Forderung an die Bank abgetreten hat und sie von jetzt an nur noch an die Bank zahlen dürfen, wird der Kunde natürlich nervös. Passiert das mit allen wichtigen Kunden, ist die Position des Unternehmers im Markt nachhaltig gestört. Aus diesen Störungen entwickeln sich leicht Liquiditätsprobleme, weil die Abnehmer häufig die Lage ausnutzen und die Zahlungsziele plötzlich nicht mehr beachten. Aus den Liquiditätsengpässen wiederum entsteht schnell eine Zahlungsunfähigkeit, die zur Insolvenzerklärung zwingt. Wenn die Bank die Zessionen also ohne zwingenden Grund offen legt, handelt sie, wie der Jurist sagt, »treuwidrig« und muss für die Folgen geradestehen.

*Wie entkommt man dieser Falle?* Es gibt für eine derartige Situation nur einen Rat: Vertrauen Sie sich einem wirklich kompetenten Anwalt an (siehe »Wo Sie Hilfe finden«, S. 266 ff., und die Adressenliste S. 304 ff.).

Unterlassen Sie jede Äußerung, die Ihnen später als Willensbekundung ausgelegt werden könnte, und verkneifen Sie sich jede Beleidigung, die Ihnen vielleicht auf der Zunge liegt.

Nehmen Sie zu jedem Gespräch Zeugen mit, und machen Sie hinterher eine Aktennotiz über den Verlauf und das Ergebnis des Gesprächs, die Sie Ihrem Gesprächspartner bei der Bank zuschicken.

Was Sie ohne anwaltliche Hilfe tun können: bei Bekannten und Verwandten zusätzliche Mittel auftreiben (vielleicht diese als stille Teilhaber aufnehmen) und – möglicherweise ist das nach der Insolvenzanmeldung die beste Lösung – die Vermarktung Ihrer Kompetenz unter neuem Namen vorbereiten. Achten Sie in diesem Fall darauf, sich die Verlustvorträge zu sichern, dabei ist der Steuerberater hilfreich. Aber nur dabei.

## 5. Leichenfledderei

Liegt die Firma erst einmal am Boden, geht es ans große Ausweiden. Da der Unternehmer in solchen Fällen mitsamt seiner Familie voll in der Haftung steckt, wird ihn die Bank auch in Anspruch nehmen wollen.

Jetzt ist wichtig, ob die Bank das Prinzip der Verhältnismäßigkeit beachtet: Zunächst soll sie aus dem Vermögen des Unternehmens befriedigt werden und erst danach aus dem privaten. Da muss man allerdings den Insolvenzverwalter zwingen, alle Forderungen auf ihre Berechtigung zu überprüfen, nicht nur die der Lieferanten. So wäre in jedem Fall zu klären, inwieweit sich die Bank eventuell durch Zinsmanipulationen oder ähnliche kriminelle Tricks bereichert hat und um welche Summe sich die Forderungen der Bank an das Unternehmen damit verringern. Sich hier durchzusetzen ist deshalb schwierig, weil das Insolvenzrecht erst seit kurzem in Kraft ist und es noch keine obergerichtlichen Leitlinien gibt und weil die Insolvenzverwalter sich systematisch kriminelles Handeln der Banker kaum vorstellen können.

Für den Unternehmer beginnt jetzt eine üble Zeit. In dem Bewusstsein, noch hohe Ansprüche gegen die Bank geltend machen zu können, wird er alles versuchen, entsprechende Prozesse in Gang zu setzen, allein – ihm fehlen die Mittel. Und Versuche, die Unternehmung in anderer Form wiederauferstehen zu lassen, enden meist in einer eher elenden Krebserei. Womöglich hat er sich obendrein wegen Insolvenz- und Konkursbetrugs vor dem Strafrichter zu verantworten – was ihm häufig die Banker durch eine Klage eingebrockt haben. Erst einmal verurteilt, wird es ihm noch schwerer fallen, die Ansprüche der Bank abzuwehren und seine eigenen Forderungen durchzusetzen.

So hat die Bank ihr Ziel erreicht – die Firma ist insolvent, der Unternehmer gelähmt und unterworfen. Jetzt muss sie zusehen, so viel wie möglich gutes Fleisch aus der Leiche herauszureißen. Dabei macht die Bank oft fulminante Gewinne, zum Beispiel über die Falschbewertung von Grundpfandrechten. Wenn die Schulden eines Unternehmers bei der Bank eine Viertelmillion Euro betragen, die Grundschuld aber in Höhe von einer halben Million eingetragen ist, spiegeln die Banker dem Finanzamt gerne vor, sie wären durch den Konkurs des Unternehmers um eine halbe Million ärmer geworden. Weil diese halbe Million vom Gewinn abgezogen und nicht zu 50 Prozent besteuert wird, macht das eine Steuerersparnis von einer Viertelmillion Euro. Damit sind die Schulden des Unternehmers durch die Steuerzahler abgedeckt. Wenn die Banker die zur Grundschuld gehörende Immobilie später für eine Viertelmillion versteigern, müssen sie von diesem Erlös zwar wieder 50 Prozent an Steuern abführen – aber ein Zusatzgewinn von 125 000 Euro ist ja auch nicht zu verachten. Das ist der Grund, warum die Banker es gerne sehen, wenn die Höhe der Grundschuld die Höhe des Kredits merklich übersteigt. Später, wenn die Insolvenz abgewickelt ist und der Unternehmer auf dem Rest der Schulden sitzen bleibt, interessiert es keinen Richter mehr, ob die Bank ihre Forderungen korrekt angegeben hat.

Derartige Steuertricksereien sind der Grund, warum die Banker so oft nicht an einer für den Unternehmer bestmöglichen Verwertung interessiert sind, sondern alles tun, um die Erträge so niedrig wie möglich zu halten. Mitunter spielen die Konkursverwalter das infame Spiel mit, indem sie wertvollen Warenbestand vergammeln lassen oder sogar Häuser verschandeln. So erging es einem Gastronomen im Westfälischen, der nach seinem Konkurs plötzlich wertvolle tiefgekühlte Rinderfilets im Abfallcontainer wiederfand und in dessen Hotel Handwerker plötzlich derart brutale Scheinrenovierungen durchführten, dass der Wertverlust daraus in die Hunderttausende geht. Groteskerweise nahm der Insolvenzverwalter das Geld für diese Verschandelungen aus der Konkursmasse.

Selbst wenn ein Unternehmer außer Schulden nichts mehr besitzt, saugen die Banker aus der Situation noch Honig: Sie schreiben die Restschuld ab und vermindern mit diesem Verlust ihre Steuerschuld noch einmal.

Manchmal setzen die Banker bereits bei der Finanzierung der Firmengründung auf Wertberichtigungseffekte: Wenn sie die Kinder eines Unternehmers, der bei ihnen tief in der Kreide steht, dazu überreden, die Firma zu übernehmen, können sie relativ sicher planen, wie lange sie die von vornherein verlorenen Alt- und Neukredite wertberichtigen und damit steuermindernd einsetzen können.

Bei fast allen Insolvenzfällen ist das Risiko der Bank auf mehrere Sicherheiten verteilt – Immobilien, Forderungen, Sparkonten, Aktiendepots, Fahrzeuge, Briefmarkensammlungen, Gemälde, Hausrat. Doch statt zuerst auf die Sparkonten zuzugreifen, dann auf die Wertpapiere (am besten natürlich dann, wenn der Kurs gut steht), danach auf Kunstsammlungen und Antiquitäten, wird sofort ein Versteigerungsvermerk in das Grundbuch eingetragen. Damit zerschlägt sich die Hoffnung des Schuldners und der Bürgen, so viel wie möglich aus der Immobilie herauszuholen. Denn jeder Kaufinteressent kann Einblick ins Grundbuch nehmen, und der Versteigerungsvermerk signalisiert ihm, dass er besser noch abwartet. Denn bei einiger Geduld kann er sich Hoffnung auf ein Schnäppchen machen. Beim ersten Versteigerungstermin darf die Bank den Zuschlag noch blockieren, wenn der Erlös unter sieben Zehntel des Verkehrswerts liegt, und der Schuldner darf sein Veto einlegen, wenn weniger als die Hälfte geboten wird. Beim zweiten Termin gilt dieses Limit aber nicht mehr, und so ist dem freien Fall nur noch eine Grenze gesetzt: die Sittenwidrigkeit. Sehr oft bieten denn auch die Banker oder deren Verwandte privat mit.

Nicht selten haben Schuldner den Verdacht, bei der Festsetzung des Verkehrswerts, zu dem ihre Immobilie zur Versteigerung angeboten wird, sei nicht alles mit rechten Dingen zugegangen. Jetzt ist ein Vorgang gerichtskundig geworden, bei dem selbst der Richter nicht umhin kam, von einem Verdacht auf Erstellung eines Gefälligkeitsgutachtens zu sprechen.

Eine Bank im Fränkischen hatte die Immobilie eines ihrer Kunden zur Zwangsversteigerung ausgeschrieben. Der Gutachter, der zugleich als Mitglied des Aufsichtsrats der Gläubigerbank fungierte, ermittelte für die Immobilie einen Verkehrswert von mageren 140 000 Euro. Der Schuldner wollte diese Einschätzung nicht gelten lassen und beauftragte einen zweiten Sachverständigen, der auf einen Verkehrswert von 380 000 Euro kam. Mit dieser Expertise fand er Gehör beim Vollstreckungsgericht, das zur Versteigerung einen Verkehrswert von immerhin 364 000 Euro zugrunde legte.

Als der Kunde diesen Fall publik machte, erwirkte der Gutachter der Bank einen Strafbefehl wegen übler Nachrede gegen ihn, wogegen er Widerspruch einlegte. Der Amtsrichter wies das Verlangen des Gutachters in einem bemerkenswerten Beschluss zurück. Darin zitiert der Richter zunächst das Vollstreckungsgericht:

> »Mit Recht weist der Schuldner … darauf hin, dass der Sachverständige … zugleich Mitglied des Aufsichtsrates der Gläubigerin [der Bank] … ist … und aus diesem Grund ernsthafte Besorgnis der Befangenheit besteht.«

Der Richter fasst es noch schärfer und nimmt dabei auch die Bank ins Visier:

> »Bei dem Verhalten des Sachverständigen … drängt sich dem Gericht der begründete Verdacht auf, dass der Gutachter … tatsächlich mit der zumindest stillschweigenden Billigung der Gläubigerin ein Gefälligkeitsgutachten erstellt hat.«

Dieses Vorgehen hat wohl auch bankinterne Gründe. Ein Kreditinstitut darf nämlich nur einen bestimmten Anteil seines Eigenkapitals als Darlehen herausreichen. Übernimmt eine Bank eine Immobilie im Verkehrswert von einer halben Million Euro zu 125 000 Euro, kann sie anschließend die Immobilie zum wahren Wert – eine halbe Million – als Eigenkapital geltend machen. Damit hat sie sich für 125 000 Euro zusätzliches Geschäftsvolumen geschaffen. Und falls sie sich mit den ausgeliehenen Krediten ein wenig übernommen haben sollte, weil sie zu viele wackelige Schuldner hat, hat sie das Verhältnis von Risikokrediten zu Eigenkapital etwas aufgebessert.

Deshalb sind viele Banker auch bereit, ein wenig zu bluffen. Nicht selten bieten sie ihren Schuldnern vor der Versteigerung an, die Immobilie ein wenig über dem zu erwartenden Ersteigerungserlös selbst zu übernehmen. Womit sie den Schuldner dramatisch übers Ohr hauen. Denn wenn eine Bank die Immobilie eines Schuldners aufgrund einer Versteigerung übernimmt, muss sie stets sieben Zehntel des Verkehrswerts anrechnen. Das heißt: Wie hoch auch immer der Zuschlag ausfällt, die Bank muss dem Gläubiger stets sieben Zehntel des Verkehrswertes erstatten, also von den Schulden bei ihr streichen.

Aber selbst wenn die Bank eine Frist setzt, innerhalb derer der Kunde seine Sicherheiten freihändig, also ohne Zwangsversteigerung, verwerten darf, und selbst wenn sie auf den Versteigerungsvermerk verzichtet, ist längst noch nicht sichergestellt, dass die Bank ein möglicherweise für den Unternehmer positives Ergebnis akzeptiert. Ihr nicht genehme Käufer kann sie nämlich ohne Angabe von näheren Gründen einfach ablehnen – und das Geschäft dann mit jemandem machen, von dem sie sich irgendwelche Vorteile erhofft.

Auch bei der Verwertung von Kunstsammlungen kommt es den Bankern nicht unbedingt darauf an, möglichst hohe Erlöse zu erzielen. So sah sich die Deutsche Bank im Jahr 1997 plötzlich vor die Aufgabe gestellt, sieben Bilder des Malers Georg Baselitz zu verwerten; wäre das fachgerecht, nämlich nach und nach geschehen, hätte der Erlös ausgereicht, die Schulden des Kreditnehmers weitgehend zu tilgen. Die Bank jedoch reichte alle sieben Bilder zur gleichzeitigen Versteigerung bei Christie's ein – und schaffte es auf diese Weise, statt möglicher 1,5 Millionen nur wenig mehr als eine halbe Million Euro herauszuholen.

Wenn der Unternehmer in dieser Phase nicht liebe Freunde hat, die ihm Geld zuschießen, steht er auf verlorenem Posten, weil er gar nicht mehr die Mittel hat, einen spezialisierten Anwalt zu beauftragen. Selbst den Versuch, Prozesskostenhilfe zu bekommen, durchkreuzen die Banken oft genug. Sie haben nämlich das Recht, den Antrag des Unternehmers zu kommentieren und selber Gegenanträge einzubringen, in denen sie dem Unternehmer kriminelle Machenschaften bei der Herbeiführung der Insolvenz unterstellen (daher auch oft die Anzeigen wegen Verschleppung des Insolvenzantrags) und den Richter auffordern, den Antrag auf Prozesskostenhilfe abzulehnen. Nur wenigen Geschädigten ist es bisher gelungen, ihren Anspruch auf Prozesskostenhilfe durchzusetzen.

*Wie entkommt man dieser Falle?* Der Unternehmer hat durchaus Chancen, sich gegen die Fledderei zu wehren. Er kann zum Beispiel Vollstreckungswiderklage erheben und dabei die Höhe der Forderung der Bank bezweifeln. Hat er seine Konten einmal überprüfen lassen, wird er häufig ausreichend Beweise für Manipulationen der Banker finden, die seine Position stärken. Er wird auch mit hoher Wahrscheinlichkeit Beweise für die Einmischung der Bank in die Geschäftsführung finden; damit ist die Bank mit in der Haftung für die aufgehäuften Schulden. Bankrechtlich versierte Anwälte prüfen zunächst, ob folgende typische Bankfehler vorliegen **(bitte beachten Sie, dass es sich nur um globale Hinweise handeln kann; da jeder Fall anders liegt, können hier nur Faustregeln wiedergegeben werden, die eine Rechtsberatung nicht ersetzen können):**

1. *Das Verlangen nach höherer Besicherung.* Oft ist die Übersicherung ja nur Teil der Strategie, den Unternehmer vollends in die Hand zu bekommen. Daher müssen Sicherheiten und Schuldenstand exakt geprüft werden. Insofern kann es lohnend sein, die wirklichen Wertansätze zum Beispiel einer Immobilie in Erfahrung zu bringen. Allerdings ist es gut möglich, dass die Bank sich weigert, die Fakten offen zu legen. Aber einen Versuch ist es immer wert.

   Vorsichtig sollte der Unternehmer sein, wenn seine Kredite durch Familienmitglieder verbürgt wurden, die über kein ausreichendes Einkommen oder Vermögen verfügen, um die Schulden jemals zurückzubezahlen. Diese Bürgschaften sind im Ernstfall wertlos, weil spätestens der Bundesgerichtshof die Sittenwidrigkeit dieser Bürgschaft feststellen würde. Der Bank gegenüber ist es jedoch klüger, nichts davon zu erwähnen, denn sonst könnte sie zu Recht auf weiteren Sicherheiten bestehen, die dann oft nicht beizubringen sind.

Es gilt auch zu prüfen, ob die Kredite in ihrer Gesamtheit nicht übersichert sind. Der Bundesgerichtshof hat dazu entschieden, dass eine Übersicherung und damit eine Knebelung des Kreditnehmers vorliegt, wenn der Kreditnehmer in seiner wirtschaftlichen Tätigkeit »übermäßig« eingeengt ist. Das setzt voraus, dass ihm keine freien Mittel zur eigenen Verfügung mehr bleiben oder ihm in anderer Weise die Möglichkeit zu wirtschaftlich selbstständigem Handeln genommen wird.

Für Forderungsabtretungen gilt die Faustregel, dass sie dann ungültig sind, wenn alle Forderungen »von A bis Z« (Anfangsbuchstabe der Kunden des Unternehmers) ausnahmslos abgetreten wurden. Inzwischen sind die Banken dazu übergegangen, sich beispielsweise Abtretungen von A bis Q gewähren zu lassen. Bestehen noch Abtretungserklärungen von A bis Z, kann es geschehen, dass die Bank eine neue Abtretung und zusätzliche Sicherheiten verlangt. Dagegen kann man sich wohl nur wehren, wenn eine generelle Übersicherung vorliegt.

Schwer hat es der Unternehmer, wenn behauptet wird, die wirtschaftliche Situation seiner Firma habe sich verschlechtert, und zur Begründung die sich abschwächende Branchenkonjunktur oder der zu steile Anstieg von Kapitalbedarf herangezogen wird. Ein wenig besser sieht es für ihn aus, wenn er beweisen kann, dass er sich dank erfolgreicher Akquisitionen (für die er allerdings viel Geld investieren musste, daher die enormen Kostensteigerungen) gerade mitten in einer Sonderkonjunktur befindet. Im Grunde stehen hier zwei Betrachtungsweisen gegeneinander: die harten Fakten der aktuellen finanziellen Belastung und die weichen Fakten der hochgerechneten Unternehmensentwicklung. Es geht also um Bewertungskriterien, die für den Banker relativ bindend sind, die den Unternehmer jedoch nicht interessieren dürfen. Handelt es sich um bösartige Banker, hilft oft nur der Hinweis auf die schadensersatzrelevanten Folgen einer Kündigung zur Unzeit.

2. *Die Kreditkündigung.* Trotz auf den ersten Blick eigentlich eindeutiger Vorschriften in den Allgemeinen Geschäftsbedingungen der Banken ist es diesen noch längst nicht erlaubt, selbst einen Kontokorrentkredit von heute auf morgen fällig zu stellen.

   Die Drohung, die Forderungsabtretung den Kunden zu offenbaren, »Offenlegung der Zession« heißt das in der Fachsprache, ist mit hoher Wahrscheinlichkeit gleichbedeutend mit einer Kreditschädigung. Legt ein Banker daher ohne Not Zessionen offen, macht er sich schadensersatzpflichtig.

   Gute Karten hat ein Unternehmer, wenn die Bank ihn unter Zeitdruck setzt: Sie muss Rücksicht gegenüber den Interessen ihrer Kunden walten lassen, das steht meist bereits in den Allgemeinen Geschäftsbedingungen. Das hat nicht nur Auswirkung auf die Fristen, innerhalb derer ein gekündigter Kredit zurückzuzahlen ist, sondern wirkt sich auch auf die Beschaffung von Unterlagen aus, die für eine Kreditentscheidung angefordert werden. Einen Unternehmer Freitagmittag mit der Forderung zu konfrontieren, bis Montagmittag einen neuen Bürgen zu präsentieren beziehungsweise die Rückstände auszugleichen – das geht nicht. Leider lassen sich immer noch viel zu viele Bankkunden durch solche Termine in Panik versetzen.
3. Nicht gut steht es für die Bank, wenn ihr *Eingriffe in die Geschäftsführung* nachzuweisen sind. Ein Banker, der seinem Kunden vorschreibt, mit dem letzten Geld lieber die Kreditrate zu bezahlen als einen Lieferanten, auf dessen Leistungen man gerade dringend angewiesen ist, führt das Unternehmen unter Umständen direkt in den Abgrund. Denn nach einer verzögerten Leistungsrate für die Bank ist diese noch längst nicht berechtigt, die Kredite zu kündigen. Der Lieferant jedoch darf ohne weiteres jeden Abnehmer von der Lieferliste streichen, wenn er nicht bezahlt.

   Als Eingriff in die Geschäftsführung wird es auch gewertet, wenn ein Banker vorgibt, wen der Unternehmer als Dienstleister beschäftigen oder mit Lieferungen beauftragen darf. Häufig werden dabei Risiken der Bank auf den Unternehmer verlagert – nach dem Motto: Soll sich doch der Lieferant schnell noch ein paar Mark verdienen, die uns zugute kommen, bevor wir ihn endgültig abschießen. Ein Regressanspruch lässt sich jedoch nur dann durchsetzen, wenn der Unternehmer beweisen kann, dass die Bank ihm eine Firma aufgepresst hat, von deren unvermeidlichem Niedergang sie wusste. Daher empfiehlt es sich, fleißig Protokolle und Aktennotizen über den Inhalt der entsprechenden Gespräche zu schreiben und der Bank zur Stellungnahme zuzuschicken. Am besten nimmt man Zeugen zum Gespräch mit.

4. Bei *Eingriffen in die Kontenführung,* das heißt wenn die Bank von sich aus Überweisungen verfügt (die später mit »laut telefonischer Absprache« legitimiert werden), gilt es, schon beim ersten Mal sofort zu reagieren. Denn wenn der Unternehmer dieser Praxis nicht sofort einen Riegel vorschiebt, kann sich die Bank später auf »stillschweigende Duldung« und »übliche Praxis« herausreden – selbst wenn der Banker Geld vom Konto stiehlt. Nun ist es manchmal recht praktisch, in der Hektik des Tagesgeschäfts Überweisungen per Zuruf zu tätigen. Erfahrene Anwälte raten deshalb zu einer eindeutigen, schriftlich fixierten Regelung: Ein telefonisch gegebener Auftrag soll erst dann als rechtsgültig gelten, wenn er von der Bank per Fax bestätigt und vom Unternehmer gegengezeichnet wird. Das erschwert Manipulationen.
5. *Falsche Zinsberechnungen, unkorrekte Zinsanpassung und Abzockerei über illegitime Wertstellungspraxis* ließ sich lange Zeit nur mühsam nachweisen. Jetzt gibt es ein Prüfprogramm, das auf jedem einigermaßen leistungsfähigen PC gefahren werden kann. Inzwischen etablieren sich auch Dienstleister, die sich dieses Programms bedienen und Rechtsanwälten und Steuerberatern zuarbeiten. Geschieht das im Rahmen eines von Gerichten angeforderten Gutachtens, werden die Kosten dafür die Banken bezahlen müssen, weil sie mit einiger Sicherheit die entsprechenden Prozesse verlieren werden.

6. *Die Gebührenschinderei* wird den Banken auch nicht mehr so leicht fallen wie bisher. Der Bundesgerichtshof reagiert allergisch auf alle Kosten, die Banker für Nichtleistungen in Anrechnung bringen.

All das sind Hilfsmittel bei der Durchsetzung von Einigungsstrategien. Es hilft dem Unternehmer in schwieriger Situation nichts, eine Kreditkündigung zu riskieren – sei sie nun berechtigt oder nicht. Es hilft ihm jedoch sehr, wenn er den Bankern im Gespräch klar machen kann, dass er weiß, in welcher Hinsicht die Bank im Streitfall auf wackeligem Boden steht.

Auf dieser Basis gelingt es immer wieder, den Banken auf die Krallen zu schlagen. Manchmal braucht man nur den richtigen Anwalt.

# 3. TEIL:

## Mängel und Missbrauch – Warum die Kunden so oft den Kürzeren ziehen

Der Bankkunde steht weitgehend auf verlorenem Posten. Das fängt schon damit an, dass er immer glaubt, es liege an ihm, wenn es Schwierigkeiten gibt mit seinem Gesparten oder seinen Krediten. Unprofessionelles, schlampiges oder gar böswilliges Verhalten des Bank»beamten« kann er sich nicht vorstellen. Das ist das Ergebnis einer jahrzehntelangen PR-Kampagne, die nahezu jeden Bürger von der unbestreitbaren Seriosität der Banken überzeugt hat. Demselben Irrglauben hängt jedoch nicht nur Otto Normalverbraucher an, sondern leider auch jene, die ihm eigentlich zur Seite stehen sollten: Richter und Politiker. Welche Strukturen diese Wirklichkeitsverzerrung ermöglichen, dieser Frage gehen die folgenden Kapitel nach:

- Im Kapitel »Geld und Justiz: Das blockierte Recht« geht es darum, mit welchen Strategien die Banker auf die Justiz Einfluss nehmen – bis hin zu den höchsten Richtern. Es erzählt aber auch von Richtern, die sich dem Einfluss widersetzen.
- Das Kapitel »Geld und Politik: Das Kartell der Macht« berichtet davon, wie sich Banken die wichtigsten Politiker verpflichten und wie diese Machtfülle zur Zerstörung des Mittelstandes führt.
- Unter der Überschrift »Das System: Eine Blankovollmacht für Inkompetenz« wird beschrieben, wie die Absicherung durch Justiz und Politik es den Bankern erlaubt, nahezu risikolos ihre Inkompetenz zu pflegen. Manche handeln gar, wie im Kapitel »Kriminelle Fälle: Die schlimmen Finger« beschrieben, offen kriminell.

- Ein Psychogramm der Banker, die ihren Kunden das Leben schwer machen, entsteht schließlich in dem Kapitel »Das Profil: Schnösel, Schlamper und Sadisten«.

# Geld und Justiz: Das blockierte Recht

Außer Vertrauensseligkeit hat sich keiner der in den Kapiteln zuvor vorgestellten Geschädigten irgendetwas gegenüber seiner Bank und seinen Beratern zuschulden kommen lassen. Dafür werden sie jetzt bitter bestraft. Sie haben nahezu keine Aussicht, zu ihrem Recht zu kommen und vollständig entschädigt zu werden, denn fast die gesamte juristische Szene steht gegen sie, die Richter eingeschlossen. Wenn sie nicht durch Zufall einen der wenigen wirklich qualifizierten Anwälte finden, der zudem bereit ist, sich für die Belange der Verbraucher einzusetzen, werden sie sich von Anwalt zu Anwalt schleppen, werden verzweifeln an der Untätigkeit der Staatsanwälte und schlussendlich resignieren. Selbst wenn sie sich der Hilfe eines auf Bankrecht spezialisierten Juristen versichern können, werden sie jahrelang auf ihr Recht warten und sich am Ende doch mit einem Vergleich zufrieden geben müssen. Das ist so die Regel seit Jahren.

Von den Bankgeschädigten, die ich 1993 in meinem Buch *Raubritter in Glaspalästen* vorgestellt habe, kämpfen fast alle auch zehn Jahre danach noch mit den Banken. Einer ist über dem Elend gestorben. Einem gelang es, die Bank zu einem Vergleich zu zwingen, nachdem die Akteneinsicht bei der Staatsanwaltschaft den Beweis für illegale Absprachen zwischen Finanzvermittler und Bank erbracht hatte. Es steht zu befürchten, dass keiner der Übrigen das zugesprochen erhält, was ihm zusteht. Weder die Bauunternehmerin, die im heldenhaften Kampf gegen die Sparkasse schließlich unterlegen ist, die Firma aufgeben musste und ihr gesamtes Vermögen verlor. Auch nicht der Großgärtner, den ein Supermarktkonzern hereingelegt hatte, woraufhin er in Schwierigkeiten geriet, die die Sparkasse nutzte, um die Hand auf seine wertvollen Grundstücke zu legen. Heute stehen dort, wo einst Weihnachtssterne gezüchtet wurden, lukrativ vermietete Wohnhäuser.

Das ist die bittere Wahrheit: Bankgeschädigte haben kaum

Chancen, mithilfe der Gerichte wieder Boden unter die Füße zu bekommen. Sie stehen einer unheiligen Allianz inkompetenter Anwälte, unfähiger Staatsanwälte und gleichfalls inkompetenter Richter gegenüber. Da liegt der Verdacht nahe, das alles folge einer bestechenden Logik: Angenommen zum Beispiel, die wohl dreihunderttausend überteuerten Wohnungen, die im Rahmen der Steuersparmodelle verkauft wurden, wären zu einem Durchschnittspreis von 75 000 Euro durch die Banken rückabzuwickeln, müssten diese dafür 22,5 Milliarden Euro bereitstellen. Plus Zinsen ergäbe das einen Aufwand von rund 30 Milliarden Euro. Da würden die meisten Banken, die an diesem Deal beteiligt waren, in arge Existenznöte geraten, und um den Ruf des Finanzplatzes Deutschland wäre es geschehen.

Neben einem Steuerausfall in Höhe von etwa der Hälfte dieses Betrages würde nicht nur Deutschland, sondern ganz Europa durch eine massive Währungsspekulation in ebenso chaotische Verhältnisse gestoßen, wie sie die Asean-Länder erlebt haben. Denn die Immobilienspekulation hierzulande, zu der sich hunderttausende Kleinanleger haben verführen lassen, steht der in den südostasiatischen Ländern nicht nach.

Oder man stelle sich vor, die Bankkunden würden beginnen, zu viel gezahlte Zinsen und zu Unrecht erhobene Gebühren zurückzufordern – und die Gerichte würden diese Forderungen für rechtens erklären. Da stehen nach neuesten Schätzungen 1 Billion Euro im Feuer. Oder wenn die Anleger gar das Geld zurückverlangten, das ihnen die Banken im Verlauf der Hysterie um die Aktien der New Economy abgeknöpft haben. Angesichts solcher Szenarien möchte man fast denen glauben, die behaupten, jede Regierung, gleich welcher Couleur, würde lieber das Elend von einer Million Menschen hinnehmen als die wirtschaftliche Rahmenordnung Europas aufs Spiel zu setzen. Es sind nicht die Geringsten unter den Juristen, die in vertraulicher Runde solche Vermutungen äußern. Anders, sagen sie, könne man sich die Abkehr der Obergerichte von verbraucherschützerischen Tendenzen nicht mehr erklären.

In diesem Zusammenhang hat Gerd Nobbe, der Vorsitzende

Richter am Bundesgerichtshof, einige interessante Aussagen gemacht. Nobbe ist Vorsitzender des XI. Senats, jener Kammer, der wir wichtige, die Verbraucherrechte stützende Entscheidungen verdanken. Die folgenden Passagen, in denen er deutlich macht, dass der BGH nicht nur nach Recht und Gesetz urteilt, sondern wohl auch die ökonomischen Folgen seiner Entscheidungen bedenkt, entnehmen wir seiner Rede zur Eröffnung des Instituts für Deutsches und Internationales Bank- und Kapitalmarktrecht an der Universität Leipzig:

> »Vor einigen Jahren stand der Bundesgerichtshof vor der Frage, ob er die in Gebäudeneuwertversicherungsverträgen enthaltene Klausel, dass die Neuwertversicherungssumme nur dann verlangt werden kann, wenn das durch Brand zerstörte Gebäude mehr oder weniger am alten Standort in gleicher Funktion wieder errichtet wird, noch hinnehmen oder aber als unangemessene Benachteiligung der Versicherungsnehmer ansehen solle. Ein in Versicherungssachen sehr erfahrener, allzu früh verstorbener Kollege soll damals in der Beratung gesagt haben, juristisch könne man eine solche den Versicherungsnehmer benachteiligende Klausel sicherlich mit den besten Argumenten verwerfen. Wenn man das tue, werde man demnächst auf dem Lande viele lustige kleine und große Rauchzeichen aufsteigen sehen. Zahlreiche Land- und Nebenerwerbslandwirte würden ihre unrentablen Hofgebäude oder Scheunen abfackeln, die Versicherungssumme kassieren und in andere Objekte gewinnbringend investieren. Denken Sie jetzt bitte nicht, welch fern liegende Erwägungen. In meiner Heimat, Westfalen, soll es vor gar nicht so langer Zeit den einen oder anderen ländlichen Gebäudebrandversicherungsverein auf Gegenseitigkeit mit folgendem Ritual gegeben haben: Nach der – natürlich im Winter stattfindenden – Jahreshauptversammlung, auf der Bilanz gezogen und die wirtschaftliche Situation des Vereins erörtert wurde, wurde im Hinterzimmer einer Gaststätte von maßgeblichen Kräften des Vereins ausgekungelt, welches Mitglied im laufenden Geschäftsjahr sei-

ne marode Scheune oder gar ein ganzes Hofgebäude warm abbrechen und auf Vereinskosten renovieren darf. Hätte der Versicherungsrechtssenat die danach nahe liegende Folge einer Verwerfung der Neuwertversicherungsklausel etwa nicht berücksichtigen sollen?

Für mich ist die Antwort völlig eindeutig. Ich möchte sogar noch einen Schritt weitergehen. Höchstrichterliche Rechtsfortbildung hat nicht nur ihre nahe liegenden Auswirkungen auf das Verhalten von Bürgern zu berücksichtigen und die ökonomischen Folgen abzuschätzen, sondern, wo dies möglich ist, zu gesunden volkswirtschaftlichen Verhältnissen beizutragen. Für mich hat diese Erwägung bei den beiden bekannten Entscheidungen des Bankrechtssenats vom 1. Juli 1997 zum Recht des Kreditnehmers zur vorzeitigen Rückzahlung eines Festkredits gegen Zahlung einer Vorfälligkeitsentschädigung eine gewisse Rolle gespielt. Ein solches Recht ist in Zeiten regional sehr unterschiedlich ausgeprägter Arbeitslosigkeit geeignet, die volkswirtschaftlich wünschenswerte Mobilität von Arbeitnehmern, die über belastetes Grundeigentum verfügen, dieses aber wegen Arbeitslosigkeit oder eines Wechsels des Arbeitsplatzes aus nachvollziehbaren Gründen nicht mehr halten können oder wollen, zu fördern. Den Banken und Sparkassen, denen die vorzeitige Rücknahme der Darlehensvaluta zugemutet wird und denen es auf Gewinne aus Zinsen ankommt, geschieht dadurch in meinen Augen kein Unrecht. Ihre wirtschaftlichen Nachteile in Form eines entgangenen Gewinns werden durch eine eher großzügig bemessene Vorfälligkeitsentschädigung ausgeglichen.«

In Sachen Vorfälligkeitsentschädigung hat das Gericht also zugunsten der Bankkunden entschieden und leichte Einbußen für die Banken für zumutbar gehalten. Aber wie ist es zum Beispiel bei der Behandlung der Steuersparmodelle, wo es um Milliarden geht? – Spielen auch dabei die ökonomischen Folgen eine entscheidende Rolle?

Fakt ist: Im Kampf gegen die Banken sind die Waffen noch ungleicher verteilt als beim Kampf David gegen Goliath. Die Juristen, die für alles eine elegante Floskel kennen, nennen das »strukturelles Ungleichgewicht«. Strukturelles Ungleichgewicht ist, wenn ein Kfz-Schlosser, der ein Gott ist an der Zündkerze, aber ein Nichts in rechtlichen Fragen, schon gar im Bankrecht, plötzlich einer Armada von Bankjuristen gegenübersteht, die den ganzen Tag über nichts anderes tun, als sich mit Zauberformeln wie »c.i.c« oder »nichtakzessorische fiduziarische Sicherheiten« die Zeit zu vertreiben. Und denen im Notfall nahezu der gesamte Lehrkörper aller rechtswissenschaftlichen Fakultäten deutscher Universitäten (die der Automechaniker immerhin mit seinen Steuern finanziert) für Gutachten zur Verfügung steht.

Im Bankrecht sind sogar die meisten Anwälte heillos überfordert, weil für die Gültigkeit eines einzigen Vertrags häufig mehrere Gesetze berücksichtigt werden müssen: die Vorschriften des Bürgerlichen Gesetzbuchs, das Gesetz über die Allgemeinen Geschäftsbedingungen, das Gesetz über Haustürgeschäfte, die Vorschriften über das Geschäftsgebaren der Makler und Notare, das Rechtsberatungsgesetz und, und, und ... – Das alles soll ein Laie durchschauen? Nach Meinung mancher Gerichte ja, wie die folgende groteske Entscheidung eines Landgerichts zeigt.

Es ging um eines dieser unsinnigen Steuersparmodelle. Der Richter differenzierte sehr genau zwischen gut und weniger gut ausgebildeten Geschädigten: »Es entspricht zwar der Rechtsprechung ..., dass gegenüber einem unerfahrenen Anleger dem Schädiger der Mitschuldenseinwand aus dem Gesichtspunkt von Treu und Glauben verwehrt ist, jedoch hätte hier die Klägerin als Betriebswirtin das umfangreiche Prospektmaterial sichten müssen, dabei die Widersprüche zwischen der Prospektmitteilung und den sonstigen Erklärungen der Beklagten erkennen müssen und deshalb gezielte Nachfragen stellen müssen.« Abgesehen von den sprachlichen Ungeschicklichkeiten ärgert der Mangel an Lebenserfahrung, der hinter dieser Aussage steckt, um nicht von Vorurteilen zu sprechen. Denn die Diplom-Betriebswirtin war in einem Hotel beschäftigt und hatte vor dem Kontakt mit dem Finanzvermittler solch hoch komplexe Verträge und Prospekte wie jene, mit denen sie hereingelegt wurde, wahrscheinlich noch nie prüfen und bewerten können. Sie befand sich bankrechtlich auf dem gleichen Wissensstand wie ein Arzt, ein Kfz-Schlosser oder eine Krankenschwester.

Um zu verstehen, wie es zu solch einer Verkennung der Wirklichkeit kommt, muss man die Zusammenhänge sehen zwischen Banken und Justiz. Das fängt schon an den Hochschulen an, mit Kooperationen zum Beispiel. Oder hoch dotierten Gutachteraufträgen. Professoren, die davon profitieren, werden sich ganz genau überlegen, ob sie bankenkritische Vorlesungen und Seminare anbieten. Nicht viel anders sieht es in den bankorientierten Fächern an den wirtschaftswissenschaftlichen Fakultäten aus, wie Volks- und Betriebswirtschaft, die ebenfalls von der Spendierfreude der Banker profitieren.

Wenn solcherart bereits indoktrinierte Studenten beginnen, sich mit der Fachliteratur zu befassen, werden sie wieder mehrheitlich mit systemkonformen Texten traktiert, das heißt mit Aufsätzen von Juristen, die aufseiten der Bank stehen. Diese Dominanz der Bankmeinung ist für die gesamte Rechtsprechung gefährlich, denn sobald eine Theorie dreimal in einer der großen Fachzeitschriften veröffentlicht ist, gilt sie gemeinhin als herrschende Meinung und beeinflusst die Rechtsprechung erheblich – auch außerhalb des Bankrechts. Denn was hier zum Beispiel zu Fragen des Vertragsrechts ausgebrütet wird, hat Auswirkungen auf alle Lebensbereiche. Der Einfluss der Banken erstreckt sich also nicht nur auf Fragen der Finanzierung und Geldanlage, sondern zieht viel weitere Kreise.

Nach der Referendarzeit, in der der junge Jurist nur unzureichend mit Problemen aus dem Bankrecht konfrontiert wird, entscheidet sich der ausgebildete Volljurist für eine Karriere als Staatsanwalt oder Richter. Für die hintersinnigen Überlegungen der Dogmatiker über Fragen des Schuldrechts hat er dann keine Zeit mehr. Was ihn drängt, sind täglich zwanzig zu bearbeitende Ermittlungsakten oder Zivilprozesse, die er bestrebt sein wird, schnellstens im Vergleich beizulegen, weil das seinen Zeitdurchschnitt für die Fallbearbeitung niedrig hält – bei der Beförderung ein wichtiges Kriterium. Vergleiche haben zudem den Vorteil, dass sie nicht bestritten werden. Wird ein Urteil dagegen in der nächsten Instanz auf den Prüfstand gestellt, könnten dabei ja Fehler ruchbar werden – und das beeinträchtigt die Karriere. Muss er aber doch einmal ein Urteil fällen, wird er darin nur selten der Rechtsauffassung von Minderheiten (wie zum Beispiel den anlegerorientierten Anwälten und Verbraucherorganisationen) folgen, sondern sich der herrschenden, also bankdominierten Meinung anschließen. Damit macht der Richter seine Urteile weitgehend berufungs- und revisionsfest – auch das ist wichtig für die Karriere.

Erschwerend kommt hinzu, dass es bei den Landgerichten nahezu nie und bei den Oberlandesgerichten nicht immer auf Bankrecht spezialisierte Kammern und Senate gibt. Anlegerorientierte Anwälte fragen sich, ob dieser Missstand nicht gewollt ist. Das Ergebnis dieser Strukturen ist jedenfalls eindeutig, wie unter anderem eine Anekdote belegt, die ein Anwalt gerne erzählt: Da halte er in der mündlichen Gerichtsverhandlung einen flammenden Vortrag über den Schaden, den eine Bank seinem Klienten angetan hat, belege auch sehr differenziert und mit höchstrichterlichen Kernsätzen gespickt die Gründe, warum die Bank schadensersatzpflichtig sei, da sehe ihn der Richter nachdenklich an, bemerke, dass das jetzt eine wirklich beeindruckende Einlassung sei, aber »dann sagt der: ›Wirtschaft ist eben schwer.‹ Da habe ich dem Klienten gesagt, dass wir jetzt unsere Sachen zusammenpacken, das Urteil abwarten und danach in die Berufung gehen. Bei solch einer Einstellung konnte für den Unternehmer nichts Gutes herauskommen.«

Kürzlich hat ein Mathematikprofessor den Streit mit einer Bank, bei dem es um die richtige Berechnung von Zinsen ging, verloren, weil der Richter die Methoden der Zinsrechnung nicht beherrschte und auch nicht lernen wollte. Dazu gibt es einen alten Juristenspruch: Judex non calculat – der Richter rechnet nicht.

Ähnliche Geschichten gibt es von den Staatsanwälten zu erzählen. Da stellt einer die Ermittlungen gegen eine Bank ein, weil er der Meinung ist, die jahrelange Falschberechnung von Zinsen – immerhin ging es um 125 000 Euro Schaden – sei nicht als Betrug oder Untreue zu werten. Sein Argument: reine Privatsache. Andererseits hatte derselbe Staatsanwalt aber monatelang ermittelt, als die Bank den Geschädigten wegen übler Nachrede verklagt hatte. Solche Einstellungsbeschlüsse belasten natürlich auch die Privatverfahren. Denn wenn ein Banker sich vor dem Richter aufbauen und feststellen kann, selbst der Staatsanwalt habe an der Sache nichts anrüchig gefunden, kann an dem Vorwurf der falsch berechneten Zinsen ja wohl nichts dran sein.

Die Willfährigkeit der Richter gegenüber den Bankern und deren Anwälten geht mitunter sogar so weit, dass nicht einmal prozessiert werden kann. Wenn nämlich der Geschädigte einen Antrag auf Gewährung von Prozesskostenhilfe stellt und die Anwälte der Bank dazu Stellung nehmen, fahren sie allerschwerstes Geschütz auf und schüchtern den bankrechtlich meist unerfahrenen Richter mit einem Schwall von Spitzfindigkeiten ein. Und sie diskriminieren den Geschädigten, indem sie von extrem hohen Privatentnahmen sprechen, im Klartext: Sie unterstellen, der Geschädigte habe in Saus und Braus gelebt und das Geld mit Wein, Weib, Gesang und Auto nur so aus dem Fenster geschmissen. Solche Diskriminierung hat Methode. So argumentieren die Anwälte gerne, wenn es um die Rolle der Bank beim Verkauf unsinniger Steuersparmodelle geht, der Kläger, mithin der Geschädigte, habe sich in ungewöhnlich leichtsinniger Weise in dieses Abenteuer gestürzt.

Und man kennt sich. Weil Richter und Staatsanwälte zu den Kreisen gehören, in denen sich auch die Banker bewegen, kommt schnell Korpsgeist auf, besonders wenn die Damen und Herren von der Justiz womöglich selbst mit der einen oder anderen Hypothek in der Kreide stehen.

Schließlich die Anwälte: Kaum einer von ihnen möchte auf die paar Mark aus der Prozesskostenhilfe angewiesen sein oder Honorare einklagen. Was sie sich wünschen, sind die lukrativen, stets gut und pünktlich bezahlten Mandate der Banken – und wer darauf hoffen darf, wird nicht gern gegen seinen Brötchengeber in die

Schranken steigen. Manche Anwälte sind gleichzeitig als Notar niedergelassen und beten jeden Morgen beim Aufstehen, die Vorsehung möge ihnen heute eine Bank bescheren, die sie mit der Beurkundung des Verkaufs einer möglichst teuren Immobilie betraut. So mancher, der sich auf einen Prozess gegen die Geldhäuser eingelassen und einen örtlichen Anwalt engagiert hat, musste schon feststellen, wie rasch dessen Engagement für seinen Fall nachlässt. Umso höher ist das Engagement jener Verbraucheranwälte einzuschätzen, die zunächst auf große Teile ihres Honorars verzichten, um erst nach gewonnenem Prozess oder erfolgreichem außergerichtlichem Vergleich den großen Rest einzufordern.

Die hohen Verfahrenskosten sind eine weitere Hürde. Wenn ein Geschädigter den Prozess verliert, ist seine Situation zwar auch nicht schlechter als vorher: pleite ist pleite, ein bisschen pleite gibt es nicht, das ist wie mit dem Schwangersein. Aber wenn die Pleite groß war, muss der Bankgeschädigte eine Menge Geld auf den Tresen des Gerichts legen: die Gerichtsgebühren, und zwar vorab, weil die Justiz sonst keine Akten anlegt. Wenn es um eine dieser Schrottimmobilien geht, die zum Beispiel einem bedauernswerten Chemielaboranten angedreht wurde und deren Erwerb nun rückabgewickelt werden soll, geht es schnell um Größenordnungen ab 100 000 Euro. Das kostet pro Instanz rund 2700 Euro. Zuzüglich Anwaltshonorare: Beim Landgericht sind das rund 5000 Euro, beim Oberlandesgericht, weil dort keine Beweiserhebung mehr erfolgt, »nur« rund 4000 Euro, und beim Bundesgerichtshof 6500 Euro. Und wer den Prozess verliert, muss obendrein den Anwalt der Bank bezahlen sowie die Gerichtsgebühren.

Angesichts dieser Verhältnisse fragen Verbraucheranwälte zu Recht, ob damit nicht das verfassungsmäßig garantierte rechtliche Gehör unterlaufen wird. Denn wer nicht rechtsschutzversichert ist und keine Prozesskostenhilfe ergattern kann, wird von keinem Richter dieser Republik angehört werden. Warum, fragen die Kritiker, steigt die Gebühr mit dem Streitwert? Muss das Gericht bei einem Schaden von einer Million so viel mehr tun als bei einem von 100 000 Euro? Sie berufen sich in ihrer Argumentation auf den

Europäischen Gerichtshof, der entschieden hat, dass derartige Gebühren einer Sondersteuer gleichkommen und daher in Europa verboten sind. Allerdings ging es dabei um die Praxis der Notare in Belgien, die bei der Beurkundung von Einträgen ins Handelsregister unterschiedlich hohe Gebühren einforderten. Das Urteil ist in seinem Tenor jedoch so gefasst, dass es durchaus auf Gerichtsgebühren allgemein (wie überhaupt auf alle Gebühren) angewendet werden kann. Die Bundesregierung, obwohl sozialdemokratisch geprägt, denkt jedoch nicht daran, hier soziale Gleichheit zu schaffen. Für solche Fälle, argumentiert sie, gibt es ja die Prozesskostenhilfe. Da beißt sich die Katze in den Schwanz.

*

Wir haben gelernt: Wie Gesetze und höchstrichterliche Urteile ausgelegt werden, ist stets abhängig vom Einzelfall und vom gesellschaftlichen Kontext. Geht es darum, das große Geld gegen existenzgefährdende Forderungen zu schützen, stehen die Richter gerne aufseiten der Banken. Kommt es doch einmal zu einem obergerichtlichen Rüffel, ducken sich die Bankjuristen zwar, machen dann aber doch meist weiter wie bisher. Vielleicht, so ihr Kalkül, zeigen sich die Richter beim nächsten Mal ja wieder zuvorkommender. Gut zu beobachten war das bei der Handhabung der Gebühren für Rücklastschriften und nicht eingelöste Schecks. Unter Rücklastschriftverfahren versteht ein Banker den Vorgang, wenn eine Lastschrift nicht eingelöst wird, weil auf dem Konto nicht genug Geld vorhanden ist. Bis zu einem entsprechenden Urteil des Bundesgerichtshofs war es übler Brauch, den Kunden, die offenkundig klamm waren, zur Strafe eine Gebühr aufzubrummen, im Schnitt 10 Mark (€ 5). Diese Gebühr wurde gleich zweimal fällig, weil beide Banken sie verlangten – die Bank desjenigen, dessen Lastschrift oder Scheck geplatzt war, und die Bank desjenigen, der seinem Geld nachtrauerte. Der konnte dann versuchen, von dem Verursacher des Malheurs diesen Betrag zurückzubekommen. Genauso war es mit von der Bank nicht eingelösten Schecks. Häufig buchten die Banken die Gebühr selbst dann ab, wenn sie Überweisungen nicht durchführten.

Das ging so lange gut, bis diese Praxis vom Bundesgerichtshof verboten wurde (Urteile: BGH vom 21. Oktober 1997, XI ZR 5/97 und XI ZR 296/96). Geklagt hatte die Verbraucherzentrale Düsseldorf, die sich viele Jahre lang bis zum obersten Gericht hochkämpfen musste, wo sie schließlich gewann. Die Richter stellten nämlich fest, dass keine Bank Geld für etwas verlangen kann, was sie nicht tut. Vor allem dann nicht, wenn sie lediglich das tut, was ihre Pflicht ist, nämlich ein Konto ordnungsgemäß führen. Eine nicht gedeckte Lastschrift zurückgehen zu lassen oder einen nicht gedeckten Scheck platzen zu lassen, sagten die Richter, sei eine Nebenpflicht des Kontokorrentvertrags. Hätte das Gericht anders geurteilt, so Beobachter, hätte der Bundesgerichtshof den Banken das Recht zugestanden, Schutzgelder einzutreiben wie die Mafia, die dafür Geld einfordert, dass sie ein Geschäft oder ein Lokal nicht zertrümmert.

Die Banken hat das mächtig gewurmt, ging ihnen damit doch eine schöne Einnahmequelle verloren. Sie kamen daher auf die Idee, die Gebühren einfach umzubenennen und sie zum Beispiel als Benachrichtigungsgebühr zu bezeichnen. Damit sollten die Kosten gedeckt werden, die ihnen vorgeblich bei der Benachrichtigung des Kontoinhabers entstanden – seltsamerweise handelte es sich meist um dieselben Beträge wie vorher. Das mochte sich die Verbraucherzentrale nicht bieten lassen, und so begann sie die Ochsentour durch die Gerichte erneut. Und wieder sagte der Bundesgerichtshof: Diese Gebühr sei unzulässig, da die Kosten der Benachrichtigung mit der Kontoführungsgebühr abgegolten seien (Urteil: BGH vom 13. Februar 2001, XI ZR 197/00). Die Richter äußerten sich ziemlich ungehalten über die Dreistigkeit der Banken.

Wer nun aber glaubt, jetzt dürfte niemand mehr mit Kosten für Rücklastschriften belästigt werden, täuscht sich. So einfach ist das nicht. Denn geklagt hatte ein Verbraucherschutzverein, der laut Auftrag und Satzung ausschließlich Privatleute vertritt. Und daher gilt dieser Beschluss eigentlich nur für Privatleute, wie im Urteil sogar noch besonders herausgehoben wurde. So kann ein klammer Unternehmer, dem ein Scheck platzt, den er auf das Firmenkonto ausgestellt hat, durchaus heute noch mit der Gebühr belastet werden. Anders ist die Lage nur, wenn ihm ein Scheck platzt, den er auf sein Privatkonto gezogen hat. Tatsächlich kamen ganz schlaue Banker bereits vor dem zweiten Urteil auf diesen Trichter und weigerten sich, die Gebühren zurückzuerstatten, wenn sie aus geschäftlichen Vorgängen stammten. Zur Ehrenrettung der Banken ist allerdings zu sagen, dass viele diesen Hickhack nicht mitmachten, und bereits nach dem ersten Spruch die Einziehung der Gebühr aufgegeben haben.

Inzwischen berichtet ein Betroffener von einem neuen Trick, die Gebühr doch noch zu erheben, und damit es sich richtig lohnt, kostet es nicht mehr 5 Euro, sondern gleich 35 Euro: Die Bank kauft dem Gläubiger die Forderung ab und überweist ihm den Betrag, um den es geht. Gleichzeitig belastet sie das Konto des Kunden mit der Summe zuzüglich der Gebühr, wissend, dass sie schon irgendwie an das Geld herankommen wird. Da sich manche Banken nicht scheuen, das Rücklastverfahren schon wegen 5 Euro in Gang zu setzen, bieten sich hier astronomische Gewinnmargen.

Die Umgehung und Verweigerung geltenden Rechts ist im Bankalltag die Regel. Begünstigt wird das durch das Fehlen eines eindeutigen Bankrechts. Abgesehen von einigen Spezialgesetzen, stehen den Juristen nur jene Paragraphen zur Verfügung, die im Bürgerlichen Gesetzbuch die Beziehungen von Vertragspartnern regeln sowie das Gesetz über die Allgemeinen Geschäftsbedingungen. Diese Normen sind sehr abstrakt gefasst und lassen, je nach politischer und gesellschaftlicher Prägung der Richter, einen weiten Spielraum für widersprüchliche Interpretationen.

Zur Zeit haben wieder einmal jene die Oberhand, die die Vertragsfreiheit auf keinen Fall ausgehöhlt sehen wollen. Das heißt: Jeder hat das Recht, sich so tief ins Unglück zu stürzen, wie er »will«. Der Staat ist nicht befugt, ihn daran zu hindern. Wer komplizierte Verträge nicht versteht, darf sich eben nicht darauf einlassen. Nur wenn die schädigende Partei es zu wild treibt, muss ihr Einhalt geboten werden. Und welche Mutwilligkeit der Banken ein Richter als zu wild erachtet, liegt ganz in seinem Ermessen. Deshalb fühlen sich die Banken auch ermuntert, bei für sie ungünstigen Entscheidungen auf jeden Fall in die Berufung beziehungsweise Revision zu gehen.

Wenn den meist finanziell schlecht gepolsterten Geschädigten dann die Luft ausgeht, erledigt sich die Sache von selbst. Wenn sie durchhalten, kann die Bank mit guten Erfolgschancen darauf hoffen, auf einen Richter zu treffen, der die puristische, kundenfeindliche Linie vertritt. Sollte es wider Erwarten ungünstig für die Bank laufen, lässt sich immer noch ein billiger Vergleich aushandeln.

Die Banken sehen sich in der Regel auch nicht veranlasst, aus gegen sie ergangenen Grundsatzurteilen eine Verhaltensänderung abzuleiten oder gar jene, die sie geschädigt haben, die aber nicht gegen sie klagen konnten oder wollten, freiwillig zu entschädigen. Der Kunde könne ja klagen, heißt es. Er werde schon sehen, was er davon hat. Bis es so weit ist, nimmt sich so mancher Bankangestellte das Recht heraus, die fragwürdigen Ansprüche seines Arbeitgebers durchzusetzen – mit der Versteigerung der Sicherheiten oder auch mit Taschenpfändungen.

So kommt es, dass im Bankrecht für den Verbraucher praktisch kein Raum bleibt. Kritiker beklagen, dass hier höchstrichterlich sanktioniertes Faustrecht herrscht und die Leibeigenschaft zur Regel geworden ist.

Das Nachsehen haben vor allem die besser Ausgebildeten, aber auch all jene »kleinen« Gewerbetreibenden, die sich keine hoch spezialisierten Anwälte leisten können. Hinter ihnen steht keine geballte Kompetenz und keine Lobby, wie bei den Verbrauchern, die in grundsätzlichen Fragen, wie das Beispiel mit den Rücklastschriften zeigt, durch die Verbraucherzentralen vertreten sind. Die sind auch befugt, sich selbst wegen läppischer 5 Euro bis zum Bundesgerichtshof hoch zu klagen. Inzwischen dürfen sie sogar Sammelklagen erheben, also gleichartige Fälle in einem einzigen Verfahren zusammenfassen. Streitet ein Unternehmen um 5 Euro, ist schon beim Landgericht Schluss, in anderen Fällen, bis zu einer Streitwertgrenze von 30000 Euro, beim Oberlandesgericht. Zu wirklich bahnbrechenden Entscheidungen kommt es hier also selten.

Im Prinzip hätten allerdings auch die Handwerkskammern sowie die Industrie- und Handelskammern (IHK) das Recht, ihrerseits Grundlagenprozesse zu führen – sie tun es nur nicht. Eine offizielle Begründung dafür gibt es nicht. Eine inoffizielle schon: In den IHKs sitzen auch die Banken und haben dort Stimmrecht. Und die Oberen in den Handwerkskammern möchten es sich mit den Banken nicht verderben, werden die Kammern doch von den Banken, zumindest von den Sparkassen und Genossenschaftsbanken, immer wieder mit Freundlichkeiten bedacht, zum Beispiel mit der Einladung, die Jahresversammlung in den Räumen der Bank durchzuführen, kostenloses Büfett eingeschlossen. Zudem haben die Handwerksobermeister häufig Sitz und Stimme in den Aufsichtsräten der Genossenschaftsbanken, auch der Sparkassen. Das verbilligt schon einmal die Kredite, schafft Beziehungen und bringt Sitzungsgelder. Und gegen den eigenen Wohltäter zu prozessieren, dazu fehlt den IHK- und Handwerkskammer-Oberen meist die menschliche Größe.

Für einen Richter am Landgericht ist es schwer, sich in diesem Wirrwarr unterschiedlicher Grundsätze und Interessen zurechtzufinden. Zumal wenn auch noch politische Motive in die Prozessführung hineinspielen, weil die Sparkassen und die Volksbanken über ihre Verbindungen zu den regionalen Würdenträgern Einfluss auf die Politik vor Ort nehmen. Ein Bürgermeister, der als Verwaltungsratschef und Vorsitzender des Kreditausschusses der örtlichen Sparkasse deren Fehlverhalten mit verschuldet, weil er seiner Kontrollfunktion nicht nachgekommen ist, wird natürlich alle Hebel in Bewegung setzen, um die Staatsanwaltschaft von der Verfolgung strafwürdiger Manipulationen in »seinem« Institut abzubringen. Und der Arm eines Bürgermeisters reicht in der Regel weit, die indirekte Beeinflussung von Richtern und Staatsanwälten ist für ihn ein Kinderspiel. Der indirekten politischen Einflussnahme der Banken widmen wir uns ausführlich im folgenden Kapitel (siehe S. 195 ff.). Bleiben wir zunächst bei der direkten Einflussnahme auf die Rechtsprechung. Manche Banken treiben es sehr unverhohlen mit den Juristen: So musste sich ein Richter am Oberlandesgericht Frankfurt (Main) in einem Bankrechtsverfahren für befangen erklären, weil er im Aufsichtsrat einer Großbank saß.

Meist gehen die Banken aber weniger dreist vor. Verbindungen und Verbindlichkeiten lassen sich hervorragend bei jenen Veranstaltungen pflegen, in denen die Banken sich selber feiern: bei den Verbandstagungen etwa, auf denen sie Mitarbeiter ausbilden und motivieren oder die juristische Entwicklung besprechen. Zu diesen Tagungen werden gerne hochrangige Richter eingeladen, die dort – gegen erkleckliches Honorar, versteht sich – Referate halten. Aber es geht auch indirekter: So manche Veranstaltung, die juristische Fachverlage zum Bankrecht ausrichten, wird von den Banken gesponsert. Die Oberrichter können sich dann leicht vorstellen, aus welchen Kassen ihre Honorare mit bezahlt werden.

Allerdings: Wo Schatten ist, da ist auch Licht. Die Anwälte spüren, dass hier und da eine Richterschaft nachwächst, die nicht mehr bereit ist, so einfach nachzuplappern, was die Obersten vorzeichnen. Es mag für die, die hier und heute vor den Trümmern ihrer Existenz stehen, nur ein kleiner Trost sein, aber die Anwälte, die täglich an der Front gegen die Allmacht der Banken kämpfen, rechnen damit, dass dieses frische Lüftchen sich in zehn Jahren zu einem frischen Wind und in weiteren fünf Jahren zu einer stabilen Großwetterlage entwickelt haben wird. Es ist nur eine Frage der Zeit, bis diese jungen Pragmatiker den Bundesgerichtshof erobert haben.

Ein Beispiel, wie diese Richter denken, sei hier in voller Länge zitiert, weil es wirklich Hoffnung gibt. Es handelt sich um den Fall der Heidemarie Potthoff, mit dem ich mein Buch *Raubritter in Glaspalästen* begonnen habe. Frau Potthoff kämpfte im Jahr 2000, als das folgende Urteil erging, bereits seit Jahrzehnten mit der Sparkasse Burscheid, die mittlerweile mit der Kreissparkasse Köln fusioniert ist. Seltsam, dass die Kreissparkasse Köln, die sich so viel darauf zugute hält, den Mittelstand in jeder nur erdenklichen Weise zu unterstützen, sich so schwer tut, mit der inzwischen gänzlich verarmten Frau Potthoff eine Einigung herbeizuführen. Dass der damalige Vorstandsvorsitzende der Sparkasse Burscheid jetzt im Vorstand der Kreissparkasse Köln unter anderem die Rechtsabteilung kontrolliert, wird damit ja sicher nichts zu tun haben. Hier also der Text, dem man deutlich anmerkt, wie der Richter Jäger sowie die Richterinnen Calibe und Wester vom Oberlandesgericht Köln über das Verhalten der Stadtsparkasse denken:

»Die zulässige Beschwerde der Antragstellerin hat in Höhe eines Teilbetrages von 500 000,00 DM Erfolg. Vorauszuschicken ist, dass angesichts der Komplexität des Sachverhalts, der eine Vielzahl von juristischen, speziell bank- und finanzierungsrechtlichen Problemen beinhaltet, es für einen juristischen Laien wie die Antragstellerin als nahezu ausgeschlossen angesehen werden muss, die Anspruchsvoraussetzungen im Einzelnen detailliert und geordnet darzustellen. Da es Prozesskostenhilfe für das Prozesskostenhilfebewilligungsverfahren nach herrschender Ansicht nicht gibt (...), werden Antragsteller grundsätzlich auf das Beratungshilfeverfahren verwiesen. Der konkrete Fall kann jedoch (...) Anlass geben, von diesem Grundsatz abzuweichen. Es ist nach Überzeugung des Senats ausgeschlossen, dass der Antragstellerin im Beratungshilfeverfahren die rechtliche Beratung zuteil werden kann, die sie braucht, um ihren Klageentwurf in die für eine Erfolgsaussicht ausreichende Form zu kleiden. Angesichts der im Beratungshilfeverfahren dem Anwalt gezahlten Gebühren (§ 132 BRAGO) ist es keinem Anwalt zuzumuten, sich in diesen umfassenden Sachverhalt, der letztlich einer Begutachtung durch einen nicht nur rechtlich, sondern vor allem auch wirtschaftlich erfahrenen Fachmann bedarf, einzuarbeiten.

Diese Umstände dürfen nach Ansicht des Senats nicht zu einer Benachteiligung der Antragstellerin führen. Vielmehr muss man dies in Rechnung stellen bei der Prüfung der Schlüssigkeit des Vorbringens der Antragstellerin und damit der Erfolgsaussicht der beabsichtigten Rechtsverfolgung.

Auch der Senat sieht sich außerstande, das komplexe Finanzierungsgebilde in allen Einzelheiten nachzuvollziehen. Schlüssig im Sinne einer positiven Vertragsverletzung des Bankvertrages durch die Beklagte ist aber jedenfalls der von der Beklagten nicht angegriffene Vortrag der Antragstellerin zu den Vorgängen bei der Teilfinanzierung des Bauvorhabens durch einen Bausparvertrag bei der LBS. Diese Finanzierung erfolgte – unwidersprochen – auf einen entsprechenden Vorschlag der Sparkasse Burscheid. Ein solcher Finanzierungsvorschlag ist bei fehlendem Eigenkapital und zugleich hohen Kontokorrentzinsen eine der denkbar ungünstigsten Finanzierungsmöglichkeiten, die der Antragstellerin in dieser Situation empfohlen werden konnte (circa 21 Prozent Zinsen auf 250 000 DM in eineinhalb Jahren!). Diese Finanzierung führte zu einer nicht unerheblichen Steigerung der zu finanzierenden Baukosten.

Ebenso schlüssig ist nach Ansicht des Senats der Vortrag der Antragstellerin zu der verzögerlichen Umstellung des Kontokorrentkredits in Höhe von circa 700 000 DM auf ein zinsgünstigeres Darlehen. Hier war es die Pflicht der Sparkasse Burscheid, die Antragstellerin auch bei noch nicht absehbarem endgültigen Finanzierungsbedarf auf die Möglichkeit der Teilfinanzierung durch zinsgünstigere Darlehen zu verweisen. Zwar behauptet die Beklagte, dies sei erfolgt – hierzu bedarf es eventuell einer Beweisaufnahme. Schlüssig ist der Vortrag für eine positive Vertragsverletzung des Bankvertrages aber auch insoweit.

Zudem hat die Antragstellerin vorgetragen, bereits frühzeitig die Veräußerung der Immobilie ›Floßwiese‹ angeboten zu haben, um durch Eigenkapitaleinsatz die Darlehenslast und vor allem die Finanzierungskosten zu vermindern. Sollte die Sparkasse Burscheid hierauf nicht eingegangen sein, wie die Antragstellerin – jedenfalls was den Zeitpunkt angelangt – unwidersprochen vorgetragen hat, liegt auch hierin eine Pflichtverletzung der Beklagten.

Als schlüssig im Sinne einer Schadensverursachung durch die Sparkasse Burscheid ist schließlich auch der Vortrag der Antragstellerin anzusehen, dass das Bauvorhaben ›Industriestraße‹ sich im Rahmen der geplanten Finanzierung gehalten habe und nur die Finanzierungskosten, deren Höhe, wie dargelegt, teilweise auf einer pflichtwidrigen Beratung durch die Beklagte beruhten, die Verteuerung des Bauvorhabens verursacht hätten. Soweit die Beklagte diesem Vorbringen mit der Behauptung entgegentritt, von der Antragstellerin geforderter unverhältnismäßiger Luxus bei der Errichtung dieser Immobilie sei Ursache für die Steigerung der Baukosten um circa 700 000 DM, ist dieser Vortrag unsubstantiiert. Die Beklagte hat diese Behauptung durch nichts präzisiert beziehungsweise belegt, obwohl ihr sämtliche Einzelheiten dieses Bauvorhabens bekannt sind. Dieses Verhalten der Beklagten wertet der Senat als weiteres Indiz dafür, dass insbesondere der Anstieg der Finanzierungskosten, der nach oben Gesagtem jedenfalls in nicht zu vernachlässigendem Umfang auf einem Fehlverhalten der Beklagten beruht, zu der Verteuerung des Objekts geführt hat.

Sollte sich allein dieser bislang vom Senat als schlüssig gewertete Vortrag der Antragstellerin im Rechtsstreit als zutreffend herausstellen und der Beklagten somit ein Fehlverhalten nachgewiesen werden, ist es zudem nach Ansicht des Senats nicht ausgeschlossen, dass auch die finanzielle Schieflage der Firmengruppe Potthoff, die letztlich zu ihrem Zusammenbruch geführt hat, von der Beklagten jedenfalls mitverursacht worden ist, so dass auch hinsichtlich der von der Antragstellerin geltend gemachten Folgeschäden ein Anspruch begründet sein könnte. Da dies nicht ausgeschlossen werden kann, der Senat sich aber bei dem derzeitigen Stand des Verfahrens nicht in der Lage sieht, dies abschließend zu beurteilen, hält er die Rechtsverfolgung derzeit jedenfalls in Höhe eines Betrages von 500 000 DM für erfolgversprechend.

Da die Antragstellerin angesichts ihrer Schuldenlast bedürftig im Sinne des § 114 ZPO ist, war ihr daher in dieser Höhe

Prozesskostenhilfe zu bewilligen. Die Entscheidung ergeht gebührenfrei; Kosten werden nicht erstattet.«

Solche deutlichen Worte wecken Hoffnung.

*

Noch vor der Rechtsprechung sollten eigentlich andere Institutionen über die ordnungsgemäße Abwicklung der Bankgeschäfte wachen: die Revisionsabteilungen der Banken und deren Verbände und das Bundesaufsichtsamt für das Kreditwesen. Darüber, was die bankinternen Revisionsabteilungen treiben (oder auch nicht), mag sich der Beobachter jedoch nur wundern. Angesichts der Tatsache, dass unsaubere Bankgeschäfte über kurz oder lang immer die Existenz der Bank gefährden, weil zu viele notleidende Kredite gegen die einschlägigen Gesetze verstoßen – was schlimmstenfalls die Schließung der Bank zur Folge haben kann, häufig aber auch zu Fusionen führt, die alle Beteiligten sehr viel Geld kosten –, müsste die Revision doch daran interessiert sein, Missstände früh aufzudecken und, wenn die Chefs anders nicht wachzurütteln sind, diese in die Öffentlichkeit oder vor Gericht zu zerren.

Das geschieht aber offensichtlich nicht. Zwar landen ab und zu einmal ein paar Banker, die sich an Kundengeldern vergriffen haben, vor dem Strafrichter, aber in der Regel bleiben gravierende Affären so lange unter Verschluss, bis sie wirklich nicht mehr geheim zu halten sind. Meist kommt es nicht einmal dann zu Prozessen gegen die Verantwortlichen; und wenn doch, werden diese freigesprochen. Die Revisionsabteilungen der Banken sehen sich auch offenbar nicht in der Pflicht, kundenfeindliches Verhalten zu unterbinden. Eher sanktionieren sie es, wenn sich zu viele »faule« Kredite angesammelt haben: Dann drängen sie auf Liquidierung, was prompt geschieht.

Bei den Sparkassen und Raiffeisenbanken gibt es, über die interne Revision hinaus, eine Verbandsrevision, die weitgehende Eingriffsbefugnisse hat. Allerdings stellen auch diese Prüfer sich schnell als zahnlose Tiger heraus, weil die von ihnen vor Ort festgestellten Missstände nur selten zu Konsequenzen führen. Der Grund ist ebenso menschlich wie einfach: Aus dem Kreis der Verbandsprüfer rekrutieren sich nicht selten die zukünftigen Sparkassen- und Volksbank-Chefs. In der geschmiert laufenden Konsensgesellschaft der Kollegen möchten sie nicht als Störenfriede auftreten, denn wenn sie den Vorstandsposten erst einmal ergattert haben, könnte sich ja sonst ein früher kritisierter Kollege in Mobbing üben. Also: Wer hofft, ein paar preußisch gesinnte Exekutoren aus den Verbänden würden eine verrottete Kreditabteilung mit Schimpf und Schande davonjagen, auf dass wieder Friede herrsche zwischen Kreditgeber und -nehmer, der träumt einen schönen Traum. Mit der Realität hat das nichts zu tun.

Nun setzen viele Bankgeschädigte auf die Bundesanstalt für Finanzdienstleistungsaufsicht, das einstige Bundesaufsichtsamt für das Kreditwesen. Früher versprach der Behördenname mehr, als die Beamten halten konnten, zumal die Aufseher heillos überlastet waren, denn der Finanzminister hielt das Amt ausstattungs- und personalmäßig am besonders kurzen Zügel. Die Beamten dort fühlten sich auch eher für die Kontrolle der Zahlungsfähigkeit der Banken zuständig als für Verbraucherbeschwerden. Jetzt aber, nach der Zusammenlegung der Bundesaufsichtsämter für das Kredit- und das Versicherungswesen gibt es in der neuen Bundesanstalt die Abteilung Q 23. Die ist ausschließlich für Beschwerden da, erwartet aber substantiierte Fallbeschreibungen und zweifelsfreie Dokumente.

# Geld und Politik: Das Kartell der Macht

Wenn die großen Kinder miteinander spielen, haben die Kleinen nichts zu melden. Sie werden erst dann in den Sandkasten gelassen, wenn die Stärkeren schon hineingepinkelt und sich andere Spielwiesen gesucht haben. So ist das nun mal im Leben. Nur wenn sich die Großen in die Haare geraten und ihre Positionskämpfe austragen, bleibt den Kleinen die Schadenfreude beim Zugucken, auch wenn sie nichts davon haben, denn Pack schlägt sich, und Pack verträgt sich.

Um einen dieser eher folkloristisch angehauchten Hahnenkämpfe handelte es sich wohl auch, als in Frankfurt am Main die Stadtoberen und die Chefs der Deutschen Bank aneinander gerieten. Während die beamteten Stadtplaner über der Frage brüteten, was mit einem wertvollen Grundstück gleich neben Hauptbahnhof und Messe geschehen sollte, das zwar noch der Deutschen Bahn gehörte, von dieser aber nicht genutzt wurde, zauberte der damalige Chef der Deutschen Bank, Rolf E. Breuer, einen fertigen Plan aus dem Hut: Man werde dort ein riesiges Einkaufs-, Veranstaltungs- und Tagungscenter errichten. Mit Sportstadion, Casino, Parks und allem Drum und Dran. Dabei kümmerte es die Bank weder, dass ihr das Grundstück gar nicht gehörte, noch, dass die Messe, einer der wichtigsten Wirtschaftsfaktoren der Stadt, keine Erweiterungsfläche mehr hätte, wenn dieser Plan realisiert würde. Auch die Verkehrs- und Sicherheitsprobleme waren der Bank angesichts des erwarteten Gewinns wohl eher gleichgültig.

Ein städtebaulicher Putschversuch, der unangenehme Erinnerungen wachruft an die Art und Weise, wie sich Bauträger, Banken und Beamte in den Sechzigerjahren über die Interessen der betroffenen Anwohner im Frankfurter Westend hinwegsetzten und das Viertel totsanierten. Damals gab es erbitterte Straßenschlachten, und es entwickelte sich die Hausbesetzerszene, eine der Keimzellen der Außerparlamentarischen Opposition und auch der RAF.

Im Westend gelang der Putsch von oben, weil die Banken sich

mächtiger politischer Verbündeter versichert hatten. Der städtebauliche Vergewaltigungsversuch an der Messe hingegen schlug fehl, weil die Deutsche Bank versucht hatte, die Politiker der Stadt einfach zu übergehen, und der Bevölkerung mit einem Mal wieder klar wurde, dass da eine Finanzmacht ihre Interessen durchdrücken wollte. Entsprechend heftig war die Reaktion in den Medien und in den Parteien. Schließlich musste sich die Deutsche Bank zurückziehen.

Wenn ein Unternehmen es wagt, Politik und Verwaltung der Stadt, in der es residiert, so zu desavouieren, dann muss es fest davon überzeugt sein, sich ein solches Vorgehen erlauben zu können. Das Gefühl, über unbegrenzte Macht zu verfügen, muss halbwegs reale Gründe haben. Drei weitere Beispiele sollen zeigen, wie sich Banken über Strukturen und Gepflogenheiten einfach hinwegsetzen, alle drei im weitesten Sinn aus dem Bereich der Kultur. Da hatte die Deutsche Bank in einer gönnerhaften Anwandlung beschlossen, dem international geachteten Regisseur Christoph Schlingensief die Entwicklung einer Theaterproduktion zu übertragen. Das Stück sollte anlässlich der Tagung »Kapitalismus im 21. Jahrhundert« aufgeführt werden. Dazu kam es jedoch nie, weil das Stück kurz davor einfach gekippt wurde – wie es hieß deshalb, weil Schlingensief plante, hunderttausend Zehn-Mark-Scheine vom Reichstag flattern zu lassen. Das Motto der Provokation sollte heißen: »Rettet den Kapitalismus – schmeißt das Geld weg.« Wobei der Kombination Bank – Reichstag – Geld wegwerfen angesichts der enormen Kosten für das Gebäude und angesichts der allgemeinen Verschwendung von Steuergeldern sowie der Tatsache, dass auch Bundeskanzler Gerhard Schröder auf der Tagung erwartet wurde, ein besonderer Reiz innewohnte.

Während es sich in diesem Fall um eine eher bankinterne Veranstaltung handelte, bekam die Bevölkerung ganz Tschechiens einen Eindruck vom kulturellen Gestaltungswillen der Deutschen Bank. Kein Geringerer als der bedeutende tschechische Schriftsteller Pavel Kohout mokierte sich im Februar 1998 über die Versuche der Bank, auf das Prager Theaterfestival Einfluss zu nehmen. Kohout schrieb:

»Das Löwenverdienst [an der Entstehung des Festivals] hatte die Kulturstiftung der Deutschen Bank, deren damaliger Chef, Frank-Andreas Bechtold, die Tragweite des Projekts sogleich erkannte. In Absprache mit dem zuständigen Gremium garantierte er die finanzielle Deckung für zwei Jahre. Dann sollten flankierende Maßnahmen folgen, bis sich ein Kreis fester Förderer geschlossen haben würde.

Allein – die Bemühungen vieler werden oft von einem zunichte gemacht. Die neue Repräsentantin der Kulturstiftung, Frau Seebacher-Brandt, ließ das Festival schon im zweiten Jahr fast platzen, um die Fehler ihres Managements zu vertuschen. Und als es doch gerettet wurde, sperrte sie unter falschen Anschuldigungen die Förderung gleich für immer. Unsere Beschwerden, an den Vorstand der Deutschen Bank gerichtet, wurden herrschaftlich ignoriert, als wären wir illegale Gastarbeiter. Und das, obwohl der deutsche Botschafter in Prag und der bisherige tschechische Botschafter in Bonn zu unseren Kronzeugen gehören.«

Kohout berichtete weiter, wie sich dann doch noch ein neuer Förderkreis gründete, der das Festival rettete. Und er stellte die Frage, die sich hierzulande wohl jeder Bankgeschädigte stellt, der sich in seiner Not an Vorstände richtet und keine oder nur eine floskelhafte Antwort erhält: »Steht die Deutsche Bank über der deutschen Demokratie und über den europäischen Sitten?«

Das dritte Beispiel betrifft die Dresdner Bank. Die erwies sich in Bezug auf Spenden für den Wiederaufbau der ehemals bedeutenden Synagoge Dresdens als ziemlich halsstarrig, wie der Vorsitzende der jüdischen Gemeinde in Dresden beklagte. Gerade mal 20 000 Mark (€ 10 226) hatte die Bank, die zur selben Zeit werbewirksam Millionen um Millionen Mark in den Wiederaufbau der Frauenkirche steckte, für das jüdische Gotteshaus übrig. Und das auch dann erst, nachdem Honoratioren der Stadt sie dazu gedrängt hatten. Dabei hätte die Dresdner Bank allen Grund dazu, sich hier besonders großzügig zu zeigen, denn bei der »Arisierung« jüdischen Eigentums hatte sie sich in der Zeit des Nazi-Terrors besonders hervorgetan.

Jenseits der Frage, was sich ein Sponsor gefallen lassen muss an unerwünschter Wertung oder persönlichen Differenzen, muss doch darüber nachgedacht werden, warum Kreditinstitute sich derart ungeniert als Elefanten im Porzellanladen verhalten. Was mag die Chefs der Deutschen Bank veranlasst haben zu hoffen, einer wie Schlingensief würde sich die Chance zur Provokation entgehen lassen? Erwarten sie von vornherein nichts anderes als höfliche Unterwerfung? Wieso meinen sie, den kulturellen und politischen Repräsentanten eines jungen Staates keine Antwort schuldig zu sein? Weil sie in diesem Land schalten und walten können, wie es ihnen beliebt?

Eine Episode, in deren Zentrum die Commerzbank steht, wirft ein Schlaglicht auf das Beziehungsgeflecht zwischen Banken und den Schaltzentralen staatlicher Macht. Die Commerzbank-Chefs mussten ja fürchten, wegen Beihilfe zur Steuerhinterziehung noch mehr als die bereits ausgeschütteten mehreren hundert Millionen Mark zahlen zu müssen oder gar doch noch hinter Gitter zu geraten. Im Herbst 2000 meldete der Spiegel im Zusammenhang mit der Parteispendenaffäre Absonderliches aus dem Umfeld des hessischen Ministerpräsidenten Roland Koch, der bekanntlich mit dem Vorwurf leben muss, nur dank Schwarzgeldern – 1,4 Millionen Mark, die er in seinen Wahlkampf gesteckt haben soll – 1999 den Regierungswechsel in Wiesbaden von der SPD zur CDU erreicht zu haben. Anderthalb Jahre nach der Wahl tauchte beim Wahlprüfungsgericht ein Kreditvertrag auf, nach dem die CDU zur Vorfinanzierung des Wahlkampfs einen Kredit von 2,5 Millionen Mark aufgenommen haben sollte. Nur war der Kreditvertrag auf den 23. Januar 1999 datiert – zwei Wochen vor der Landtagswahl. Die Kredit gebende Bank: die Commerzbank. Ein Schelm, wer Arges dabei denkt.

Wer sind die Spieler in dem Netz, das Banken und Politiker verbindet? Am elegantesten spielen die Sparkassen mit den Fäden der Macht. Sie sind per Gesetz mit den Politikern verbunden, weil jeder Bürgermeister als Verwaltungsratschef »seiner« Stadtsparkasse und jeder Landrat als Verwaltungsratschef »seiner« Kreissparkasse den Vorstand der Sparkasse bestimmt. Zusammen mit einer Handvoll anderer Stadt- beziehungsweise Kreisräte, die ebenfalls im Aufsichtsrat der Sparkassen sitzen, sind sie zugleich auch Mitglieder im Kreditausschuss, der das letzte Wort hat über die Vergabe der größeren Kredite – bei kleinen Sparkassen sind das schon Beträge ab 50 000 und bei großen die um 250 000 Euro.

Im Gegenzug verlangen die meisten Politiker nicht nur Kredite zu Vorzugskonditionen, wie sie die Mitarbeiter erhalten (dazu sind die Sparkassen sogar ermächtigt), sondern auch anderweitige Vergünstigungen, die weit über das Sitzungsgeld hinausgehen, aber ebenfalls durch das Sparkassengesetz gedeckt sind: zum Beispiel Zuwendungen für Vereine und kulturelle Einrichtungen, denen der Bürgermeister, Landrat oder Stadtrat nahe steht und auf denen seine Popularität mit aufbaut. Ein Entzug dieser Mittel wäre daher für jeden Politiker verheerend. So entsteht mit der Zeit eine Abhängigkeit der Lokal- und Regionalpolitiker von der Sparkasse. Diese Karte wird spätestens dann gezogen, wenn die Sparkassendirektoren irgendwo in bevorzugter Lage ein Bauvorhaben durchführen wollen, für das der Bebauungsplan geändert werden muss. In dieser Gemengelage wird ein Unternehmer oder Privatmann, dem die Sparkasse übel mitgespielt hat und der deshalb die Aufsichtsgremien um Hilfe bittet, bei Bürgermeister und Stadträten auf Granit stoßen – und zwar bei allen, auch bei denen von der Opposition.

Ganz ähnlich geht es bei den Genossenschaftsbankern zu. Hier sind zwar nicht die Kommunen die Gewährsträger, sondern die Landwirte, Handwerker, Selbstständigen und Privatpersonen, die die Anteile gezeichnet haben. Aber sie, die die eigentlichen Eigner der Banken sind, haben dort im Krisenfall nichts zu vermelden. Wenn es hart auf hart kommt, zieht die Bank die Anteile ein, verrechnet sie mit den Schulden und stellt so eine möglicherweise gefährliche Opposition ruhig. Auch die Genossenschaftsbanker sehen gerne hochrangige Politiker in ihren Aufsichtsgremien, und die Handwerksmeister, aus deren Kreisen sich häufig der Aufsichtsratsvorsitzende rekrutiert, sind durch ihre Mitgliedschaft in politischen Parteien sowieso bereits in das Netzwerk eingebunden. Wie ihre Freunde von den Sparkassen huldigen auch die Genossenschaftsbanken der Politik der zielorientierten Spenden und damit der diskreten Einflussnahme. Und natürlich haben sie auch ihre Leute im Parlament. So zum Beispiel den Rechtsanwalt Hartmut Schauerte aus dem Wahlkreis Olpe. Der CDU-Mann, der auch schon einmal stellvertretender Vorsitzender der CDU/CSU-Bundestagsfraktion war, agiert nicht nur als stellvertretender Bundesvorsitzender der Mittelstands- und Wirtschaftsvereinigung der CDU, sondern auch als Präsident des Westfälischen Genossenschaftsverbands, der Dachorganisation der westfälischen Raiffeisen- und Volksbanken. Er ist auch Mitglied des Beirats der Westdeutschen Genossenschaftszentralbank Münster. Der Mittelstandspolitiker ist somit Teil jener Bankenszene, die dem Mittelstand zur Zeit so arg zu schaffen macht.

Etwas schwieriger wird es auf regionaler Ebene für die großen Geschäftsbanken. Natürlich spenden auch sie hin und wieder; da sie aber dafür nur einen kleinen Etat zur Verfügung haben, gehen sie im Reigen der örtlichen Platzhirsche unter. Wenn sie einen Politiker beeinflussen wollen, tun sie es daher lieber mithilfe bankinterner Veranstaltungen, bei denen dieser mit gut honorierten Referaten glänzen darf. In größeren Städten brillieren die Geschäftsbanken gerne mit der Förderung von Kunstereignissen, die ohne die Unterstützung der Bank nie zustande gekommen wären und die den Politikern eine willkommene Plattform zur Selbstdarstellung bieten.

Alle drei Bankentypen versichern sich gerne des Wohlwollens der ortsansässigen Anwälte, indem sie reihum immer wieder einmal Mandate und Beurkundungsaufträge verteilen. So erinnern sie die Anwälte daran, wer im Zweifelsfall das meiste Geld hat und wer pünktlich zahlt. Auch Anwälte profilieren sich gerne als Politiker, und so schließt sich der Kreis.

Stößt der geschädigte Bankkunde schon auf regionaler Ebene auf eine Mauer der Ablehnung, wird er mit seiner Beschwerde auf der nächst höheren Ebene noch weniger ernst genommen. Eingespielte reibungslose Abläufe in einem durch und durch verfilzten Gebilde sorgen dafür, dass nicht irgendwo eine Faser wegen irgendeiner Ungeschicklichkeit reißt. Bei der Absicherung gegen störende Einflüsse von außen hilft man einander ebenso wie bei der gegenseitigen Karriereförderung.

Wie das Spiel auf der höheren politischen Ebene funktioniert, das zeigen die Strategien der WestLB, der Westdeutschen Landesbank. Sie gehört zur Hälfte den Sparkassen direkt und zur Hälfte dem Sparkassenverband im Land. Die WestLB ist beteiligt an Unternehmen nicht nur in ihrem Stammland Nordrhein-Westfalen, sondern auch in Niedersachsen, zum Beispiel an der Preussag. Mit ihrem Einfluss auf die Arbeitsplätze dort und auf die Bestimmung des Firmensitzes der Preussag AG hat die WestLB in Niedersachen ein gewichtiges Pfand in der Tasche. Zwar ist in Niedersachsen als Staatsbank der Sparkassen auch die NordLB angesiedelt, die aber, gemessen an der Größe der WestLB, nur ein kleines Licht ist. Der ehemalige WestLB-Chef Friedel Neuber und NordLB-Chef Manfred Bonin konnten gut miteinander und ergänzten sich in vielerlei Geschäften.

Eng verwoben mit der Politik in Niedersachsen, Nordrhein-Westfalen und nicht zuletzt im Bund, nimmt es nicht wunder, dass die WestLB und ihr Chef alle Affären nahezu unbeschadet überstehen konnten – ob es um den Verdacht auf Beihilfe zur Steuerhinterziehung ging, um die Flugaffäre, um die Salzgitter-Wohnungen oder andere Ungereimtheiten mehr. In Sachen Steuerhinterziehung (die WestLB soll ein ausgeklügeltes System von Sammelüberweisungen eingeführt haben, das es erlaubte, Gelder der Kundschaft unerkannt auf luxemburgische Konten zu transferieren, wo sie nicht mehr der Quellensteuer unterworfen waren) wurde sogar die Düsseldorfer Staatsanwaltschaft aktiv, die auch eine Hausdurchsuchung in den Räumen der WestLB durchführte, dort aber nur »saubere« Akten vorfand. Die Staatsanwälte sagten damals, es habe ausgesehen, als sei die Bank chemisch gereinigt worden. Und es kam der Verdacht auf, Neuber habe einen Tipp aus der obersten Politikebene bekommen, möglicherweise von jenem Finanzminister Heinz Schleußer, der Jahre später mit der »Flugaffäre« auffiel.

Die WestLB hatte solchen Einfluss und Friedel Neubers Verbindungen waren so gut, dass ihm der heutige Bundespräsident Johannes Rau, als er noch nordrhein-westfälischer Ministerpräsident war, landeseigene Wohnungen zum Vorzugswert übertrug. Diese Transaktion brachte dem Land schließlich eine Intervention der EU-Kommission wegen unzulässiger Subventionen ein. Der Verdacht: Es handle sich um eine verdeckte Kapitalerhöhung, mit der die damals wohl sanierungsbedürftige WestLB vor einer peinlichen Intervention des Bundesaufsichtsamts für das Kreditwesen bewahrt worden sei. Die EU-Kommission nahm das zum Anlass, das gesamte Sparkassensystem zu überprüfen mit der Folge, dass die EU-Wettbewerbshüter dem Bundesfinanzministerium eine wettbewerbsgerechte Neuordnung des Systems aufgaben.

Für den Fall, dass die Banker der Blitzstrahl der Bundesrichter trifft, versuchen sie Vorsorge zu treffen. Für solche Risiken gibt es Abgeordnete, die den Banken sehr nahe stehen. Zum Beispiel Friedhelm Ost, der unter Helmut Kohl zeitweilig wirtschaftspolitischer Sprecher der CDU und Vorsitzender des Wirtschaftsausschusses war. Seit spätestens 1996 ist bekannt, dass er sich von der Deutschen Vermögensberatung AG (DVAG) hat anheuern lassen, zunächst als Gastredner bei DVAG-Veranstaltungen, zuletzt in der Position eines Generalbevollmächtigten. Seinen Job als Abgeordneter hat er trotzdem behalten. Der *Spiegel* bezifferte sein Jahresgehalt im Frühjahr 2000 auf eine Million Mark. Bei der DVAG, an der die Dresdner Bank beteiligt ist, handelt es sich laut Selbstaussage um »die weltweite Nr. 1 unter den branchenübergreifenden Finanzvertrieben« – eine Dachorganisation für jene Drückerkolonnen, die in den Wohnungen und am Arbeitsplatz ihrer Opfer allerlei Finanzprodukte verkaufen – nicht immer die sinnvollsten und günstigsten.

1996, als die SPD noch in der Opposition war, hatte der SPD-dominierte Bundesrat einen Gesetzentwurf eingebracht, mit dem den dubiosen Verkaufsmethoden der Finanzvertriebsgruppen Einhalt geboten werden sollte. Wäre das Gesetz verabschiedet worden, wäre den Drückern und Bluff-Verkäufern das Geschäft ersatzlos weggebrochen. Weil das den Ober-Drückern nicht recht sein konnte, ließen sie ihre Drähte spielen, und so wurde zum Beispiel Friedhelm Ost aktiv, der sich vom Wirtschaftsministerium eine »Sachstandsdarstellung« anfertigen ließ, die er dem DVAG-Chef Dr. Reinfried Pohl zuschickte. Dem *Spiegel* gegenüber sagte Ost später, das sei ein ganz normaler Vorgang, den andere Abgeordnete auch so praktizierten.

Der Gesetzentwurf scheiterte zunächst, im April 1998, im Wirtschaftsausschuss, dem Ost damals vorsaß. Der *Spiegel* in einem Bericht süffisant: »Nahezu gleichzeitig erschien Osts Buch *Am Anfang unserer Zukunft,* das er Pohl widmete.« Und kein Vierteljahr später, im Juni 1998, war das Gesetz im Bundestag durchgefallen.

Heute ist nicht nur Friedhelm Ost bestens alimentierter Generalbevollmächtigter der DVAG, sondern auch der frühere Kanzleramtsminister Friedrich Bohl. Das ist der, von dem es heißt, er habe wichtige Akten des Kanzleramts in die CDU-nahe Konrad-Adenauer-Stiftung schaffen lassen. Helmut Kohl, der Exbundeskanzler, sitzt seit September 2000 für 30 000 Mark im Jahr dem Beirat der DVAG vor. Dort treffen sich illustre Persönlichkeiten: unter anderem der einstige Innenminister und stramme Moralhardliner Manfred Kanther, der beim Verstecken von CDU-Schwarzgeldern eine Schlüsselrolle gespielt hat. Kanther war Mitglied des Rechtsausschusses, der federführend bei Gesetzesvorlagen berät – auch in Sachen Verbraucherschutzrecht.

DVAG-Chef Pohl brüstet sich gern seiner Nähe zur Politprominenz: Ohne Scheu erwähnt er, dass auch der frühere SPD-Justizminister Gerhard Jahn dem Aufsichtsgremium angehörte wie auch Anke Fuchs, SPD, Vizepräsidentin des Deutschen Bundestages. Der ehemalige Finanzminister Dr. Theo Waigel tourte im Jahr 2000 mit seiner Standardrede »Zukunft des Geldes« für die DVAG durchs Land. Geld stinkt nicht, das ist zukunftssicher. Inzwischen befindet sich das Unternehmen im Besitz der Deutschen Bank, die mit den Struckis den Vertrieb von Finanzprodukten der Bank 24 sichern möchte. Die wird jetzt wohl wieder in die große Mutter zurückintegriert.

Auch ist es der CDU gelungen, den Drückern wichtige Hürden aus dem Weg zu schaffen. Sie erreichte mit dem »dritten Finanzmarktförderungsgesetz« einen radikalen Schnitt in die Haftung der Vermittler: Das Anrecht auf Schadensersatz aus fehlerhafter Beratung wurde von dreißig auf drei Jahre verkürzt. Da betrügerische Initiatoren es bisher schon darauf anlegen, ihre Opfer über Jahre im Ungewissen zu halten, und in der Phase der Expansion scheinbare Gewinne ausschütten (die nach dem Schneeballsystem aus dem Geld neuer Anleger finanziert werden), ist diese Frist schnell überschritten. Auch bei dem Desaster mit den Steuersparmodellen hat sich der Umfang des Schadens erst nach einigen Jahren herausgestellt. Und wenn unter den Geschädigten Menschen sind, die kein Geld mehr haben, Schadensersatzklagen direkt und auf eigene Faust notfalls bis zum Bundesgerichtshof durchzufechten, sondern lieber auf die Grundsatzurteile warten, die andere erwirken, dann sind sie von vornherein von Schadensersatzansprüchen abgekoppelt. Denn bis zum Spruch am obersten Zivilgericht braucht es bei komplizierten Fällen mindestens fünf Jahre.

Enteiert wurde auch ein Gesetz, das die Einflussmöglichkeit der Banker auf die deutschen Unternehmen drastisch reduziert hätte, das »Gesetz zur Transparenz und Kontrolle im Unternehmensbereich«, kurz KonTraG. Es sah ursprünglich eine Begrenzung der Aufsichtsratsposten auf fünf Mandate pro Person vor sowie das Verbot, direkte Wettbewerber, etwa DaimlerChrysler und VW, gleichzeitig zu beaufsichtigen. Auch sollte der Einfluss der Banker eingeschränkt werden. Die sollten zum Beispiel im Aufsichtsrat nicht über die Kreditaufnahme abstimmen dürfen, weil stets die Gefahr gegeben ist, dass der Aufsichtsrat, den die Bank A gestellt hat, der Bank B das Geschäft nicht gönnt. All das hat sich nicht durchsetzen lassen. Jetzt kämpft der FDP-Politiker Rainer Brüderle aus Rheinland-Pfalz für die Aufnahme dieser sehr sinnvollen Vorschriften in den Gesetzeskanon.

Er wird wohl wenig Erfolg haben damit. Denn der Kern einer weiterhin gedeihlichen Koexistenz zwischen Finanzwirtschaft und der Regierung von Gerhard Schröder wurde bereits im Wahlkampf gelegt, diesmal von Carsten Maschmeier, dem Chef des DVAG-Konkurrenten Allgemeiner Wirtschaftsdienst (AWD). Der schaltete im niedersächsischen Wahlkampf 1998 anonym Anzeigen zugunsten Gerhard Schröders. Als die Sache aufflog, war die Rede von 650 000 Mark, die Maschmeier zugunsten des Kanzlerkandidaten lockergemacht haben sollte.

Auch die SPD-Regierung pflegt die Nähe zu den Kreditinstituten. Schnell hatte Schröder einen prominenten Bankenkritiker ruhig gestellt: Hans Martin Bury, der sich, als er noch weitgehend bedeutungsloser Regionalpolitiker war, mit dem Buch *Das Bankenkartell. Die Verflechtung von Banken, Macht und Politik* hervorgetan hatte. Jetzt sitzt er als Staatsminister im Kanzleramt und hat wohl anderes zu tun, als sich mit den Beschwernissen der kleinen Leute und der mittelständischen Industrie zu befassen.

Von gänzlich unerwarteter Seite bekommen die Gewissenlosen unter den Finanzdienstleistern Rückendeckung: Dr. Hertha Däubler-Gmelin, die Justizministerin, führt eine Runderneuerung der Justiz und der wichtigsten Zivilgesetze durch. In der Neufassung des Schuldrechts, das Bestandteil des von ihr für veraltet erklärten Bürgerlichen Gesetzbuchs ist, findet sich eine drastische Verkürzung der Verjährungszeit bei Schadensersatzansprüchen wegen Vertragsverletzung von dreißig auf drei Jahre. Das freut die Banken natürlich sehr. Zum Trost darf sich der Konsument über eine Verlängerung der Garantiezeit für Waschmaschinen und andere Produkte auf drei Jahre freuen.

Die Strategien der Banken zur Beeinflussung der Politik sind langfristig angelegt. Da muss man auch das Undenkbare denken. So hatte der Chefvolkswirt der Deutschen Bank, Norbert Walter, im März 2000 keinerlei Probleme, sich anlässlich einer Tagung der PDS mit aufs Podium zu setzen. Solcher Mut gehörte belohnt: Es hat ihn niemand gefragt, wie die Bankenszene mit dem Elend jener Ostdeutschen umzugehen gedenkt, die in ihrer kapitalistischen

Unreife alle möglichen und unnötigen Versicherungen und Kreditverträge abgeschlossen und dabei massiv Geld verloren haben. Sogar von Banken betreute Schrottfonds, die im Westen nicht mehr unters Volk zu bringen waren, aufgelegt zum Beispiel in Nevis Island, einem berüchtigten Paradies der Finanzpiraten, wurden den Leuten angedreht. Resultat: Totalverlust.

Selbst die Reformkommunisten wissen, was sich gehört. Gregor Gysi, Ex-SED-Chef, Ex-PDS-Chef, begehrter Talkshowgast und Aushängeschild der PDS, die sich ansonsten sehr bankenkritisch gibt, stattete sofort nach seinem Amtsantritt als Berliner Senator für Wirtschaft, Arbeit und Frauen den Banken einen Höflichkeitsbesuch ab.

*

Banken und Unternehmen – hier treffen zwei unvereinbare Welten aufeinander. Wie weit diese beiden, die doch Partner sein sollen, voneinander entfernt sind, wird klar, wenn man sich fragt: Wie denkt ein deutscher Banker?

Der Banker versteht die Welt der Unternehmen nicht und die versteht ihn nicht, insofern gleicht er einem Autisten. Seine Ausbildung hat ihn nicht befähigt, die Arbeitsabläufe und die Prioritäten eines produzierenden Betriebs oder eines Dienstleistungsunternehmens zu begreifen. Man denkt in der Industrie in Kategorien wie reibungslose Beschaffung – und dazu gehört auch die Finanzierung. In der unternehmerischen Strategie spielen die Banken im Prinzip keine andere Rolle als jenes Unternehmen, das das Toilettenpapier liefert. Da tun sich mentale Abgründe auf: Wir, die wir in so vielen Aufsichtsräten sitzen, sollen uns zufrieden geben mit der Rolle als Lieferant, werden möglicherweise austauschbar?

Der Banker versucht daher, seine Bedeutung im Unternehmen und in der Gesellschaft auszuweiten. Wenn er seinen Stellenwert dort schon nicht durch produktive Leistung erhöhen kann, dann eben dadurch, dass er seinen Lästigkeitsfaktor erhöht. Das erreicht er am besten, wenn er das, was er kann, radikal überhöht. Und das ist die Juristerei. Die Banken beschäftigen Heerscharen von Rechtskundlern, die keine andere Aufgabe zu haben scheinen, als möglichst komplexe und undurchschaubare Verträge zu formulieren und die daraus resultierenden Nachteile für den Kunden diesem später ebenso unverstehbar zu erläutern. So gelingt es dem Banker, sich dem Unternehmer gegenüber mit einem Herrschaftswissen zu präsentieren, dem dieser sich nur unterwerfen kann, weil er ihm nichts entgegenzusetzen hat. »Zwang« und »Unterwerfung« – das sind die Lieblingsvokabeln dieses Wirtschaftszweigs. Von unternehmerischer Leistung verstehen die Banker deshalb allerdings immer noch nicht mehr. Man schaue sich nur einmal die desolate Situation der Geldhäuser beziehungsweise der meisten der von ihnen per Anteil kontrollierten Unternehmen an: Holzmann, Brau und Brunnen, Babcock und so weiter.

In ihrem Expansionsdrang sind die Banken in Lauf der Jahre in immer neue Gefilde vorgedrungen, zum Beispiel nach Übersee. Von dem, was dort ökonomisch geschah, verstanden die Banker aber noch weniger als von der wirtschaftlichen Entwicklung hierzulande. Politikerfahren, wie sie sind, verstanden sie dafür viel davon, wie mit ein wenig Bakschisch die Tür geöffnet wird für unsinnige Großprojekte. Dabei sind sie allerdings fürchterlich auf die Nase gefallen. Das Ergebnis: der wirtschaftliche Kollaps erst in Südamerika und Afrika, dann in Südostasien, danach in Russland; wenigstens hier hatte der Chef der Deutschen Bank den Anstand zuzugeben, man habe sich wohl ein wenig vertan.

Weil sie also überall in der Welt versagt haben, wollen die Banken nun ein System schaffen, das es ihnen erlaubt, die Risiken in Form von voraussehbaren Kreditausfällen leichter einzuschätzen. Das ist ein verständlicher Wunsch, in der Praxis hat er jedoch eine fatale Wirkung für alle Mittelständler. Es geht um ein weltweit einheitliches Modell nach dem Vorbild US-amerikanischer Banken. Auf Unterschiede in Mentalität und Produktivität, auf gewachsene Strukturen und regionale Besonderheiten wird dabei keine Rücksicht genommen.

Den Nutzen haben allein die Banken: Sie sind mit einem Mal in der Lage, die Welt mit ihren eigenen Parametern zu messen und zu bewerten. Ziel ist, die Gebräuche bei der Kreditvergabe, wie sie in den USA üblich sind, flächendeckend einzuführen: Kredit nur gegen Sicherheiten aus Wertpapieren oder Edelmetallen. Unternehmer in den USA, die solche Sicherheiten nicht haben, sind auf den privaten Kapitalmarkt angewiesen, der dort bestens funktioniert: Sie beschafften sich ihr Geld über die Ausgabe von Aktien oder Anleihen. Dadurch erreicht der Mittelstand in den USA traumhafte Eigenkapitalquoten von 40 Prozent, während die Quote in Deutschland bei gerade einmal 15 Prozent liegt.

Die Finanzierung über Aktien funktioniert in Europa nicht so gut, hier sind die Unternehmer auf Kredite angewiesen. Bisher haben sie auch ohne die »harten« US-üblichen Sicherheiten Geld bekommen, und das hat zur allseitigen Zufriedenheit funktioniert, wie der Hannoveraner Rechtsanwalt Ernst-August Bach in einem Vortrag vor der Mittelstandsvereinigung der CDU Niedersachsen herausgestellt hat. Bach zufolge reichen nämlich durchaus auch die »weichen« Bewertungsfaktoren wie Managementqualitäten, Innovationskraft und Marktkenntnis oft aus, um das Kreditausfallrisiko exakt zu definieren und die Zukunftsperspektiven eines Unternehmens abzuschätzen. Und das Ausfallrisiko kann auch mit anderen Sicherheiten als den in den USA üblichen im Rahmen gehalten werden, zum Beispiel mit Sicherheitsübereignungen von Warenbeständen, Vorräten, Forderungen, Lebensversicherungen, Bausparverträgen und Anwartschaftsrechten aus Leasingverträgen, mit der Beleihung von Immobilien und Bürgschaften.

Nun werden in Basel Verhandlungen über international einheitliche Vorschriften für die Eigenkapitalunterlegung bei der Kreditvergabe geführt. Ziel der Verhandlungen ist ein Abkommen, »Basel II«. Wenn es dabei für den Mittelstand schlecht ausgeht, sollen all diese bewährten Faktoren für die Bewertung eines Unternehmens bald fast nichts mehr gelten. Nur noch die »hard facts« zählen dann, also alles, was in die Vergangenheit gerichtet ist, nämlich die betriebswirtschaftlichen Kennzahlen aus der Jahres- und Vierteljahresbilanz. Selbst wenn die Zentralbankmanager zu der Einsicht kommen sollten, dass es gut wäre, es den Unternehmen etwas leichter zu machen, werden die bisher üblichen Sicherheiten in ihrer Bedeutung drastisch zurückgefahren.

So beginnen betriebswirtschaftliche Kennzahlen die Zukunftsentwicklung ganzer Volkswirtschaften zu beeinflussen. Denn aus den Kennzahlen leiten die Banker und deren Helfer, die Ratingagenturen, eine Bonitätszahl ab, die die Kreditvergabe steuert. In Zukunft muss dann die Bank bei einem Kredit für ein schlecht bewertetes Unternehmen mehr Geld als Risikoreserve zurücklegen als bei einem Kredit für ein besser bewertetes, und das wirkt sich direkt auf die Höhe der Zinsen aus. Da wird dann mit diesen Kennzahlen ein erfolgreicher Computertüftler in Bangalore mit einem weniger erfolgreichen Bauunternehmer in Dessau verglichen. Für die Kreditvergabe an den Computerunternehmer in Bangalore muss die Bank vielleicht nur 2 Euro pro herausgereichte 100 Euro als Sicherheitsreserve hinterlegen, für den Kredit an den Bauunternehmer jedoch vielleicht 8 Euro. So wird die Bank ihr Geld lieber denen leihen, die bessere Kennzahlen vorweisen können.

Dieser Wettbewerb um die besseren Konditionen findet natürlich auch im Inland statt. Für den chronisch unterkapitalisierten Mittelstand, der in einem mörderischen Wettbewerb steht, bedeutet das, dass die Kredite seltener und teurer werden. Aber damit nicht genug: Das Starren auf die Kennzahlen verstärkt Konjunkturabschwünge und behindert Aufschwünge. So werden wir in den nächsten Jahren ein massives Sterben mittelständischer Unternehmen erleben, weil diesen die internationalisierten Kreditressourcen nur zu extrem hohen Kosten zur Verfügung stehen.

Rechtsanwalt Bach verweist auf einen weiteren Aspekt, der diese Entwicklung fördert: Bislang waren die deutschen Konzerne von der Leistungskraft der Mittelständler abhängig, die ihnen gute Qualität bei den Vorprodukten, Innovationskraft und exzellent ausgebildete Mitarbeiter lieferten. Dafür akzeptierten die Konzerne gerne, dass die Banken ihnen für Kredite etwas höhere Zinsen abnahmen, um so das Risiko bei den Krediten für kleinere Unternehmen auffangen zu können. Man sprach offen von Quersubventionierung, begünstigt durch die einheitliche Rücklageregelung von 8 Euro auf je 100 Euro herausgereichtem Kredit – egal ob für Konzerne oder Kleinbetriebe.

Seit die Konzerne jedoch dazu übergegangen sind, verstärkt internationale Zulieferer ins Geschäft zu ziehen, sind sie an einem starken Mittelstand nicht mehr so interessiert wie bisher. Deshalb unterstützen sie die Bemühungen um die Baseler Vereinbarung, die ihnen günstigere Kredite verspricht.

Selbst bei bester Bewertung gibt es jedoch für den einzelnen Unternehmer keine Garantie, preiswerte Kredite zu bekommen, denn in Basel scheint man sich auf eine weitgehende Geheimhaltung der Quoten gegenüber den Kreditnehmern zu verständigen. Es gibt sogar Bestrebungen, die Bewertungsgründe nicht einmal den Kreditsachbearbeitern bekannt zu geben.

Damit wird eine Unsitte festgeschrieben, die den Unternehmern schon heute das Leben schwer macht: Die bankinterne Sicherheitsbewertung ist ein streng gehütetes Geheimnis. So kennt kaum einer sein wirkliches Standing und damit seinen realistischen Kreditspielraum, keiner weiß, ob die Bank übersichert ist, ob er bereits im Knebel steckt oder ob er vielleicht die Freigabe von Sicherheiten verlangen könnte.

Trotz aller Standardisierung bleibt die Kreditvergabe also auch künftig ein Akt der Gnade, wenn auch auf hohem Niveau und von allen abgesegnet, die in internationaler Politik und Finanzwelt Rang und Namen haben. Der kleine Maschinenbauer in Köln Nippes aber schaut in die Röhre, denn selbst eine theoretisch gute Einschätzung schafft ja noch längst keinen Anspruch auf Kreditgewährung. Und so werden wohl nur die international ausgerichteten, an Hochtechnologie orientierten Unternehmen und die längst Etablierten in den Genuss billiger Fremdmittel kommen.

## Das System: Eine Blankovollmacht für Inkompetenz

Das Dreisteste ereignete sich Anfang 2002. Rolf-Ernst Breuer, damals noch Vorstandssprecher der Deutschen Bank, sprach dem Kirch-Konzern in aller Öffentlichkeit die Kreditwürdigkeit ab. Und das in einer Situation, als der Konzern mit aller Kraft nach einer Lösung für seine gefährliche finanzielle Schieflage suchte und um neue Kredite verhandelte. Es gereicht der Bankenbranche zur Ehre, dass sie sich ob dieses Vorstoßes entrüstete – ob aus ethischen Gründen oder weil sie sich in den Verteilungskämpfen um das Fell des waidwunden Bären gestört fühlte, mag dahin gestellt bleiben.

Das war schon peinlich genug für die Deutsche Bank, die zwar als Primus der deutschen Bankenlandschaft gilt, international aber längst unter »ferner liefen« rangiert. Doch es sollte noch peinlicher kommen, denn Mitte Februar enthüllte die *Süddeutsche Zeitung*, wie sehr sich Rolf Breuer in Sachen Kirch verkalkuliert hatte. Hans-Jürgen Jakobs zitierte aus einem internen Papier der Bank, wonach sich Breuer über die Bedenken der eigenen Kreditexperten hinweggesetzt hat, die sich bereits 1998 gegen das Engagement bei Kirch wendeten. Die *Süddeutsche Zeitung* listet die Gründe der Kreditexperten auf:

- »Die Springer-Beteiligung der Kirch-Gruppe wechselte von der TaurusFilm, die über ein umfangreiches Rechtearchiv verfügt, zu einer Beteiligungstochter des Konzerns – damit habe die Bank den ›indirekten Zugriff auf den wertvollen Filmstock‹ Kirchs verloren;
- seit Juli 1998 werde eine Bedingung des Kreditvertrages gebrochen, nachdem die Springer-Aktien an der Börse fielen und damit die erforderliche Deckung für das ausgeliehene Geld weg war: ›Vorstand has decided not to take action‹ – der Vorstand entschied, nicht zu handeln;
- die Dividendenzahlungen auf die verpfändeten Springer-Aktien

der Kirch-Gruppe reichten nicht aus, um die Zinsen unseres Kredites zu decken.«

Damals ging es um 1,5 Milliarden Mark, und das Komitee, das das Papier verfasste, regte harte Maßnahmen an. Breuer jedoch, so die *Süddeutsche,* lehnte das ab und fragte seine Ratgeber lediglich, ob sie Recht behalten oder konstruktiv sein wollten.

Den Grund für diesen fahrlässigen Umgang mit dem Kirch-Kredit vermutet Hans-Jürgen Jakobs in der Aussicht auf schöne Folgegeschäfte, etwa im Zusammenhang mit der sich damals schon abzeichnenden Fusion der Kirch-Sender SAT 1 und Pro Sieben.

Was sind das eigentlich für Leute, die das Geld ihrer Anleger aufs Spiel setzen, dafür aber sich erdreisten, das Ruder zu übernehmen, wenn ein Unternehmen in der Krise ist, und es vorsätzlich auf die Klippen zu steuern? Wer verweigert überlebensfähigen Firmen die Sanierung mit dem Argument, alle weiteren Bemühungen seien sinnlos? Wer maßt sich an, Menschen vorzuwerfen, sie hätten über ihre Verhältnisse gelebt und deswegen hätten sie den Anspruch auf rechtliches Gehör verwirkt? Wer geht eine Verschwörung zulasten der wirtschaftlich Unerfahrensten ein und lässt sie nach der Pleite noch durch seine Anwälte verhöhnen, sie hätten sich mit unvorstellbarem Leichtsinn auf das Abenteuer mit wertlosen Immobilien eingelassen? Das werden doch wohl nicht die Sachbearbeiter und Manager der Banken sein, diese vertrauenswürdigen Berater, Kenner der Volks- und Betriebswirtschaft, die stets nur das Beste ihrer Kunden im Sinn haben?

Doch. Viele Banken wären selbst nicht kreditwürdig, viele Banker verstehen ihr eigenes Handwerk nicht. Es fehlt ihnen sowohl an bankbetriebswirtschaftlicher wie volkswirtschaftlicher Kompetenz. Von sozialer Kompetenz einmal ganz zu schweigen.

Wer etwas von Betriebswirtschaft versteht, behält die Abläufe im Unternehmen im Griff, schätzt die Risiken des eigenen Tuns korrekt ein (und handelt danach), kann Bilanzen lesen und lässt sich nicht in hysterische Entwicklungen hineinziehen. Mit all dem ist es bei den Banken nicht weit her. Einige Kennzahlen vor allem aus dem Bereich der Volks- und Raiffeisenbanken sprechen eine unmissverständliche Sprache. Die Obergenossen mussten allein 1998 und 1999 2,5 Milliarden Mark (€ 1,278 Mrd.) lockermachen, um in Not geratenen Kollegen unter die Arme zu greifen; das meiste Geld, 1 Milliarde Mark, ging an die inzwischen zur Berliner Bank fusionierten Institute Berliner Volksbank, Grundkreditbank und Köpenicker Volksbank, die auch im Jahr 2000 noch kräftig subventioniert werden musste. Von 1996 bis 1999 verloren 554 Volks- und Raiffeisenbanken ihre Selbstständigkeit, weitere 240 waren es im Jahr darauf. Die Umsatzrendite vor Steuern (das Verhältnis Bilanzsumme zu Gewinn) lag im Jahr 2000 bei etwas mehr als 0,5 Prozent; wie hoch sie nach Steuern ausfiel, darüber wollten sich die Verbandsoberen lieber nicht auslassen, wahrscheinlich lag sie bei gerade mal 0,25 Prozent. Nahezu identisch mager die Ergebnisse der Sparkassen: Sie kamen im Jahr 2000 auf eine Umsatzrendite von 0,57 Prozent vor und 0,24 Prozent nach Steuern. Die Volksbanken und die Sparkassen müssen also 100 Euro in die Hand nehmen, um 25 Cent Gewinn zu machen.

Wer möchte denen noch Geld zur Verfügung stellen? Das fragen sich auch die ausländischen Analysten; das sind jene, die Firmen bewerten. Die New Yorker Rating-Agentur Standard & Poor's hat im Februar 2001 zum Beispiel die Commerzbank von AA– auf A+ herabgestuft, was in der achtstufigen Ratingliste eine Abwertung von Rang 2 auf Rang 3 bedeutet.

Dabei ist das Gewinnpotenzial der Banken enorm. Der 1999 von der Deutschen Bundesbank herausgegebenen Schrift *50 Jahre Deutsche Mark* kann der staunende Leser entnehmen, dass die deutschen Banken im Jahr 1996 bei knapp 60 Milliarden Mark Zinsaufwand gut 100 Milliarden Mark an Zinserträgen haben hereinholen können – im Ergebnis fast 45 Milliarden Mark Zinsüberschuss. Wer dann noch liest, dass Provisionsaufwendungen in Höhe von knapp 260 Millionen Mark (€ 133 Mio.) Provisionserträge von rund 7,5 Milliarden Mark (€ 3,83 Mrd.) gegenüberstehen, also eine mehr als dreißigfache Gewinnmarge, der wird sich fragen, wo und wie die Banker das viele Geld vernichtet haben. (Provisionen fallen an, wenn eine Bank Wertpapiergeschäfte tätigt; sie muss sie bezahlen, wenn sie Broker beauftragt, die Papiere zu handeln, und sie nimmt sie ein, wenn sie selbst von ihren Kunden beauftragt wird, Aktien, Fonds oder Ähnliches zu beschaffen oder zu verkaufen.) Auch damals schon klagten die Banken über nicht ausreichende Erträge bei zu hohen Kosten. Leider gibt es für die Zeit nach 1996 keine aktuellen Daten; anzunehmen ist aber, dass die Gewinnmargen bei den Zinsgeschäften, sprich Krediten, gleich geblieben sind, während sie bei den Provisionen eher gestiegen sein dürften – dafür hat der Börsenboom Ende der Neunzigerjahre gesorgt.

Wir können nur mutmaßen, wo das viele Geld verloren gegangen ist. Hat man vielleicht bei den Währungsspekulationen in Südamerika und Asien mehr verloren, als bisher ans Tageslicht gekommen ist? Ist der Wertberichtigungsbedarf aus faulen Immobilienprojekten etwa so groß, dass die Institute bis zur Existenzkrise darunter leiden? Dass es sich nicht um branchentypische, sondern um hausgemachte Probleme handelt, beweist eine Studie der Beratungsgesellschaft zeb/rolfes.schirenbeck, Münster, die aufgrund einer breit angelegten Untersuchung zu dem Schluss kommt, die Chancen der kleineren Geldinstitute seien sehr gut. Es gebe zum Beispiel im Speckgürtel Berlins einige Sparkassen, die mit siebzig- bis achtzigprozentigen Gewinnmargen brillieren können. Demnach herrscht überwiegend Missmanagement in den Vorstandsetagen der Banken.

*

Verlassen wir kurz den Bereich der Milliardenbeträge und wenden wir uns der täglichen Arbeit in den Banken zu, bei der offenbar Pfennig für Pfennig verloren geht, obwohl die Kunden regelmäßig mehr zahlen, als sie eigentlich müssten. Schauen wir auf die Details und wundern wir uns. Es gibt zum Beispiel Banken, bei denen ist der Kalender außer Kraft gesetzt. Hans-Peter Eibl, der die Kontenführung der Banken überprüft, kann es beweisen: Ihm liegen Kontoauszüge einer Bank vor, die auf den 32. Dezember datiert wurden. Das ist kein Einzelfall. Eine andere Bank kennt einen 31. November, gemeinhin sonst als 1. Dezember bekannt. Wie viel zusätzliche Zinsen dieser eine zusätzliche Tag den beiden Banken wohl eingebracht haben mag?

Ist das Schlamperei oder böser Wille? Sind die Computersysteme der Kreditinstitute so desolat, dass sie generell nicht richtig rechnen? Sind womöglich alle Bilanzen falsch, weil die Computer nicht eins und eins zusammenzählen können? Es gibt noch weitere Hinweise auf Fehlfunktionen: Überweisungen, die für ein paar Tage im Nirwana verschwinden, bevor sie erheblich verspätet wieder auftauchen. Lastschriften, die weit vor den Fälligkeitsterminen abgebucht werden. Falsch berechnete Zinsen. – Alles nicht Ergebnis bösen Willens, sondern nur Resultat schlampiger Programmierung? So unglaublich es klingt, es könnte etwas Wahres dran sein: Als das Landgericht Heilbronn die Volksbank Brackenheim im Jahre 1999 dazu verurteilte, die Kontenführung eines Kunden zu berichtigen und die tatsächlichen Forderungen auszurechnen, musste die Bank eingestehen, nicht über die dafür nötigen technischen Mittel zu verfügen.

Die technischen Defizite wirken sich sogar auf die betriebswirtschaftliche Kompetenz aus. Wer die Programme jener Werbeveranstaltungen durchforstet, bei denen Bankberatungsfirmen ihre Software und Beratungsleistungen vorstellen, der stellt schnell fest, dass den Herrschaften von der Geldverwaltung selbst die einfachsten Methoden zur Feststellung von Kostendeckungsbeiträgen wohl kein Begriff sind. Von professionellem Risikomanagement oder der exakten Ermittlung von Gewinnmargen bei unterschiedlichen Kreditgeschäften ganz zu schweigen. Anders ist es nicht zu erklären, dass solche Beratungsleistungen überhaupt angeboten werden (müssen).

Wie zweifelhaft der Wissensstand der für Produktentwicklung und Projekterstellung zuständigen Banker ist, belegen die internen Anweisungen der ehemaligen Bayerischen Hypotheken- und Wechselbank. Darin wurde den Projektentwicklern und jenen, die die Verträge mit den Kunden vorbereiten, seitenlang das Einmaleins des Hypothekengeschäfts dargelegt – als hätten sie es nicht bereits in der Ausbildung lernen müssen.

Die Unkenntnis setzte sich lückenlos nach oben fort. Denn als das Desaster der Hypobank nicht mehr zu verheimlichen war, weil der neue Chef Dr. Albrecht Schmidt, der vom Fusionspartner Vereinsbank kam, einen plötzlich aufgetretenen Risikostock von mehreren Milliarden Mark vermutete, da brauchten endlich auch die Wirtschaftsprüfer kein Blatt mehr vor den Mund zu nehmen: Sie attestierten der Bayerischen Hypotheken- und Wechselbank ein fehlendes Kontroll- und Risikomanagement. Als Konsequenz wurde die Bilanz für das Jahr 1997 aufgehoben, und die Staatsanwaltschaft nahm Ermittlungen auf. Die HypoVereinsbank gibt es immer noch.

Wenn bei den Unternehmen, denen sie Geld geliehen haben, Verluste auftreten, gehen die Banken ganz anders vor. Entweder sie kippen die Firma gleich, oder sie drücken Berater ins Geschäft, übernehmen durch eigenmächtige Lenkung der Zahlungsströme die Geschäftsführung oder nötigen die Eigner zur Hereinnahme neuer, der Bank genehmer Partner. Anders, wenn es sich um den eigenen Stall handelt. Alfred Lehner zum Beispiel, der Chef der Bayerischen Landesbank, der 1997 in Singapur Verluste in Höhe von 1,3 Milliarden Mark hinnehmen musste, brauchte erst 2001, also vier Jahre nach dem Desaster, in den Ruhestand zu gehen.

Dabei verdichteten sich bereits 1999 die Anzeichen, dass es sich bei den Verlusten nicht um einen »Betriebsunfall« im Rahmen des Zusammenbruchs der südostasiatischen Volkswirtschaften gehandelt hat, sondern um die Folge mangelnder Risikoabsicherung. So berichtete die *Süddeutsche Zeitung* im September 1999, die Banker in Singapur hätten den Kunden Kredite ohne ausreichende Bonitätsprüfung gegeben und Aktien viel zu hoch beliehen. Wenn es stimmen sollte, dass den bayerischen Bankern in Singapur minderwertige oder gar gefälschte Aktien im Wert von 800 Millionen Mark angedreht worden sind, stellt das deren Qualifikation kein besonders gutes Zeugnis aus. In die Verantwortung Lehners fiel auch die Affäre der Landesbank-Tochter Landeswohnungs- und

Städtebaugesellschaft (LWS), die durch teilweise grotesk fehlgeschlagene Immobilienspekulationen zulasten des Steuerzahlers aufgefallen ist. So wurden wohl rund eine Viertelmillion Euro verbrannt.

Im März 2002 gab die Bayerische Landesbank ihren Anteil von 60 Prozent an der kroatischen Rijecka Banca zurück. Dafür bekam sie noch einen Euro. Zuvor hatte sie 70 Millionen Euro dafür ausgegeben. Die Rijecka-Bank war wegen krimineller Devisengeschäfte in die Schlagzeilen geraten, der Schaden wird auf 100 Millionen Euro geschätzt. Wohl wegen dieses Desasters erhöhte die Bayerische Landesbank ihre Risikovorsorge um über das Doppelte auf 1,2 Milliarden Euro. Wolfgang Rupf, bis November 2001 Chef der Bankgesellschaft Berlin, die unter anderem als Landesbank der Hauptstadt fungiert, sah lange Zeit keine Veranlassung, die Konsequenzen aus der Katastrophe um die Immobilien-Tochtergesellschaft IBG zu ziehen, deren oberster Aufseher er war, und die bis Ende 2000 mindestens eineinhalb Milliarden Mark Verlust gemacht haben soll. Nicht einmal dann, als man ihm darauf kam, dass er mittels einer abenteuerlichen Auslagerung der IBG-Verluste und der Etablierung einer Tochtergesellschaft auf den Cayman Islands, dem Paradies der Steuerflüchtlinge und Geldwäscher, die Schieflage irgendwie zu bereinigen versuchte. Es hat ihm lange nicht geschadet, dass das Bundesaufsichtsamt für das Kreditwesen dem Deal ein Ende machte, die Wirtschaftsprüfer von Price Waterhouse Coopers ein Gutachten über das Geschäft zurückzogen und auch der Senat der Stadt Berlin die Notbremse zog, als er von den Risiken erfuhr. Inzwischen ist aus der anfänglich überschaubaren Schieflage einer Bauträgergesellschaft ein riesiger Finanzskandal erwachsen, der die Bankgesellschaft in die Nähe der Insolvenz gebracht und den Etat des Bundeslandes Berlin in die Knie gezwungen hat. Jetzt müssen die Steuerzahler für das Desaster aufkommen, das einige unverantwortliche Manager über die Bank gebracht haben.

Keinerlei personelle Konsequenzen gab es im Vorstand der Deutschen Bank, als der Skandal um den Baulöwen Jürgen Schneider aufflog; auch als die Holzmann AG von heute auf morgen in

Schieflage geriet, blieb der Aufsichtsratsvorsitzende Carl Ludwig von Boehm-Bezing, zugleich Mitglied des Vorstands der Deutschen Bank, in Amt und Würden.

Festzustellen ist: Gerät eine Bank in Schieflage oder hat sie eine wirtschaftliche Pleite oder einen Skandal zu verantworten, bleiben die Verantwortlichen in den höchsten Etagen meist unbehelligt. Wer steht eigentlich für die desaströsen Fusionsversuche von Dresdner und Deutscher Bank gerade? Aus der Dresdner Bank ist zu hören, dass das so jämmerlich eingegangene »Powerhouse« der beiden Großbanken die Dresdner rund eine Milliarde Mark gekostet haben soll. Die hat sie, heißt es, in die Hand nehmen müssen, damit speziell ihre Top-Mitarbeiter im Investment-Banking nicht das Weite gesucht haben. Top-Managing?

Und wer muss den Kopf für Prognosefehler hinhalten, etwa bei der Einschätzung des Immobilienmarkts? Hätte auch nur einer der Banker mit spitzer Feder gerechnet, wäre er leicht auf die zu erwartenden Überkapazitäten im Wohnungsmarkt gekommen und hätte es seinen Kunden erspart, ihr Hab und Gut für fragwürdige Steuerersparnisse zu riskieren.

Wieso eigentlich werden nur so wenige von den Analysten, die zur Zeit des Aktienwahns jede mickrige Internet-Bude zum Weltmarktführer hochgejubelt haben, in die wahrhaft vergoldete Wüste geschickt? Den Banken haben sie Geld bis zum Abwinken eingebracht – aber den Finanzplatz Deutschland haben sie nachhaltig beschädigt. Wer will heute noch in Neuemissionen investieren? Wer in neue Technologien?

Und wann ziehen Bankenvertreter je die Konsequenz aus der Misswirtschaft, die sie als Anteilseigner bei anderen Firmen zu verantworten haben: Das Bauunternehmen Holzmann, das von der Deutschen Bank dominiert wurde, hat trotz Rettungsversuch inzwischen Insolvenz anmelden müssen – eine Firma, die immer ein wenig mit dem Insolvenzverwalter flirtete. Das Getränkekonglomerat Brau und Brunnen, an dem die HypoVereinsbank beteiligt ist, leidet unter ständig wachsendem Bedeutungs- und Substanzverlust, weil es Manager zu ertragen hatte, die von der Getränkeindustrie weniger verstanden als vom Controlling und das Unternehmen in seinem Abstieg nicht auffangen konnten. Stattdessen engagierten sie sich im Immobiliengeschäft und fielen dabei arg auf die Nase. Die Kaufring AG, einst strahlender Kleiner unter den Warenhäusern, jetzt nur noch Großhändler, verlor nahezu vollständig ihren Wert; stellvertretender Aufsichtsratschef bis Mai 2000 war Hans Henning Offen, der stellvertretende Vorstandschef der WestLB.

Dann gibt es noch die Flowtex, die bei den Banken und anderen Gläubigern mit 3 Milliarden Mark in der Kreide steckte und sich mit Leasing-Scheingeschäften Milliarden erschwindelte. Keine der Banken will etwas von den Betrügereien gewusst haben. Kurz vor dem Zusammenbruch schaffte es die Stuttgarter BW-Bank, durch Rückbuchung bereits ausgeführter Zahlungen das Minus auf ihren Konten stabil zu halten. Daraufhin geriet sie in Verdacht, mehr gewusst zu haben als die anderen Gläubiger, die sie ins Messer habe laufen lassen. Später gab die BW-Bank über 160 Millionen Mark in die Konkursmasse zurück.

Kein größerer Firmenzusammenbruch, bei dem die Banken nicht im Nachhinein feststellten, man sei überrascht worden oder der Vorstand habe sie getäuscht. Wer einen Kredit für sein Auto haben möchte oder noch einmal mit aller Kraft versucht, seine Firma mit ein paar zehntausend Euro vor dem Untergang zu retten, der wird genauer unter die Lupe genommen als die Großkunden, bei denen es um Millionen, wenn nicht um Milliarden geht. Die Banker zocken mit dem Geld ihrer Anleger eben lieber auf der allerhöchsten Ebene.

Wenn die Banken schon bei den großen Geschäften versagen, verstehen sie dann wenigstens etwas von den kleinen? Weit gefehlt! Den Anlegern, den Aktien- und Sparbuchbesitzern und den Kreditnehmern machen es die Banken ziemlich unbequem. Vielleicht werden sie noch lernen, dass der Verweis auf eine ferne Filiale, automatisierte Dienstleistungen oder E-Banking auch ins Abseits führen kann. Allerdings wäre so mancher Kunde mit einer Standardabfrage besser beraten als mit dem persönlichen Beratungsgespräch. Denn was die Banker häufig so von sich geben an Anlagetipps oder Kreditberatung, ist die Luft nicht wert, die durch ihre Stimmritzen streicht.

Bei dieser Einstellung ist es nicht verwunderlich, wenn die Kunden noch den letzten Rest an Vertrauen verlieren. Das Problem ist nur: Wer in dieser Welt aktiv sein will, als Privatmann oder als Unternehmer, braucht eine Bank. Bloß glaubt die Bank, sie brauche keine Kunden. Zumindest keine kleinen und mittleren.

Zur Zeit der Börsenhysterie und als sich die großen Fusionen andeuteten, verkündeten die Privatbanken den Abschied vom mittelständischen Kunden. Privatleute, ausgenommen extrem reiche, wollten sie erst gar nicht mehr sehen. Sie gründeten Kleinkunden-Sammelstellen wie die Bank 24 oder kündigten den Kreditnehmern gleich die Verträge; Kleinunternehmer, die ihren Dispokredit von vielleicht 4000 Euro kurzfristig auf 6000 Euro aufstocken wollten, wurden gar nicht erst angehört. Die neuen Direktbanken, zumeist Töchter der großen Banken, wehrten gleich ab, wenn Selbstständige bei ihnen Konten eröffnen wollten: zu viel Arbeit.

Zwischendurch schien es so, als würden die Bank-24-Kunden zur Dresdner Bank verschoben. Erst im Mai 2002 hieß es: »Kommando zurück!« Jetzt soll die mit Millionenaufwand geschaffene Marke aufgegeben, die Kunden wieder in die Umarmung der Mutter Deutsche Bank genommen werden. Allerdings kündigte der neue Deutsche-Bank-Chef Josef Ackermann eine harte Gangart an. Dem *Manager Magazin* zufolge will Ackermann nur jene Kreditnehmer lieb haben, die zu den Krediten auch andere Produkte annehmen: Lebensversicherungen vielleicht oder hauseigene Fonds. Das könnte zu fröhlichen Nötigungsspielereien führen bei der seriösen Deutschen Bank.

Hypobank-Chef Albrecht Schmidt kündigte in einem Gespräch mit der *Welt am Sonntag* an, seine Bank werde sich aus unprofitablen Engagements mit hoher Kreditlastigkeit zurückziehen. Angesichts dieser Situation konstatierte der Verband Mittelständischer Unternehmer im Januar 2001: »Kreditinstitute schieben uns regelrecht ab.«

All das sind Symptome für die Unfähigkeit der Banker. Allen voran für ihre ökonomische Inkompetenz, denn welcher Unternehmer kann es sich heutzutage noch leisten, Marktanteile preiszugeben, und dann auch noch durch schlechtes Benehmen? Dann für ihre soziale Inkompetenz, denn ein funktionierender Mittelstand ist das Rückgrat einer Volkswirtschaft. Wer Unternehmer, die schon mit der Existenzsicherung genug zu tun haben, noch zusätzlich durch Diskriminierung verunsichert, der zeigt eine verantwortungslose Grundeinstellung. Verantwortungslos gegenüber dem Unternehmer und seinen Mitarbeitern, verantwortungslos gegenüber dem Gemeinwesen.

## Kriminelle Fälle: Die schlimmen Finger

Als Gerd V. (Name geändert) vollends der Garaus gemacht werden sollte, hatte dieser, ein Landwirt mit erheblichem Grundvermögen in Berlins Speckgürtel, bereits allerlei Katastrophen mit betrügerischen Beratern und Projektentwicklern hinter sich. Der alte Herr, damals achtzig Jahre alt, wehrte sich mit Kräften gegen all die Betrüger – mit der Folge, dass er jetzt auf Schuldtiteln im Wert von über einer Viertelmillion Euro sitzt, mit denen er aber nichts anfangen kann, weil die Betrüger das Weite gesucht haben, hoffnungslos pleite sind oder ihr Geld anderen überschrieben haben. Gerd V.s verbliebene Grundstücke sind so hoch mit Grundpfandrechten belegt, dass sie seinen Lebensabend nicht erfreulicher machen. So lebt er von dem, was die Äcker hergeben und was sich an die vielen Pferdehalter in der Gegend verkaufen lässt.

Der letzte Raubzug beginnt, als Gerd V. in eines seiner Häuser, eine heruntergekommene Jugendstilvilla, einen angeblichen Architekten einziehen lässt, Eberhard G. (Name geändert). Etwa zeitgleich erklärt die Stadtverwaltung die Villa zum Baudenkmal, und Gerd V. verpflichtet sich, sie im alten Glanz erstrahlen zu lassen. Für die Finanzierung des Vorhabens wendet er sich an eine ortsansässige Bank und bittet um einen 125 000-Euro-Kredit. Der wird abgelehnt.

Eberhard G., der vorgebliche Architekt, bietet sich als Retter an. Er erklärt der Bank, er habe zwei solvente Mieter bei der Hand, erstens ihn selbst und sein Baubüro und zweitens ein Bauträgerunternehmen. Insgesamt sei mit 4000 Euro Monatsmiete zu rechnen. Zudem wolle er für die Kreditsumme bürgen.

Die Bank stimmt zu, Gerd V. erhält das Geld. Das war 1997, also zu einer Zeit, als die wilde Ära der Grundstückspekulationen eigentlich bereits abgeklungen war und die Banken anfingen, ihre daraus resultierenden Verluste zusammenzurechnen. Möglicherweise hat diese Bank darüber versäumt, sich ein wenig über Eberhard G. zu erkundigen, den wir von nun an nur noch als Betrüger bezeichnen wollen. Hätten sie ein paar Fragen gestellt, wären die Banker vielleicht darauf gekommen, dass dieser damals bereits sechsmal vorbestraft war, unter anderem wegen Betrugs, und keinerlei Vermögen vorweisen konnte. Und die Architektenkammer Schleswig-Holstein hätte umgehend mitteilen können, dass es sich bei dem Betrüger keineswegs um einen Architekten handelte, selbst wenn dieser gerne eine entsprechende Urkunde vorzeigte.

Wollen wir für die Bank hoffen, dass die Mitarbeiter dort schlicht vergessen haben, die Bonität und das Vorleben des Betrügers ausreichend zu überprüfen. Wenn sie es nämlich doch getan hätten, blieben nur zwei Schlüsse: Entweder sie steckten mit dem Betrüger unter einer Decke oder sie brauchten die Bürgschaft nur als Formalie, um den Kredit herausreichen zu können. In diesem Fall wäre das Ziel die spätere Übernahme des Hauses in den eigenen Bestand, denn der Kredit war selbstverständlich auch mit einer Grundschuld besichert. Merkwürdig nachlässig wurden auch die Mietverträge gehandhabt: Diese wurden noch in der Bank unterschrieben, obwohl der Betrüger keine Vollmacht der Bauträgergesellschaft vorwies. Schließlich wiegten der Betrüger und der Banker den Landwirt mit der Ankündigung in Sicherheit, das Bauträgerunternehmen werde von der Bank in Kürze einen Kredit zum Kauf des zur Villa gehörenden Grundstückes erhalten. Mit dem Erlös aus diesem Verkauf könne der Landwirt den Kredit dann vorzeitig ablösen.

So lagen also 125 000 Euro abrufbereit auf einem Konto, das ausschließlich unter dem Namen des Landwirts geführt wurde. Obwohl der Betrüger weder einen offiziellen Auftrag zur Renovierung der Villa bekommen hatte (und auch nie bekommen sollte) noch eine Vollmacht zur Zahlung der Handwerker, ging es mit den Arbeiten los, wenn auch zunächst nur auf dem Papier. Und zwar auf einem Papier, auf dem ein Vertrag gedruckt war, mit dem die Frau des Betrügers bei der Bank einen Kredit von 20 000 Euro aufnahm. Dafür, so hieß es später, habe sie im Auftrag des Landwirts Baumaterial eingekauft. Kurz darauf stellte der Betrüger dem Landwirt eine Rechnung über exakt 20 000 Euro Architektenhonorare aus, die dieser nie zu Gesicht bekam. Zu sehen bekam diese Rechnung nur der

Bankmitarbeiter, der das Geld vom Konto des Landwirts auf das des Betrügers buchte. Der Überweisungsbeleg, der erst sehr viel später auftauchte und den Gerd V. während der vorgeblichen Bautätigkeit ebenso wenig zu Gesicht bekommen hatte wie einen Kontoauszug, trug daher auch nicht die Unterschrift des Geprellten, sondern den Vermerk »laut telefonischer Absprache«. Gerd V. versichert, eine solche Anweisung niemals gegeben zu haben.

Er wusste allerdings inzwischen, dass die Handwerker in seiner Villa zugange waren, bestand aber – das war sein Fehler – nicht auf ordentlichen Verträgen, sondern ließ den Betrüger vertrauensvoll weitermachen. Der kam eines Tages zu ihm und bat, weil die Handwerker angeblich so drängten, um seine Blankounterschrift unter zwei Überweisungsträger. Auch hier wurde der Landwirt wieder nur abgezockt, denn der Betrüger überwies erneut 20 000 Euro auf sein eigenes Konto und 5000 Euro auf das Konto seiner Frau.

Von da an verfügte der Betrüger über die Unterschrift seines Opfers, die er gnadenlos einsetzte. Wenn der Banker nicht gerade eine Überweisung mit dem Vermerk »laut telefonischer Vereinbarung« legitimierte, fälschte der Betrüger die Überweisungsträger, indem er die Unterschrift nachzog. In einem anderen, nicht dieses Bauvorhaben betreffenden Gerichtsverfahren kam heraus, dass er sich sogar erdreistet hatte, die Unterschrift auf den Überweisungsträger zu kleben. Möglicherweise handelte es sich um einen Computerausdruck der gescannten Unterschrift. Die Banker hatten es nicht gemerkt. Nicht merken wollen?

Natürlich verstand es der Betrüger geschickt, eine zu frühe Aufdeckung seiner kriminellen Aktion zu verhindern. Denn er bediente nicht nur sich selbst überaus großzügig mit V.s Geld, sondern auch die Handwerker, die in der Villa werkelten. Und zwar genau so lange, bis eine einzige der insgesamt vier Etagen der Villa fürstlich renoviert war – jene, in der sich der Betrüger eingenistet hatte. Da war der Kredit verbraucht und dazu standen noch weitere 50 000 Euro offen, wegen deren Bezahlung die Handwerker nun bei dem Landwirt anklopften.

Erst jetzt gingen dem Geprellten die Augen auf, und er überblickte das ganze Ausmaß des Desasters: 175 000 Euro, die eigentlich für das ganze Haus hätten reichen sollen, waren für die Heimstatt eines Betrügers ausgegeben. Der Mietvertrag mit dem Bauträger hatte sich natürlich längst in Luft aufgelöst, und obendrein begann die Stadtverwaltung wegen der Renovierung zu drängeln. Der Kreditsachbearbeiter bei der Bank, von Gerd V. zur Rede gestellt, forderte ihn kaltschnäuzig auf, einen neuen Kredit aufzunehmen, damit die Renovierung endlich beendet werden könne.

Da stieg der Landwirt wieder einmal in den Gerichtsring. Aber alles, was er bisher erreichen konnte, war ein Titel gegen den Betrüger, mit dem dieser auf Rückgabe von 30 000 Euro verpflichtet wurde – doch da der Betrüger kein Vermögen hat, ist dieser Titel nichts wert. Gerd V. gewann auch eine Räumungsklage, nur bekam er seinen Peiniger trotzdem nicht aus der Wohnung, denn der Betrüger ist körperlich geringfügig behindert, sodass ihm immer wieder Räumungsschutz zugebilligt wird. Miete hat Gerd V. schon lange keine mehr gesehen. Und die Handwerker drohen inzwischen mit Zwangsmaßnahmen.

Das ist aber nur der geringste Ärger. Viel schlimmer ist, dass die Bank ihr Geld zurück will und den Landwirt mit Zwangsversteigerung bedroht – nicht nur der Villa, sondern auch noch des Wohnhauses, in dem er lebt. Fast scheint es, als wäre der Tod für Gerd V. und seine Frau die bessere Lösung.

*

Die Kriminalität ihrer Mitarbeiter ist für die Bankenwelt das wohl peinlichste Kapitel. Lange Zeit genossen die Banker hohes Ansehen. Das wandelt sich nun, die Öffentlichkeit nimmt inzwischen Verhaltensweisen, die an die organisierte Kriminalität erinnern, wohl wahr und will sie abgestraft wissen. So kann auch die Justiz nicht mehr einfach wegsehen und das Recht ein wenig zugunsten der Banker beugen.

Immer wieder gibt es Fälle von persönlicher Bereicherung, und geradezu systemimmanent sind bewusste Falschberatung, Anstiftung zu Steuerdelikten, Begünstigung von Serienbetrügereien, Insidergeschäfte und Geldwäsche.

Persönliche Bereicherung ist häufig aus krankhafter Veranlagung motiviert, etwa aus Spielsucht, aus Geltungsdrang, manchmal liegt ihr auch das Helfer-Syndrom zugrunde. In Baden-Baden zum Beispiel wurde der Filialleiter einer Privatbank zu vier Jahren und drei Monaten Gefängnis verurteilt, weil er siebeneinhalb Millionen Mark verzockt hatte, die ihm seine Kunden zur Anlage anvertraut hatten. Die eher alltägliche Geschichte hat eine verspätete Pointe: Der Mann versuchte, das verspielte Geld vom Casino zurückzuklagen. Sein Argument: Damals habe ein »Residenzverbot« geherrscht, nach dem Baden-Badener nicht im heimischen Casino spielen durften. Damit sollte verhindert werden, dass Ortsansässige an Spielsucht erkranken. Es habe zwar die Möglichkeit bestanden, Ausnahmegenehmigungen zu bekommen, eine solche sei ihm aber nicht erteilt worden. Die Richter konnten dem nicht folgen und lehnten die Forderung nach Schadensersatz ab.

In Berlin musste sich ein ehemaliger Filialleiter der Deutschen Bank für hundertachtfache Untreue, neunfache Unterschlagung, neunundsechzigfache Urkundenfälschung und dreiundsechzigfachen Betrug verantworten. Das Geld, das er dabei erbeutete, verspielte er in Casinos. Ein Jahr zuvor bereits hatte ein Deutschbanker seinen Arbeitgeber und auch Kunden innerhalb von nur neun Jahren um 5,6 Millionen Mark fürs Roulette gebracht, und keine Sicherheitsvorkehrung konnte das verhindern.

In Longerich bei Köln hat ein Banker der Aktienhysterie nicht standhalten können. Er bediente sich am Geld seiner Arbeitgeberin, der Sparkasse, mit insgesamt 5 Millionen Mark und verlor davon 2 Millionen durch Spekulationen. An das Geld war er gekommen, indem er Scheinkonten für Scheinkreditverträge einrichtete. Das Strafmaß fiel trotz der hohen Summe milde aus: zwei Jahre Haft auf Bewährung. Der ehemalige Filialleiter arbeitet jetzt freiberuflich als Finanzberater … Denselben Trick mit den Scheinkrediten wandte ein Filialleiter der Kölner Stadtsparkasse an, der auf diese Weise 1,5 Millionen Mark veruntreute.

Aber auch der direkte Zugriff auf die Konten funktioniert. Vermögende Kunden, die sich nicht besonders aktiv um ihren Kontostand kümmern, vielleicht nachlässig mit den Abrechnungen und Auszügen umgehen, unter Umständen sogar im Ausland wohnen, werden so ganz nebenbei um ein paar tausend Mark geprellt. Wie weit man mit dieser Masche kommen kann, zeigte ein Mitarbeiter der New Yorker Filiale der Deutschen Bank: Er klaute den Kunden der Bank, darunter die Thyssen-Familie, insgesamt 18 Millionen Mark.

Ganz tief gesunken ist der ehemalige Chef einer Sparkasse aus dem Hessischen, der statt Kreditkonten jetzt als Getränkeverkäufer Bierkästen und Limoflaschen verwaltet. Das Mitleid für ihn hält sich in Grenzen, vor allem in seinem ehemaligen Wohnort, wo er seit Bekanntwerden seiner Taten rigoros geschnitten wird. Denn der Mann hatte eine stark sehbehinderte Kundin zunächst zwei Auszahlungsbelege blanko unterschreiben lassen, um dann die Summe von jeweils 50 000 Mark einzutragen und an sich auszahlen zu lassen. Später, die Frau hatte den Banker inzwischen als Vermögensverwalter eingesetzt, zweigte er nach dem Verkauf eines Hauses noch einmal 20 000 Mark für sich ab. Als die Frau ihm auf die Schliche kam, weigerte er sich, das Geld zurückzuzahlen; er nahm Prozesse bis zum Oberlandesgericht in Kauf, was den Strafprozess um fünf Jahre verzögerte. Erst nach der Rücknahme seiner zivilrechtlichen Berufung konnte er dann endlich, acht Jahre nach der Tat, verurteilt werden – zu zwei Jahren. Auf Bewährung.

Manchmal bauen die Banker sich auch hoch rentierliche kriminelle Vereinigungen auf. In Köln vergaben zwei Deutschbanker Kredite an türkische Familien, die keinerlei Sicherheiten leisten können. Dafür ließen sie sich bis zu 10 000 Euro an Provisionen auszahlen. Oft entstehen aus solchen gegenseitigen Gefälligkeiten Abhängigkeiten, die direkt in die Erpressung führen.

Manche kriminellen Machenschaften erstrecken sich über viele Jahre, und mitunter ist gar nicht so genau zu erkennen, wo die Bereitschaft zu helfen in kriminelle Energie umschlägt. So ist es zumindest im Fall des Bankkaufmanns Robert L. aus Aachen. Zu Beginn ging es nur darum, einen klamm gewordenen Unternehmer liquide zu halten, der in der Türkei Baumaschinen verkaufte und mit bankbestätigten Schecks nach Hause kam. Da lief noch alles gut.

Als der Kaufmann aber begann, aus der Türkei Lebensmittel einzuführen, ergaben sich Schwierigkeiten. Denn der Ankauf musste vorfinanziert werden, und die Abnehmer ließen manchmal mit der Bezahlung auf sich warten. Wenn er aus der Türkei Schecks mitbrachte, die nicht gedeckt waren, zahlte der Banker diese doch aus, weil meist kurz darauf die Ware verkauft wurde und das benötigte Geld hereinkam. Die Finanzierungslücken wurden aber immer größer, zudem platzten Kundenschecks. Als dem Banker die Sache zu heiß wurde und er die Beziehungen beenden wollte, drohte ihm der Kaufmann, das ganze Ausmaß der Unkorrektheiten aufzudecken. Robert L. fürchtete um seinen Job.

Die Geldforderungen des Türken wurden immer dreister, vor allem, als dieser versuchte, in seinem Heimatland eine Konservenfabrik aufzubauen. Auf dem Höhepunkt dieser verhängnisvollen Affäre sah sich der Banker gezwungen, fast täglich Beträge bis zu 40 000 Euro in die Türkei zu überweisen. Es hängten sich auch zwei weitere türkische Kaufleute an, die zusammen mehr als 350 000 Euro erhielten. Schließlich kam alles heraus – doch da betrug der Schaden bereits rund 7,5 Millionen Euro.

Die Bank verzichtete auf eine Anzeige, ließ sich aber ein notariell beurkundetes Schuldanerkenntnis und eine Rückzahlungsverpflichtung unterschreiben. Vor den Richter kam die Sache, nachdem der türkische Kaufmann bankrott gegangen war und die Staatsanwaltschaft wegen Konkursverschleppung ermittelte.

Ein tragischer Fall? Robert L. hat sich eindeutig über Vorschriften hinweggesetzt und Gesetze nicht beachtet. Er hätte dem Spuk jederzeit ein Ende machen können, hat das aber aus Furcht vor Unannehmlichkeiten unterlassen. Damit hat er sich ebenso am Geld seines Arbeitgebers vergriffen wie jene, die direkt in den Tresor greifen. So etwa bei der Dresdner Bank in Köln, wo sich zwei leitende Mitarbeiter schließlich nicht mehr damit begnügten, Urkunden zu fälschen, um Geld abzugreifen. Sie ließen Kopien der

Schlüssel für den Safe anfertigen und packten sich 150 000 Euro. Der Gesamtschaden, den die beiden angerichtet hatten, bezifferte sich auf eine Viertelmillion. Bankern aus anderen Instituten ist es sogar gelungen, in die Tresore der Bankkunden einzudringen und dort Schmuck, Wertpapiere und Bargeld zu stehlen.

Tresore sind also nicht allein von externen, sondern auch von internen Panzerknackern bedroht. Auch die Nachttresore, deren sich täglich Millionen von Einzelhändlern bedienen, die dort mittels Geldbomben ihre Tageseinnahmen deponieren, die ihnen am nächsten Tag gutgeschrieben werden. Häufig leeren die Banker diese Tresore am frühen Morgen selbst, es werden aber auch zunehmend Geldtransportfirmen damit beauftragt. Wenn dabei, wo auch immer, Geldbomben verschwinden, haben die Bankkunden das Problem, die Einlieferung zu beweisen. Einer hatte das Glück, dass er Zeugen dafür hatte – jetzt muss ihm die Bank 12 000 Euro ersetzen. Zudem schrieb das Gericht den Bankern ins Stammbuch, die Nachttresorsysteme seien nicht sicher.

*

Die höheren, gesellschaftlich akzeptierten Formen der Bankenkriminalität dienen vorwiegend der Bank und nur ein wenig dem Mitarbeiter. Unmittelbar geht es dabei um die Steigerung der Umsätze, es geht um Wohltaten, die der Bank die Gewogenheit der Mächtigen sichern, und um Aktionen, bei denen man die Bank in den Besitz eines Vermögens bringt, das vorher anderen gehört hat; indirekt können dabei Beförderungen und Tantiemen für den Mitarbeiter herausspringen. Die Justiz ist hier ganz besonders nachsichtig; hier drohen keine Freiheitsstrafen auf Bewährung, hier gibt es Freisprüche erster Klasse, wie sie zum Beispiel die Chefs der Sparkasse Mannheim erhielten (allerdings hat die Staatsanwaltschaft Revision eingelegt, und der Prozess wird wohl neu aufgerollt). Im Verfahren gegen die Vorstände ging es um ungesicherte Kredite, die einen Schaden von mindestens 250 Millionen Euro angerichtet haben sollen. Über 200 Millionen Euro musste das Institut als Verlust abschreiben, der gesamte Wertberichtigungsbedarf wird auf 424 Millionen Euro geschätzt. Angeklagt wurden die Manager wegen einer Summe von rund 70 Millionen Euro, die in dubiosen Hotelprojekten und als Kredite für eine marode Nährmittelfabrik verbrannt wurden.

Den Kreditvorstand der Sparkasse zitierte die *Frankfurter Rundschau* so: Die Sparkasse sei durch falsche Geschäftspolitik zum Schlusslicht unter den deutschen Großsparkassen geworden, dazu mit einem extrem mageren Betriebsergebnis geschlagen. Er habe das nach seiner Berufung zum Kreditvorstand gründlich verändert. Wörtlich: »Innerhalb von fünf Jahren waren wir die Nummer eins. Man war wieder wer und wurde nicht mehr gehänselt.«

Offensichtlich reichte das, um den Richter davon zu überzeugen, dass keiner der Vorstände untreu gehandelt habe. Einer der Verteidiger brachte es auf den Punkt: »Geld zu verdummdeubeln ist nicht strafbar.« In der Tat, Dummheit ist wirklich nicht strafbar.

Verglichen mit diesem Milliardenspiel wären die Vergehen eines Marburger Bankers kaum der Rede wert, würden sie nicht das Motiv der Geltungssucht aus einem Blickwinkel erscheinen lassen, der zunächst Sympathie weckt. Der Mann, er war Filialleiter einer großen Geschäftsbank, hat immer wieder hoch verschuldeten Menschen mit Darlehen »ausgeholfen«. Mal mit 3000, aber auch schon mal mit 100 000 Euro, die er Arbeitslosen, Sozialhilfeempfängern, schwangeren Müttern und erfolglosen Gastwirten gewährte. Um nicht aufzufallen, fälschte er die Namen der Kreditnehmer und ließ seine Kreditzusagen von immer wieder anderen Kollegen gegenzeichnen. Am Schluss nannte man ihn in dem sozialen Brennpunkt, in dem die Filiale gelegen war, den »Robin Hood von Marburg«, weil er der reichen Bank nahm und den Armen gab. Aber so rührend es klingt: Den Empfängern des Geldes war damit nicht geholfen, denn schließlich müssen sie die Kredite ja zurückzahlen, wenn sie sich nicht der fünfjährigen Tortur der Restschuldbefreiung im privaten Insolvenzverfahren unterwerfen.

Der Richter ließ sich von den Erzählungen des Wohltäters beeindrucken und stellte das Untreueverfahren gegen eine Geldbuße in Höhe von knapp 8000 Euro ein. Auch die Bank hat ihren Schaden klein halten können: Das Risiko aus der unkonventionellen Kreditvergabe bezifferte sie mit rund 750 000 Euro, wovon 250 000 als echter Verlust deklariert wurden. 100 000 Euro hatte der Banker zum Zeitpunkt der Verhandlung bereits zurückgezahlt und 150 000 flossen aus einer Personalhaftpflichtversicherung. Den Rest stellte die Bank wahrscheinlich in die Risikorücklagen, wodurch die Körperschaftssteuerpflicht der Bank um geschätzt knapp 400 000 Euro gesunken sein dürfte. Da sie damit keineswegs auf die Rückzahlung der Kredite verzichtet hat, wird sie wohl weiter versuchen, die Verführten zu belagern. Das allerdings ist nach offizieller Lesung kein krimineller Akt.

Beihilfe zur Steuerhinterziehung scheint ebenfalls kein strafwürdiges Delikt zu sein. Dabei haben die Banker mit dem Angebot, Gelder über die Grenze nach Luxemburg zu transferieren, wo es keine Quellensteuer gibt, letztlich auch ihren Kunden geschadet. Steuerfahndung und Staatsanwaltschaft sind überall im Land fündig geworden, auch, weil die Banker nur ungern wegen des Bankgeheimnisses ins Gefängnis gehen. Die Auslandsüberweisungsmaschine einer der großen Geschäftsbanken hat die Justiz auf ganz simple Weise geknackt: Nachdem bereits 1999 rund sechshundert Geldtransfers in die Schweiz entdeckt worden waren und bereits vierhundert Selbstanzeigen vorlagen, boten die Häscher den Mitarbeitern an, Selbstanzeige wegen Beihilfe zur Steuerhinterziehung zu erstatten. Wenn sie dann noch den Namen der Steuerflüchtlinge, also ihrer Kunden preisgäben, könnten sie auf Milde hoffen. Diese Möglichkeit nutzten sie gerne. Bei einer Hausdurchsuchung wurden nach Aussagen der Staatsanwaltschaft Hinweise gefunden, die auf eine Mitwisserschaft der Bankvorstände schließen ließen. Trotzdem wurde von einem Strafbefehl oder gar einer Verurteilung nichts bekannt.

*

Beihilfe und Anleitung zur Steuerflucht, die Machenschaften um die Steuersparmodelle, die Betrügereien beim Internet-Hype – das waren die schändlichsten Auswüchse der Bankenkriminalität: extrem schädlich für die Volkswirtschaft, existenzvernichtend für die Leidtragenden, aber gut für die Kassen der Geldinstitute.

Und sie machen weiter. Die Schutzgemeinschaft für Bankkunden hat im April 2002 eine neue Betrugsmasche aufgedeckt: Zumindest eine Bank versucht die wenigen, die jetzt noch Aktien kaufen, direkt in die Katastrophe zu ziehen. Sie bedient sich dabei ungeniert der Urkundenfälschung. Ein Betroffener berichtet, wie man ihn beim Aktienkauf mit einem bereits vorher ausgefüllten Beratungsbogen zu hintergehen versucht hat. Auf diesem Bogen, auf dem der Anleger unter anderem angeben muss, ob er sein Geld eher konservativ oder eher spekulativ anlegen will, sei die Rubrik »spekulativ« bereits angekreuzt gewesen.

Gelingt der Trick, profitiert die Bank davon gleich dreifach: Erstens können sich die vorgeblichen Anlageprofis der Bank bei missglückten Transaktionen darauf hinausreden, der Kunde sei ja bewusst ins Risiko gegangen. Zweitens haben sie die Erlaubnis, im Depot des Kunden wild hin und her zu fuhrwerken, um durch hektische Käufe und Verkäufe Gebühren zu schinden. Und drittens ist die Bereitschaft zur Spekulation ein Freibrief, das Depot des ahnungslosen Kunden mit Schrottpapieren zu befrachten, die die Bank aus ihrem eigenen Bestand entsorgen möchte.

Krimispielplatz Bank: Alles wird versucht, und alles ist möglich.

## Das Profil: Schnösel, Schlamper und Sadisten

Wo Macht ist, gibt es Missbrauch, und aus Machtmissbrauch entstehen Sadismus und Schlamperei. Es wirkt reinigend, wenn solche Fälle publik werden, gerade weil es für die Bank so peinlich ist. Schlimmer ist es, wenn eine Existenz dadurch vernichtet wird, dann darf der Banker in der Regel zur Tagesordnung übergehen und darauf rechnen, dass nichts herauskommt.

Reinigend dürfte eine Affäre um das verschwiegene Sparguthaben einer Verstorbenen gewirkt haben, wodurch eine Sparkasse in den Genuss von nicht zu verzinsenden 20 000 Mark kam. Erst fast dreißig Jahre nach dem Tod der Frau entdeckte ihre Tochter das Sparbuch und wollte den Betrag abheben. Die Sparkasse aber stellte sich taub und behauptete, irgendein Fremder habe den Betrag längst abgehoben, und leider seien die Belege darüber alle verschwunden, Pech für die Erbin. Dreist wurde behauptet, aus dem Jahresabschluss der Sparkasse sei die Richtigkeit dieser Behauptung zu erkennen, denn in diesem Abschluss sei kein Sparkonto mit der fraglichen Summe aufgeführt. Im Übrigen sei die Sache verjährt.

Die Quittung folgte erst in zweiter Instanz, das Oberlandesgericht Schleswig verurteilte die Sparkasse zur Auszahlung des Sparbetrags plus Zinsen (Aktenzeichen 3 U 36/96). Deutlich, wenn auch im Ton zurückhaltend, verliehen die Richter ihrem Befremden über den Versuch der Kasse, sie zu verdummbeuteln, Ausdruck: »Insbesondere ist nicht erkennbar, wie sich aus den Bilanzen für 1965 beziehungsweise 1966 ergeben soll, dass die Forderung der Klägerin nicht mehr eingebucht war, da in den Bilanzen der Banken einzelne Sparkonten bekanntlich nicht aufgeführt sind.« Bekanntlich!

Verbraucheranwälte, die Bankkunden vertreten, die durch Fehlbuchungen und falsch berechnete Zinsen eingetretene Schäden ersetzt haben wollen, sehen sich häufig mit der Behauptung konfrontiert, die Bank könne die geforderten Summen nicht nachvollziehen, weil die entsprechenden Unterlagen nicht mehr vorhanden seien.

Den Kunden aus reiner Machtüberschätzung Geld vorzuenthalten, ist eine weit verbreitete Praxis. Mitunter verfügen Banker sogar über die Konten ihrer Kunden. So ging es einem Geschädigten, der sich mit seiner Bank vor Gericht über die Rechtmäßigkeit von Kreditforderungen stritt. Die Bank belastete das Konto des Mannes kurzerhand mit den zu erwartenden Prozesskosten in Höhe von 60 000 Mark – mit dem Argument, er verliere den Streit ja doch, also könne sie sich schon einmal bedienen. So geht es nicht, urteilte der Bundesgerichtshof (Aktenzeichen XI ZR 26/97), bei der Forderung auf Erstattung von Prozesskosten handele es sich nicht um Forderungen aus einer »bankgemäßen Geschäftsverbindung«. Nach einer Kreditkündigung und Einleitung der Zwangsversteigerung hatten die Banker wohl angenommen, es gehöre ihnen ohnehin schon alles, da käme es auf die paar zehntausend Mark mehr oder weniger nun auch nicht mehr an.

Solche selbstherrlichen Verfügungen kommen immer wieder vor. In einem anderen Fall zahlten die Banker das Vermögen eines Verstorbenen nicht vollständig an die Erben aus, sondern behielten die Kosten für die Beerdigung ein. Was auch immer die Gründe für diese Eigenmächtigkeit waren – das Landgericht Itzehoe hat ihr einen Riegel vorgeschoben.

Solche Allmachtsphantasien gehen häufig mit dem Verlust jeglicher Moral einher. Was sich einige Vertreter der Bankerzunft (und die sie beratenden Anwälte) in ihrer Provisionsgier mit einem geistig Behinderten geleistet haben, zeugt von ungewöhnlicher Gewissenlosigkeit: Sie gaben dem Mann, der nie Lesen und Schreiben gelernt hatte, einen Kredit zum Kauf einer Eigentumswohnung. Es ging um eines jener Geschäfte, die vorgeblich der Steuerersparnis dienten, aber letztlich nur zur Enteignung gering Verdienender erfunden wurden. Es fiel den Bankern nicht auf, dass der Mann als Bauhilfsarbeiter eigentlich keinerlei Steuervorteile erlangen konnte. Es störte sie auch nicht, dass sie ein Geschäft mit einem Analphabeten machten, der gar nicht in der Lage war, die komplexen Zusammenhänge zu begreifen, und dem ein Betreuer zur Seite gestellt war, den sie einfach übergingen.

Als der von der Sache erfuhr und das Geschäft rückgängig zu machen versuchte, musste er sich bis hinauf in den Bundesgerichtshof klagen, um sein Mündel von der finanziellen Last zu befreien. Die Anwälte der Banker argumentierten: Der Mann war nicht vollständig entmündigt, durfte er doch alltägliche Geschäfte ohne seinen Betreuer tätigen, zum Beispiel Brot und Butter kaufen oder Busfahrkarten bezahlen. Darauf ließen sich sogar Oberlandesrichter ein! Gott sei Dank erkannte der Bundesgerichtshof den Unterschied zwischen einem Einkauf beim Metzger und dem Kauf einer Immobilie mitsamt langjähriger Verschuldung und machte den Kreditvertrag rückgängig.

Aber nicht nur in diesem Beispiel zeigt sich, dass die Banken ihre Kunden für geistig minderbemittelt halten. So wurde eine Kundin zu einer nicht unbeträchtlichen Einlage mit dem Argument beschwatzt, hier erziele sie eine langfristig hohe Verzinsung ihres Spargeldes. Das Gegenteil war der Fall, die Bank arbeitete mit variablen Zinssätzen. Bei der Abrechnung ergab sich eine Verzinsung weit unter den Angeboten der Konkurrenz. Die Bank redete sich darauf hinaus, die Kundin hätte nicht auf die Versprechungen der Berater hören, sondern lieber das Kleingedruckte lesen sollen.

Mit einem perfiden Trick haben Versicherungsmakler ausländische Mitbürger getäuscht und sie um dringend benötigtes Geld gebracht. Sie behaupteten, Kindergeld würde nur dann ausbezahlt, wenn es für die Versicherung der Kinder ausgegeben würde. So schrieben die Vertreter Lebensversicherung um Lebensversicherung in beträchtlicher Höhe – bis der Betrug irgendwann doch noch auffiel.

Eher in die Abteilung »Schlamperei und alltägliche Widerwärtigkeiten« gehören folgende Beispiele:

- Die Versorgungswerke in Freiburg im Breisgau übermittelten der dortigen Sparkasse zu Testzwecken die Daten von achttausenddreihundert Kunden. Zweck der Übung war, herauszufinden, ob sich ein neues Abrechnungsverfahren mit den Abläufen der Sparkasse verträgt. Das war wohl der Fall, denn die Sparkasse machte Ernst aus dem Testfall und buchte die Beträge unerlaubt ab.

- Die Volksbank von Himbergen bei Lüneburg belastete das Konto eines Kunden gleich mehrfach mit dem Betrag von Habenzinsen, statt sie seinem Konto gutzuschreiben.
- Die Sparkasse Erlangen ließ eine Lastschrift über 9,90 Mark zurückgehen, weil das belastete Girokonto keine ausreichende Deckung aufwies. Dafür belastete sie das Konto trotz der fehlenden Deckung zu ihren Gunsten mit 10 Mark – die übliche, inzwischen für unrechtmäßig erklärte Strafgebühr. Es geht also – mit einigem bösen Willen.

Was dagegen zwei Unternehmer erlebt haben, die sich plötzlich in der Datenbank der Schufa (Schutzgemeinschaft für allgemeine Kreditsicherung) wiederfanden, übersteigt solche Schlampereien bei weitem. An die Schufa werden von den Banken die Kreditaufnahme ihrer Kunden und Unregelmäßigkeiten bei der Tilgung gemeldet. Wird dort eine Kreditkündigung verzeichnet, hat das in der Regel zur Folge, dass alle anderen Banken mit diesem unsicheren Kunden keine Geschäfte machen oder gar selbst Kündigungen aussprechen. Dienstleistungsunternehmen wie die Telefongesellschaften verlangen dann häufig hohe Kautionszahlungen, und Lieferanten stellen auf Vorkasse um – kurz: Eine Schufa-Eintragung kann den blitzschnellen Ruin bedeuten. Dabei sind die Eintragungen dort und bei anderen Auskunfteien keineswegs immer zuverlässig; manchmal vergessen die Mitarbeiter sogar, eine negative Meldung zu löschen, wenn die Schulden zurückgezahlt wurden.

Roland Straub, für einen Hersteller von Analysegroßgeräten im internationalen Marketing tätig, ist viel unterwegs. Daher schätzt er den Komfort, den die Fluglinien den Inhabern von Vielfliegerkarten bieten. So war er auch Mitglied im Lufthansa Frequent Traveller Club. Allerdings nur kurze Zeit, denn mit den Abrechnungsmodalitäten der Gesellschaft kam er nicht zurecht. Als er eines

Tages den Verdacht hegte, die Lufthansa würde ihm zu viel Geld abverlangen, bezahlte er die letzte Rechnung nicht mehr. Er teilte das der Lufthansa auch mit und kündigte die Geschäftsbeziehung. Allerdings benutzte er dabei nicht das Wort »Kündigung«, sondern er schrieb, er verzichte künftig auf die Verwendung der Karte. Rein formal war seine Kündigung also nicht ausgesprochen.

Damit begann ein Chaos, das manch anderen um die Existenz gebracht hätte. Denn da ihre Forderungen trotz Mahnung nicht beglichen wurden, kündigte die Lufthansa ihrerseits die Kreditkarte und teilte diesen Umstand der Schufa mit. Das bekamen auch andere mit, vor allem die Advance Bank, Straubs Hausbank, die ihrerseits die Geschäftsbeziehung aufkündigte – wegen »nicht ordnungsgemäßer Kontenführung«. Auch andere Kartenanbieter zeigten sich irritiert.

Es dauerte einige Monate, bis die Unstimmigkeiten über die undurchsichtige Kontenführung bereinigt waren. Inzwischen verträgt Straub sich auch wieder mit der Advance Bank, und über eine Kreditkarte mit ausreichendem Spielraum verfügt er ebenfalls wieder. Die Schufa hat ihm mitgeteilt, sie habe die Eintragung, da sie unrechtmäßig erfolgt sei, gelöscht.

Während Straub nach einigem Ärger und nicht unbeträchtlichen Kosten mit einem blauen Auge davongekommen ist, bedeutete der Eintrag in die Schufa-Datei für Rechtsanwalt Günter C. (Name geändert) die wirtschaftliche Vernichtung. Der Anwalt frönte einem teuren Hobby, das ihm schließlich zum Verhängnis wurde: Er war ein unermüdlicher Bauherr. Immer, wenn ihm sein Beruf ausreichend Geld hereingespült hatte, um der Bank genügend Eigenkapital nachzuweisen, machte er sich an das nächste Bauprojekt – meist große Büroimmobilien. Obwohl in seinen Objekten bis zu 75 Prozent Bankgeld steckte, war er sich sicher, die Dinge voll im Griff zu haben.

Das war ein tragischer Irrtum. Denn eines Tages zahlte seine Bank einem für C. arbeitenden Bauunternehmer irrtümlich einen Wechsel aus – ein Bankfehler. Das war für den Bauherrn umso fataler, weil der Bauunternehmer nicht ordnungsgemäß gearbeitet hatte und jetzt, nach Empfang des Geldes, keinerlei Anlass sah, irgendetwas nachzubessern. Natürlich war C. nicht bereit, den Wechselbetrag zu honorieren, sodass die Bank auf der Summe sitzen blieb.

Die Situation spitzte sich schnell zu. Als der Banker sah, dass C. versuchte, mit anderen Banken umzuschulden und dabei offenbar gute Chancen hatte, kündigte er C.s Konten auf einen Schlag und teilte das der Schufa mit. Von da an lief nichts mehr. Nach zäher Gegenwehr musste C. Konkurs anmelden, was automatisch den Verlust seiner Zulassung als Anwalt nach sich zog. Die Immobilien im Wert von rund 380 Millionen Euro kamen ausnahmslos unter den Hammer. Seine Gläubiger, darunter das Finanzamt, scheuten nicht einmal davor zurück, selbst die Musikinstrumente der Kinder zu pfänden. Der Banker hingegen hat seinen Missgriff gut verdaut.

# 4. TEIL:

# Mittel und Wege – Warum die Bank fast immer gewinnt

Banker haben viele Möglichkeiten, sich zu bereichern. Im Wesentlichen handelt es sich jedoch immer wieder um zwei Kategorien: Gebührenschinderei und Zinstreiberei. Der Phantasie sind dabei keine Grenzen gesetzt. Und darum geht es:

- Das Kapitel »Gebühren: Kleinvieh macht auch Mist« beschreibt, mit welchen Tricks Zusatzgewinne hereingeschaufelt werden.
- Wie nahezu unbemerkt abkassiert wird, deckt das Kapitel »Zinsen: Wie eins zum anderen kommt« auf.

## Gebühren: Kleinvieh macht auch Mist

Rund 240 Euro musste Herbert W. (Name geändert) an seine Banken abdrücken, damit sie eine Überweisung von knapp 78 100 Euro aus Berlin nach Javea in Spanien ausführten. Die Sparda-Bank Berlin erhielt 8,67 Euro, und die Deutsche Bank im spanischen Javea kassierte satte 232,28 Euro. Das ist umso erstaunlicher, wenn man weiß, dass die Europäische Zentralbank ihren Kunden, den Geschäftsbanken, für jede über sie getätigte Überweisung magere 1,75 Cent in Rechnung stellt.

Nicht nur W. ist über diese Praktiken erbost. Bereits im September 1999 nahm sich die Europäische Zentralbank (EZB) die deutschen Banken zur Brust, wenn auch eher höflich-diplomatisch. EZB-Vize Christian Noyer warnte damals vor den ökonomischen Gefahren aus der Abschöpfstrategie der Geldmanager: Von den Vorteilen des freien Warenverkehrs könne die EU nur profitieren, wenn Gelder schnell, frei und günstig von einem Land ins andere transferiert würden.

Die Banker schien das herzlich wenig zu interessieren. Und so erhob die Zentralbank im Februar 2001 erneut Beschwerde, diesmal um einiges massiver. Nach ihren Erhebungen kostete im Jahr davor die Überweisung von 100 Euro im Schnitt 15,5 bis 17 Euro – genauer: 15,5 bis 17,1 Prozent des Überweisungsbetrags, hundertmal so viel wie eine Inlandsüberweisung, für die selten mehr als 10 oder 20 Cent berechnet würden. Jetzt verbanden die Zentralbanker eine Drohung mit ihrer Beschwerde: Sie könnten den gesamten grenzüberschreitenden Zahlungsverkehr an sich ziehen.

Die Banker versuchten sich damit herauszureden, dass die Überweisung kleinerer Beträge sich für sie nun einmal nicht lohne. Damit hatten sie ihre Prioritäten dankenswerterweise unmissverständlich offen gelegt. Und ihre Philosophie dazu: Kurzfristiges Abkassieren zulasten der anderen hat Vorrang vor langfristigen Gewinnperspektiven aller. Dass dabei der Willkür Tür und Tor geöffnet ist, zeigt das Beispiel der so drastisch unterschiedlichen Gebühren, die Herr W. berappen musste.

Doch die Europäische Zentralbank entlarvte das Kostenargument als Lüge: Erstens brächte die neue Währung auch den Banken Vorteile, die sie gegen mögliche Verluste aus Kleinüberweisungen aufrechnen sollten. Zweitens verfügten sie bereits über ein neues kostengünstiges Überweisungssystem, und drittens gebe es längst international gültige Kontonummern und Überweisungsformulare sowie ein einheitliches Format zur Übermittlung von Zahlungsnachrichten.

Aber nicht nur die Zentralbank, auch die EG-Kommission hat die Banken wegen gewisser Praktiken auf dem Kieker. Die Kritik konzentriert sich auf die Gebühren für das Umwechseln einer Währung in eine andere. Bis zur Einführung des Europäischen Währungsverbunds konnte ein gutwilliger Beobachter ja noch glauben, es sei schon richtig, wenn die Bank für die Umwechslung von D-Mark in österreichische Schillinge eine niedrigere Gebühr erhebe als beim Kauf von italienischen Lire. Schließlich war mit der Lira wegen der früher manchmal hektischen Kursschwankungen ein höheres Risiko verbunden als mit dem Schilling, der mit einem festen Kursverhältnis von sieben zu eins an die Mark gebunden war. Nicht mehr nachvollziehen mochte die Kommission, dass es solche Gebührenunterschiede nach der Einführung des Euro als Rechnungseinheit immer noch gab, also bei festen Wechselkursen auch zwischen Mark und Lira. Nachdem mittlerweile Euro und Cent die alten Währungen ersetzt haben, ist das Bankgeschichte – eine Geschichte aber, die von der Rücksichtslosigkeit der Finanzoberen ebenso zeugt wie von der Hilflosigkeit der Kontrolleure und Politiker.

Selbst die Justiz läuft, wenn sie schon einmal bereit ist, sich für die Verbraucher in die Bresche zu werfen, gegen Wände, wie der Hickhack um die Gebühren für Rücklastschriften und nicht eingelöste Schecks zeigt. Inzwischen sind den Geldmoguln zwei neue Tricks eingefallen: Einige Banken verlangen eine »Aufwandsentschädigung«; die Dresdner Bank zum Beispiel langte im November 2001 mit 15 Mark recht heftig zu. Dabei nutzt sie eine juristische

Lücke: Zwar ist es generell nicht statthaft, Schadensersatzansprüche pauschal, also ohne Berechnung der tatsächlich angefallenen Kosten, zu stellen. Da es sich aber bei derartigen Aufwandsentschädigungen meist um kleinere Beträge handelt, die so gut wie nie vor den Obergerichten anhängig werden, können die Banker mit ihren Forderungen schon einmal bei weniger kompetenten Amtsrichtern durchkommen.

Der Kontenprüfer Hans Peter Eibl aus Lauffen am Neckar hat nach Rücklastschriften auf den Konten der Geschädigten vermehrt »Fremdgebühren« in unterschiedlicher Höhe entdeckt, die ohne jegliche Spezifizierung einfach abgebucht wurden. So verstärkt sich der Eindruck, dass die Banker besonders gerne bei denen hinlangen, die ohnehin bereits mit dem Rücken zur Wand stehen und sich nicht wehren können.

Eine besonders perfide Variante ist es, Gebühren für die Bearbeitung von Kontenpfändungen in Rechnung zu stellen. Immerhin wurde auch diese Gebührenpraxis inzwischen vom obersten Gericht untersagt (Urteile: BGH vom 18. Mai 1999, XI ZR 219/98 und XI ZR 8/99).

Beim Erfinden von Gebühren kennt die Kreativität der Banken keine Genzen. Ebenfalls als gesetzwidrig festgestellt wurde das Entgelt für die Ausfertigung einer Löschungsbewilligung bei Grundpfandrechten (Urteil: BGH vom 7. Mai 1991, XI ZR 244/90). Wenn ein Häuslebauer seinen Kredit abbezahlt hat, möchte er die Banken möglichst schnell aus dem Grundbuch haben und beantragt die Löschung des Grundpfandrechts. Die Bank, der das Pfand gehört, muss aber die Löschung bewilligen, weil der Notar ja nicht wissen kann, ob die Schulden wirklich bezahlt worden sind. Dafür eine Gebühr zu erheben sei unrechtmäßig, sagten die Richter, weil die Banken lediglich einer gesetzlichen Verpflichtung nachkämen, für deren Befolgung niemand Geld verlangen kann. In der Tat, hier geht es wirklich ums Prinzip. Man stelle sich vor, das Beispiel hätte Schule gemacht: Könnte dann jeder, der Steuern zahlt, dem Finanzamt für die Arbeit beim Ausfüllen der Steuererklärung und der Überweisung eine Rechnung stellen?

Keinen Pfennig darf die Bank auch dafür verlangen, wenn sie einen Freistellungsauftrag verwaltet und verändert (Urteile: BGH vom 15. Juli 1997, XI ZR 269/96 und XI ZR 279/6). Denn die Bank ist verpflichtet, fällige Kapitalsteuern einzuziehen, wobei bestimmte Leistungen anfallen, unter anderem eben auch die Verwaltung der Freistellungsaufträge. Der Aufwand dafür darf nicht weitergegeben werden.

Anders ist es mit Gebühren, die Banken erheben für Leistungen, die nicht aus Nebenpflichten (zum Beispiel Benachrichtigung bei nicht durchgeführter Lastschrift) oder gesetzlichen Verpflichtungen entstehen. So hatte ein Bankkunde vergeblich versucht, die Gebühr zurückzuklagen, die die Bank für das Neuausstellen eines verloren gegangenen Sparbuchs verlangte. Die Richter waren der Meinung, ein solcher Aufwand sei nicht Teil des Vertrages, das Spargeld zu verwalten und für den Empfang der Beträge eine Quittung auszustellen.

Wie penibel die Richter hinsehen, wenn ein Bankkunde Gebühren nicht bezahlen will, zeigt die feine Unterscheidung bei den Bareinzahlungen. Wer Geld bar auf sein eigenes Konto zahlt – ein Einzelhändler zum Beispiel, der den Tagesumsatz abliefert –, der braucht dafür keine Gebühr zu entrichten. Wer aber einen fremden Kontoinhaber beglückt, der muss einen Obolus abdrücken (Urteil: BGH vom 30. November 1993, XI ZR 90/93).

Noch komplizierter wird es bei den Kosten für die Verbuchung der eingezahlten Gelder. Die Banken haben ja nicht nur für die Annahme der bar eingezahlten Summen Gebühren verlangt, sie berechnen ja auch noch für jede Buchung einen bestimmten Betrag, egal, wie das Geld auf das Konto kommt. Nun gibt es Varianten, bei denen ein fixer Grundpreis für die Kontoführung verlangt wird zuzüglich einer Buchungsgebühr. Bei diesem Modell, sagten die Richter (Urteil: BGH vom 7. Mai 1996), dass die Buchungsgebühren hinfällig sind, wenn die Bank nicht von vornherein fünf kostenlose Buchungen vorgesehen hat. In allen anderen Fällen muss die Buchung kostenlos durchgeführt werden.

Die Gerichte bemühen musste auch Horst Meineke (Name geändert), der seine Kreditkartengebühr nicht vollständig bezahlen wollte. Der Journalist hatte bei der Eröffnung eines Kontos bei einer Direktbank eine gebührenfreie Visa-Card erhalten, zwei Monate zuvor aber eine andere Kreditkarte erworben, ebenfalls von Visa, für die er die Jahresgebühr im Voraus bezahlt hatte. Sparsam wie er ist, gab Meineke die kostenpflichtige Visa-Card zurück und verlangte die Vergütung der Nutzungsgebühr für zehn Monate. Das wollte die ausstellende Bank nicht mitmachen. Die Auseinandersetzung ging, weil von einer Verbraucherzentrale geführt, bis hin zum Oberlandesgericht Frankfurt am Main, das dem Journalisten den strittigen Betrag schließlich zusprach (Urteil: OLG Frankfurt/Main, 1 U 108/99). Die Begründung: Für nur zwei Monate Nutzung bestehe ein »unangemessenes Missverhältnis zwischen der erbrachten Dienstleistung und der gezahlten Vergütung«. Allerdings haben Urteile der Oberlandesgerichte unmittelbare Bedeutung nur für die Rechtsprechung des jeweiligen Bundeslandes. Gerichte in anderen Bundesländern können da gänzlich anderer Meinung sein – bis der Bundesgerichtshof eine Grundsatzentscheidung fällt. Andererseits orientieren sich die Gerichte auch anderer Bundesländer oft an der Meinung eines Oberlandesgerichts, so dass sich daraus eine »gefestigte Rechtsprechung« entwickelt.

Möglicherweise hat auch das Oberlandesgericht Schleswig ein Urteil gesprochen, das zur Rechtspraxis wird. Ein Bankkunde hatte, um unzulässig erhobene Gebühren zurückverlangen zu können, von seiner Bank Auskünfte über Kontenbewegungen verlangt. Seine Kontoauszüge hatte er verloren. Die Bank war dazu im Prinzip auch bereit, wollte jedoch eine Gebühr einstreichen. Das sei nicht rechtens, stellte das Oberlandesgericht fest und verurteilte die Bank, die Auskünfte umsonst zu erteilen (Oberlandesgericht Schleswig, Urteil vom 24. Februar 2000, 5 U 116/98). Damit hat das Gericht ein heißes Eisen angefasst, denn die Banken langen bei derartigen Auskunftsbegehren gnadenlos zu – wohl auch, um die Motivation der Kunden zu untergraben. Denn was macht es für einen Sinn, zum Beispiel 5 Euro für die Ausfertigung neuer Kontoauszüge zu bezahlen, wenn damit nur ein Anspruch von 5 Euro dokumentiert werden kann?

Zu hoffen ist auch, dass sich ein drittes wichtiges Urteil eines Oberlandesgerichts durchsetzen wird. Das Dresdner OLG verdonnerte die Volksbank in Mittweida dazu, einem Kunden rund 13 000 Euro zurückzugeben, die sie sich mit der Begründung von seinem Konto genommen hatte, dieser Betrag sei als Kostenaufwand für monatelangen Aufwand bei den Verhandlungen um einen Millionenkredit zu verstehen. Es ging um einen Kredit für ein Bauvorhaben, den der Kunde dann doch nicht aufnehmen wollte. Als es vor Gericht ging und die Volksbank wohl fürchten musste, mit ihrer Pauschalforderung nicht durchzukommen, rechnete sie noch einmal nach und kam auf knapp 6000 Euro, die der Kunde zu zahlen hätte – für die Aufbereitung von Unterlagen, die Prüfung des Engagements, den umfangreichen Schriftverkehr und für Telefonate. Aber selbst das half ihr nicht. Das Gericht erkannte, all der Aufwand sei als Teil der normalen Akquisitionsbemühungen der Bank zu sehen und daher nicht ersatzpflichtig. Es ist ja auch nur logisch, dass ein Kunde seinem Lieferanten nicht den Aufwand erstatten muss, mit dem dieser – zu seinem eigenen Nutzen – die Aufnahme der Geschäftsbeziehung erreicht (konsequenterweise müssten die Banken eigentlich ihre Werbungskosten aus jeglicher Art von Gebührenermittlung herausrechnen). Bemerkenswert an dem Fall ist die Frechheit, mit der hier vorgegangen wurde: Statt eine Rechnung zu stellen, über die man sich hätte streiten können, buchte die Volksbank den Betrag einfach ab.

Die folgenden zwei Arten von Gebühren sind bislang erst von Landgerichten geprüft und verworfen worden. Sich auf diese Urteile zu berufen, hat wenig Sinn, solange die letztinstanzliche Entscheidung noch aussteht, doch ist die Begründung interessant, weil sie in den Tenor der Rechtsprechung des Bundesgerichtshofs passt.

Da ist zum einen die Praxis, den Erben eines Verstorbenen für die Meldung ans Finanzamt und das Umschreiben der Konten auf neue Besitzer Gebühren abzuverlangen. Das Landgericht Frankfurt am Main stellte fest, dass die Meldung an das Finanzamt eine gesetzliche Verpflichtung ist, für die der Bankkunde nicht zur Kasse gebeten werden darf. Und Gebühren für das Umschreiben der Konten seien schon deswegen nicht zu erheben, weil es im eigenen Interesse der Bank sei, ihre Konten ordnungsgemäß zu führen (Urteil vom 27. Januar 2001, 2/2 O 46/99).

Ein weiteres wichtiges Urteil fällte das Landgericht Dortmund in einer aktuellen Sache: Geklagt hatten Anleger, die es nicht einsahen, für ihren vergeblichen Versuch, an begehrte Aktien zu kommen, auch noch bezahlen zu müssen. Die Banken überall im Land waren in der Benennung dieser Gebühren außerordentlich erfinderisch. Mal hießen sie Bearbeitungs-, mal Benachrichtigungs- oder auch Streichungsgebühr. Das Landgericht vertrat die Meinung, die Zeichnung einer Neuemission stelle keine »besondere Tätigkeit« der Bank dar, sondern gehöre zum üblichen Kommissionsgeschäft. Und da das Geschäft ja nicht zustande kam, somit auch keine Kommission fällig wurde, war nach Meinung des Gerichts auch keine Gebühr fällig (Urteil vom 15. Dezember 2000, 8 O 377/00).

In diesem Zusammenhang stellte das Gericht auch fest, eine Pauschalgebühr, in diesem Fall 15 Mark (€ 7,67) pro Auftrag, sei schon deswegen nicht zulässig, weil sie nicht transparent genug sei. Es gilt ja die Regel, dass Gebühren sich an den tatsächlich anfallenden Kosten zu orientieren haben. Voraussichtlich wird sich der Bundesgerichtshof mit dieser Praxis befassen müssen.

Andere Gebühren, die im Zusammenhang mit Aktiengeschäften verlangt wurden, sind nicht minder strittig. So war eine Bank auf den Trick verfallen, die Aufträge eines Kunden in vier Unteraufträge aufzuteilen, und diese jeweils mit ihrer Mindestgebühr von 25 Euro zu belegen. Der (vorgebliche?) Grund: Anders hätte der Kaufauftrag nicht durchgeführt werden können. Denn der Aktionär habe die Bank beauftragt, mit einem Limit von 6,50 Euro fünfhundert Aktien eines einzigen Unternehmens zu kaufen, die aber nicht en bloc, sondern nur im Verlauf des Börsentages bei vier Transaktionen zu bekommen gewesen wären.

Rainer Metz, vormals als Jurist bei der Verbraucherzentrale Düsseldorf einer der gefürchtetsten Verbrauchervertreter überhaupt, jetzt Unterabteilungsleiter im Bundesverbraucherministerium, hält dieses Vorgehen für nicht korrekt. Der Kaufauftrag hätte zurückgegeben werden müssen. Metz bietet einen Vergleich aus dem Alltag an: »Wenn jeder Auftrag auf Kosten des Kunden aufgesplittet werden dürfte, dann könnte ein Handwerker einen zwanzig Meter langen Zaun auch in vier Arbeitsabschnitten errichten und jedes Mal die Kosten für die Anfahrt geltend machen.«

Viel Arbeit kommt auf die Juristen zu, weil die Banken bei der Depotverwaltung allzu ungeniert zulangen. Zum Beispiel klingt es heftig nach Gebührenschinderei, wenn, wie bei der Deutschen Bank geschehen, ein Anlageberater zum Fondsumstieg riet, obwohl beide Fonds bei den Analysten dieselbe Bewertung hatten. »Der Bank brachte die Transaktion 4 Prozent Ausgabeaufschlag«, schrieb *Börse online,* die den Fall publik machte.

Um ihre Depotkunden bei der Stange zu halten, wenden die Banken Methoden an, die nach Meinung der Verbraucherschutzverbände rechtlich nicht zulässig sind. So berichtete die *Süddeutsche Zeitung* am 21. September 2001, die Volksbank Euskirchen habe von einem Depotkunden, der zur preiswerteren comdirect-Bank wechseln wollte, 30 Mark (€ 15,34) verlangt. Die Kreuznacher Volksbank kassierte für die Übertragung eines Depots, das vierzehn verschiedene Wertpapiere enthielt, zur Volksbank Memmingen rund 350 Mark (€ 178,95). Hartmund Strube, klageerfahrener Jurist bei der Verbraucherzentrale Düsseldorf, hält diese Praktiken für »Straf- und Konkurrenzverhinderungsgebühren«. Eine Umfrage von Redakteuren der *Süddeutschen Zeitung* ergab eine Vielzahl weiterer derartiger Gebühren: »Wesentlich komplizierter wird die Rechnung der Stadtsparkasse Köln. Für die Übertragung von Papieren auf fremde Kreditinstitute fordert das Geldhaus 20 Mark (€ 10,23) pro Posten plus 1 Promille vom Gesamtkurswert.« Hinzu kämen noch fremde Spesen: »Nach Angaben der Deutschen Bank verlangt der Deutsche Kassenverein, der die Wertpapiersammelverwahrung für die Kreditinstitute übernimmt, 4,50 Mark (€ 2,30) pro Posten.« In Zeiten geringer Kursbewegungen muss ein Aktionär lange warten, bis er diese Beträge wieder drin hat.

Noch eine ganze Reihe phantasievoller Gebühren wollen die Verbraucherverbände geklärt wissen. Da gibt es doch tatsächlich Banken, die die Hand aufhalten möchten, wenn ein Kunde termingerecht und ordnungsgemäß sein Giro- oder Sparkonto auflöst. Wohlgemerkt: Die Rede ist nicht von der vorzeitigen Kündigung auf Zeit angelegter Gelder: In diesem Fall dürfen die Banken, rechtlich unstrittig, einen Schadensersatz für entgangenen Gewinn berechnen – vorausgesetzt, der dabei zugrunde gelegte Zins sprengt nicht den Rahmen. Nein, es geht um Konten, die vertragsgemäß aufgelöst werden und wo auch keinerlei Restforderungen übrig bleiben. Dreistigkeit gewinnt, scheint das Motto zu sein.

Mit Kontoauszügen lässt sich auch prima Geld verdienen. Zwar hat jeder das Recht, sich kostenlos über seinen Kontenstand zu informieren. Der Basisservice der Bank besteht daher in der Herausgabe der Auszüge am Schalter. Manche Banken haben diesen Service jedoch abgeschafft und verweisen die Kunden auf den Kontendrucker – eine Rationalisierung, für die sie auch noch Geld verlangen. Die Verbraucherzentralen sind der Meinung, dass das nicht sein darf, weil damit der kostenlose Service unterlaufen wird. Etwas anderes ist es jedoch, wenn der Kontendrucker zusätzlich neben der Herausgabe der Auszüge am Schalter angeboten wird – dann dürfen Gebühren dafür ebenso verlangt werden wie für Sonderleistungen, beispielsweise den Versand der Auszüge per Post.

Bei Mahngebühren gibt es häufig die Staffelungsvariante: Die erste Mahnung kostet 5, die zweite 10 und die dritte 15 Euro. Reine Strafschikane, meinen die Verbraucherjuristen, und durch nichts begründet, denn die Kosten sinken bei den Banken mit jeder Mahnung, weil sie den Sachverhalt ab der zweiten Mahnung nicht neu darstellen müssen. Außerdem verstoße ein solches Verfahren gegen die Pflicht eines Gläubigers, den Schaden für den Schuldner so gering wie möglich zu halten. Und da der Rationalisierungsgrad in den Banken inzwischen so fortgeschritten ist, dass kaum mehr menschliche Arbeitsleistung für das Absenden einer Mahnung eingesetzt wird, ist eine Mahngebühr von mehr als 3 Euro eigentlich schon überzogen.

Wenn ein Kunde mit seinen Raten in Rückstand gerät, kann es ihm passieren, dass die Bank neben der Mahngebühr auch noch Verzugszinsen verlangt. Vor Gericht dürften solche Forderungen allerdings nicht Bestand haben, denn das Verbraucherkreditgesetz erlaubt für derartige Fälle einen Zinssatz, in den die Kosten für die Mahnungen bereits eingerechnet sind.

Wenn es so richtig haarig wird zwischen Bank und Kunde und die Bank die Kredite kündigt, stellen einige Banken für die Kündigung eine Gebühr in Rechnung, manchmal sogar bereits bei der Androhung einer Kündigung oder beim Versand von Erinnerungsschreiben. Die Rechtslage jedoch ist eindeutig: Eine Kündigung erfolgt im eigenen Interesse der Banken, und dafür darf, das ist gefestigte Rechtsprechung des Bundesgerichtshofs, kein Geld verlangt werden. Erst recht nicht für Schreiben ohne direkte Rechtsfolgen.

Wenn es um Kontokorrentkredite geht, nimmt die Gier einiger Banken offenbar kein Ende. Hier dürfen sie – was bei allen anderen Kreditformen untersagt ist – Zinseszins berechnen, und damit der Kunde schnell in die Überziehungsphase kommt, in der sie noch einmal 4 Prozent oder mehr Strafzins berechnen, setzen sie die Kreditlimits bewusst niedrig an. Das ist durch ein Urteil des Bundesgerichtshofes sanktioniert. Doch weil ihnen das immer noch nicht zu genügen scheint, sind einige findige Kreditinstitute auf eine weitere Einnahmequelle verfallen: Eigentlich sind sie verpflichtet, dem Kunden mitzuteilen, wie hoch sein Kontokorrentlimit liegt und ab wann sie Überziehungsprovisionen verlangen; für diese Mühe möchten sie jetzt jedoch mit einer Extragebühr belohnt werden. Auch das halten die Juristen von der Verbraucherzentrale Düsseldorf für unrechtmäßig. So weit der alltägliche Gebührenwahnsinn. Wer weiß, was geschehen kann, wenn die Banker Amok laufen und auf den Konten ein wahres Stornofeuerwerk aus falschen und widerrufenen Buchungen entzünden, die sie sich fürstlich belohnen lassen, ist vielleicht noch froh, dass ihm nichts Schlimmeres passiert ist. So oder so, die meisten Banken verfahren offenbar nach dem Grundsatz: Wenn's keiner merkt, ist auch der schlimmste Betrug keiner mehr.

## Zinsen: Wie eins zum anderen kommt

1985 stand Margita Bremer (Name geändert) auf dem Zenit ihres geschäftlichen Erfolgs. Sie war jemand in der Gastroszene am Neckar: Besitzerin eines Hotels in bester Innenstadtlage, Pächterin der Hauptbahnhofsgaststätten und des Kiosks im Freibad sowie Eigentümerin einer Ausflugsgaststätte, idyllisch gelegen oberhalb des Flusses, nach einem Brand allerdings etwas ramponiert. Sie schickte sich an, das Objekt aufwendig zu renovieren. Dafür nahm sie bei ihrer langjährigen Hausbank einen Kredit auf. Einen viel zu knapp bemessenen, wie sich herausstellen sollte.

Zwölf Jahre später war Margita Bremers kleines Imperium, das im Jahr immerhin 1 bis 1,5 Millionen Mark (ca. € 770 000) Umsatz machte, auf die Pachtstelle im Freibad und rund 200 000 Mark (€ 102 258) Schulden geschrumpft. Seitdem versucht sie, von der Hausbank wenigstens 230 000 Mark (€ 117 597) an Zinsen zurückzubekommen, von denen sie meint, dass sie sie zu viel bezahlt habe.

Frau Bremers Existenzvernichtung ist das Resultat einer besonders dreisten Kombination einiger weniger, dafür aber besonders effizienter Methoden, einen Bankkunden mittels Finanzierungskosten in den Ruin zu treiben: falsche Grundfinanzierung, Kontenreiterei, unkorrekte Zinsanpassung, falsche Zinsberechnung, illegale Gewinnsteigerung durch falsche Wertstellungen und Gebührenschinderei.

Voraussetzung des Niedergangs war jedoch das grenzenlose Vertrauen der Frau sowohl gegenüber den Geschäftsführern ihrer Betriebe, von denen einige sie auf impertinente Art bestahlen, als auch gegenüber den Bankern, die sie berieten, und später gegenüber dem von den Bankern eingesetzten Zwangsverwalter. Wie sehr Frau Bremer den Bankern vertraute, davon zeugen die Unterschriften unter den Überweisungsformularen: Kaum einmal ist darauf ihr Name zu finden. Es scheint, als hätten die Sparkassenleute entweder auf telefonischen Zuruf oder aus eigenem Gutdünken die Gelder der Frau hin und her bewegt.

Die Katastrophe begann mit dem zu niedrigen Kredit für den Umbau. Nun ist es nicht Aufgabe einer Bank, Bauvorhaben auf ihre Realisierbarkeit zu prüfen. Da die Gastwirtin jedoch die Verwaltung der Konten quasi den Bankern überließ, hätten die, als das Vorhaben den Rahmen zu sprengen begann, auf kostengünstigere Finanzierungen hinweisen können als die über den Kontokorrent. Stattdessen ließen sie es zu, dass sich ein Sollstand von bis zu 650 000 Mark (ca. € 330 000) aufbaute.

Kontokorrentkredite sind stets teurer als normale Betriebsmittel- oder Hypothekendarlehen; in der Regel werden sie mit 10 Prozent verzinst. Wenn der Kreditrahmen ausgeschöpft ist und das Konto noch weiter belastet wird, kommen Provisionen für »ungenehmigte Überziehungen« hinzu, die noch einmal 4 bis 5 Prozentpunkte ausmachen können. Bei Frau Bremer machte die Differenz zwischen den Kosten für ihren Kontokorrent und einem möglichen Betriebsmittelkredit am Schluss eine knappe Viertelmillion Mark aus.

Besonders tückisch sind Kontokorrentkredite aber, weil die Bank dafür Zinseszins verlangen kann, was bei allen anderen Kreditarten nicht der Fall ist. Eine Modellrechnung: Wer sein Konto zum Beispiel über zehn Jahre mit rund 50 000 Euro im Soll stehen lässt und dafür im Schnitt 10 Prozent Zins bezahlt, muss am Schluss knapp 135 000 Euro zurückzahlen. Hätte er einen Betriebsmittelkredit zu denselben Konditionen aufgenommen, also zu unrealistisch hohen 10 Prozent, kämen am Schluss nur 100 000 Euro auf ihn zu, vorausgesetzt, er hätte mit der Bank ausgemacht, die Summe am Ende der Kreditlaufzeit im Ganzen zurückzuzahlen. Hätte er einen ganz normalen Betriebsmittelkredit aufgenommen, den er mit 6 Prozent verzinst und zu 7,4 Prozent getilgt hätte, wäre er die Schulden nach zehn Jahren los gewesen und hätte dafür insgesamt nur rund 17 000 Euro für Zinsen gezahlt.

Der in Lauffen ansässige Gutachter Hans Peter Eibl hat den Verlust, den Margita Bremer auf diese Weise erlitten hat, mittels eines von ihm entwickelten Prüf- und Beweishilfeprogramms errechnet, dessen Ergebnisse von Anwälten gerne hergenommen werden, um Banken ungerechtfertigte Bereicherung nachzuweisen. Sie haben auf diese Weise schon einige Zwangsversteigerungen verhindern und Schadensersatzansprüche begründen können.

Wenn die Banker darangehen, umzuschulden, so weist Eibl nach, entwickelt sich aus der ungünstigen Finanzierung eine Zwangsspirale. Umgeschuldet wird immer dann, wenn sie meinen, die ihnen zur Verfügung gestellten Sicherheiten reichten nicht mehr aus. Dann bieten sie dem Schuldner an, die Überziehung in einen Betriebsmittelkredit oder ein Hypothekardarlehen umzuwandeln – vorausgesetzt, er beredet Gattin und andere Familienangehörige, für ihn zu bürgen. Oder er belastet eine noch freie Immobilie. Oder er tritt die Forderungen aus seinen Rechnungen ab – »Globalzession« heißt so etwas in Bankerkreisen. Oder die Bank legt ihre Pfänderklaue auf Sparbücher und Wertpapierdepots.

Infamerweise rücken die Banker in der Regel nicht einmal ausreichend Geld heraus, um das Kontokorrent auf Null zu stellen, sondern sie belassen den Schuldner im Minus. So treiben sie ihn immer weiter in die Verschuldungsspirale hinein. Denn wenn er seine Krise noch nicht überwunden hat, produziert er schnell von neuem hohe rote Zahlen, und das Zinseszinskarussel dreht sich weiter. Auf diese Weise setzen sich die Banker Schritt für Schritt in den Besitz kompletter Familienvermögen.

Im Fall von Margita Bremer griffen die Banker zu einer besonders ausgeklügelten Methode, um rote Zahlen und damit Zinseszins zu generieren: dem Zwei-Konten-Trick. Dabei machten sie sich den Umstand zunutze, dass die Gastronomin vier Kontokorrentkonten unterhielt, auf die auch immer wieder Geld floss. Nur galt für jedes Konto ein unterschiedliches Limit (das offenbar nach Gutdünken der Banker oszillierte). So räumte ihr die Bank zum Beispiel auf dem einen Konto, auf dem sich ein Guthaben befand, ein hohes Überziehungslimit ein. Auf dem anderen aber, das im Soll war, genehmigten sie hingegen nur eine geringfügige Überziehungsmöglichkeit. So konnten die Banker sich über hohe Überziehungszinsen aus dem einen Konto freuen, während das Guthaben auf dem anderen Konto sie nahezu keine Guthabenzinsen kostete. Wären aber beide Beträge zusammengeflossen, das Guthaben und die Schulden, hätten sie sich ausgeglichen, und Frau Bremer hätte sich dazu einer schönen Liquiditätsreserve erfreut.

Es ging aber noch schärfer: Wenn den Bankern die Subventionen nicht ausreichten, die ihnen aus Frau Bremers Konten üppig zuflossen, dann nahmen sie einen hübschen Betrag aus dem Kontokorrent und parkten ihn als Festgeld. Sie nahmen dafür nicht etwa Beträge, die Frau Bremers Betriebe als Gewinne abwarfen und zur Risikovorsorge problemlos zurückgestellt werden konnten, sondern sie nahmen dieses Geld aus einem ohnehin überzogenen Konto oder verwandelten ein Guthaben in Schulden. Zwar waren für das Festgeld Zinsen zu zahlen, die waren aber wesentlich niedriger als die Zinsen, die Frau Bremer für die Überziehungen aufbringen musste.

Es handelte sich nicht um Kleingeld. Einmal stand eines der Konten von Margita Bremer mit 100 000 Mark im Minus. Da entnahmen die Banker dem Konto weitere 150 000 Mark zur Festgeldanlage und führten den Betrag erst dann wieder zurück, als die Überziehung auf 400 000 Mark angewachsen war.

Die oszillierenden Kreditlimits funktionierten nicht ganz so einfach. Schließlich geht der Kunde mit seiner Bank üblicherweise einen Kreditvertrag ein, in dem die Kreditlinie und die daran gebundene Zinshöhe festgeschrieben ist – auf 20 000 Euro zum Beispiel. Aus der Preisliste kann der Kunde dann entnehmen, wie teuer es ihn kommt, wenn er dieses Limit überschreitet.

Hans Peter Eibl kam der Methode, wie das Limit je nach Tagesbedarf der Bank manipuliert wird, eher durch Zufall auf die Spur, als er sich bei der Analyse der Konten über nicht nachvollziehbare Zinsabbuchungen wunderte. Nur selten entsprach der zu zahlende Betrag dem, der sich bei korrekter Berechnung (Grundzins plus Provision) hätte ergeben müssen; meist lag er beträchtlich höher. Eibl begann ein wenig zu experimentieren und fand heraus, dass die Banker offenbar das Kreditlimit in kurzen Abständen willkürlich neu festsetzten – manchmal musste Frau Bremer über den ganzen Sollbetrag Provision bezahlen, ganz so, als hätte es die Kreditlinie nie gegeben. Ein andermal ergab sich aus den Berechnungen, dass zwar eine Kreditlinie berücksichtigt wurde, diese aber wesentlich niedriger lag als vereinbart.

Misstrauisch geworden, untersuchte Eibl daraufhin alle Konten seiner Klienten und fand heraus: »Fast alle Banken bedienten sich dieses hinterhältigen Tricks!« In einem Extremfall hat der Kontenprüfer Zinsen von weit über 200 Prozent errechnet. Hinterhältig ist dieser Trick deswegen, weil kaum ein Bankkunde es auf sich nimmt, die Höhe der Sollzinsen zu überprüfen, die auf den Kontoauszügen und Abrechnungen angegeben sind. Jeder glaubt, die feinen Herrschaften mit ihren teuren Computern würden korrekt rechnen.

Aber es geht auch diskreter, schließlich überlassen nicht alle Kunden den Bankern die Hoheit über ihre Konten. Zum Beispiel lockt die Bank einen Kunden zu Beginn des Kreditverhältnisses gern mit besonders niedrigen Zinsen an, hebt diese aber später nach und nach an, wobei der Kunde den Betrug, der da an ihm begangen wird, nicht bemerkt.

So geschieht es immer dann, wenn die Europäische Zentralbank (oder früher die Bundesbank) die Leitzinsen verändert – mal nach unten, mal nach oben. Die Banken folgen einer Senkung der Zinsen mit größerer zeitlicher Verzögerung als einer Anhebung. Dabei übersehen sie gerne, dass das Oberlandesgericht Celle (Aktenzeichen 34128/94) bereits 1990 ein Urteil gesprochen hat, nach dem die Banken die Zinsangleichung erstens spätestens am Quartalsende und zweitens in jenem Abstand zum Leitzins nachvollziehen müssen, den die Zinsen zu Vertragsbeginn hatten; die Richter sprachen von »Ursprungsabstand« und konzedierten eine Abweichung von höchstens 0,2 Prozent zugunsten der Bank bei jeder Veränderung des Referenzzinses.

Ein Beispiel: Ein Unternehmer erhält von der Bank einen besonders preisgünstigen Kredit zu 6 Prozent variabel, also angleichbar je nach der Situation des Geldmarktes. Die Bank will den Unternehmer unbedingt für sich gewinnen, weil er große Umsätze verspricht, daher nimmt sie ein zunächst schlechtes Geschäft in Kauf: Bei der Bundesbank muss sie das Geld, das sie dem Unternehmer zur Verfügung stellt, mit 7 Prozent Zins bezahlen. Sie unterstellt aber, dass es ihr mit hoher Wahrscheinlichkeit gelingen wird, das 1 Prozent Unterdeckung schnell in einen positiven Deckungsbeitrag umzuwandeln.

Und so geschieht es. Bei der nächsten Referenzzinserhöhung auf 7,5 Prozent hebt sie den Zinssatz des Unternehmers nicht auf die höchstens erlaubten 6,7 Prozent an, sondern auf 7 Prozent. Bei der folgenden Leitzinserhöhung auf 8 Prozent geht sie nicht auf 7,7, sondern auf 8,2 Prozent. Bei der anschließenden Leitzinssenkung auf 7,5 Prozent gleicht sie nicht auf 7,9, sondern nur auf 8,1 Prozent an. So öffnet sich die Schere zwischen ursprünglicher Differenz zum Leitzins immer weiter zulasten des Kunden. Auch bei Frau Bremer ermittelte Eibl derartige Manipulationen.

Einen schönen Gewinn versprechen auch die Spielereien mit den Wertstellungen. Bis zum Inkrafttreten des von der sozialdemokratischen Regierung neu gefassten Überweisungsgesetzes (das mit einem Schlag die mühsam erkämpfte kundenfreundliche Rechtsprechung obsolet machte), galt nach Entscheidungen des Bundesgerichtshofs die Regel, dass

- bar eingezahlte Gelder am selben Tag auf dem Konto des Einzahlers erscheinen müssen,
- Überweisungen dem Konto des Empfängers am selben Tag gutzuschreiben sind und dass
- per Scheck eingereichte Beträge spätestens drei Tage nach Einlieferung auf dem Konto zu finden sein müssen.

Außerdem sollen Abbuchungen, zum Beispiel per Lastschrift oder Überweisung, dem Konto an dem Tag belastet werden, auf den die Lastschrift oder Überweisung ausgestellt wurde, nie aber vor dem Fälligkeitstag. Und hereinkommende Beträge sollen am selben Tag, wie sie in den Zentralrechnern der Bank auftauchen, auch dem Kunden zur Verfügung gestellt werden – die Banker sprechen bei dieser Prozedur von »Wertstellung«.

Bei Frau Bremer (und auch nahezu sonst überall in der Republik) meinten die Banker jedoch, diese Selbstverständlichkeiten außer Acht lassen zu können. Wenn eine Lastschrift eingelöst werden sollte, belasteten die Banker das Konto nicht an dem Tag, auf den sie ausgestellt war, sondern, so belegen es Kontoauszüge, bis zu acht Tage vorher. Da die Banker wohl kaum mit hellseherischen Fähigkeiten gesegnet sind, muss irgendjemand die Kontenabrechnungsprogramme manipuliert haben. Tatsächlich kann das Abbuchungsdatum manuell eingegeben werden.

Weniger vorausschauend war die Bank, wenn es galt, dem Konto Beträge gutzuschreiben. Da konnte es bis zu acht Tagen dauern, bevor sich auf dem Konto etwas bewegte.

Eibl listet die Unstimmigkeiten bei Frau Bremers Konten auf: 6740 Belastungen wurden bis zu acht Tage vor Fälligkeit abgebucht, tausend Gutschriften wurden mit einer Verzögerung von bis zu acht Tagen wertgestellt. Dabei opferten die Banker den Belegen zufolge sogar ihre Freizeit: Sie wollen die Transaktionen an 1358 Samstagen, Sonn- oder Feiertagen ausgeführt haben.

Was haben die Banker von solcher Zeitschinderei? Viel. Zunächst handelt es sich um Beträge, für die sie keine Zinsen bezahlen müssen, die sie aber zu hohen Zinsen verleihen können. Wenn das Konto des Kunden, der eine Überweisung erwartet, im Soll steht, können sie noch ein paar Tage länger als notwendig hohe Zinsen verlangen. Genauso ist es, wenn sie bei einem überzogenen Konto früher abbuchen als verlangt, das Geld zwar vom Konto nehmen, dem Empfänger aber nicht gutschreiben. Besonders makaber ist dieses Spiel, wenn der Kunde überhaupt erst deshalb ins Minus gerät, weil eine Überweisung zu lange in der Pipeline hängt. Dann werden Zinsen fällig, wo eigentlich gar keine hätten anfallen dürfen.

Im schlimmsten Fall wird dadurch die Bonität eines Bankkunden nachhaltig beschädigt: Wenn ein Scheck platzt, weil eine Abbuchung zu früh erfolgt oder eine Gutschrift zu spät, ist die Bank berechtigt, die Schufa davon zu informieren. Häufen sich solche Vermerke, wird es der Bankkunde schwer haben, ein neues Finanzinstitut zu finden, wenn er von den Faxen seiner Hausbank genug hat oder ihm bei einer anderen Bank bessere Konditionen winken. Ganz abgesehen davon, dass der Empfänger des Schecks auf seinen Geschäftsfreund nicht mehr so gut zu sprechen sein wird und bei der nächsten Lieferung vielleicht Vorkasse verlangt.

Für geplatzte Schecks und nicht eingelöste Rücklastschriften musste Margita Bremer rund 5000 Mark (€ 2550) Gebühren bezahlen. Eine einzige Lastschrift wurde sogar sechsmal storniert, wofür insgesamt 200 Mark berechnet wurden.

Ein ganz besonders dickes Ding drehten Mitarbeiter einer Bank in Fulda. Eibl traute seinen Augen nicht, als er bei der Kontenanalyse mehrere Abbuchungen in Höhe von 200 000 Mark (€ 102 258) entdeckte, die wenige Tage später mit dem Vermerk »Storno« wieder verschwanden. Für diesen durchlaufenden Posten musste der Kunde 12,5 Prozent Zins bezahlen, insgesamt mehr als 1000 Mark.

Das kommt gar nicht so selten vor, meint Hans Peter Eibl, nach dessen Erfahrung höchstes Misstrauen angebracht ist, wenn man von einem Tag auf den anderen keine Bankauszüge mehr zugeschickt bekommt. Besonders überschuldeten Kunden werden die Auszüge häufig erst dann gegen hohe Kopiergebühren ausgehändigt, wenn sie ihren Anwalt einschalten. Die plötzliche Geheimhaltung hat ihren Grund in der irrigen Meinung, dass jemand, der seine Kontoauszüge nicht rechtzeitig kontrolliert, später keine Chance mehr hat auf Wiedergutmachung eines durch falsche Zinsstellung und ungerechtfertigte Gebührenabrechnung zugefügten Schadens. Und wenn der Banker behauptet, selbstverständlich seien die Kontoauszüge verschickt worden, wird der Kunde sich schwer tun, das Gegenteil zu beweisen.

Von solchen Praktiken kann jeder betroffen sein, dessen Konto über längere Zeit im Soll stand. Diese Manipulationen waren geradezu üblich gewesen, bis der Bundesgerichtshof sie verboten hat. Doch das ist noch lange keine Gewähr für eine ordnungsgemäße Kontoführung, wie Hans Peter Eibl feststellen muss: »Es ist unglaublich, aber ich finde auch noch in höchst aktuellen Kontoauszügen Beispiele für die kaltschnäuzige Missachtung geltenden Rechts.«

Früher konnte man sich noch nachhaltig wehren: Der Schaden aus falscher Zinsberechnung, Gebührenreiterei und Wertstellungstricks verjährte erst nach dreißig Jahren, denn es handelt sich um eine Vertragsverletzung seitens der Bank. Mit einer Kontenüberprüfung kann die Bank gezwungen werden, die zu viel gezahlten Sollzinsen zurückzuerstatten. Sie muss den Betrag zudem verzinsen – auch das hat der Bundesgerichtshof entschieden.

Und wenn das Unternehmen eines Bankkunden Schaden genommen hatte – zum Beispiel durch einen Liquiditätsengpass wegen überzogener Zinsen und Wertstellungsmanipulationen, durch den die Firma einen Auftrag verloren hat oder gar in Konkurs geraten ist –, konnte die Bank dafür wie auch für die in Zukunft entgangenen Gewinne regresspflichtig gemacht werden. Bis zu dreißig Jahre rückwirkend. Das dauerte zwar im Schnitt fünf, sechs Jahre, aber es lohnte sich in den meisten Fällen. Seitdem aber das neue Schuldrecht in Kraft ist, das die sozialdemokratische Regierung zu verantworten hat,

- sind Schadensersatzforderungen mit einer dreijährigen Verjährungsfrist belegt, und es
- verkürzte sich die Rückerstattungspflicht von unrechtmäßig einbehaltenen Geldern auf zehn Jahre rückwirkend ab dem Zeitpunkt, an dem man die Forderung erhebt.

In den Genuss der dreißigjährigen Verjährung von Schadensersatzansprüchen kommt nur, wer noch im Jahr 2002 seine Ansprüche erhebt.

Aber wer nachweisen kann, von seiner Bank übervorteilt worden zu sein, kann mit hoher Sicherheit Zwangsvollstreckungen abwehren. Schließlich muss die Bank die Richtigkeit ihrer Forderungen nachweisen. Da dürften Verjährungsgesichtspunkte eine zweitrangige Rolle spielen. Wenn also ein Anwalt erst einmal glaubwürdig die Höhe der Forderung angezweifelt hat, dürften Rechtspfleger und Richter vorsichtig sein mit der Fortführung von Vollstreckungsmaßnahmen. Um das durchzusetzen, ist allerdings ein robuster, Auseinandersetzungen nicht fürchtender Anwalt nötig.

# 5. TEIL:

# Richtiges Verhalten in der Krise

Dies ist kein juristisches Lehrbuch. Daher beschränke ich mich an dieser Stelle auf die Darstellung der wichtigsten Grundzüge bei der Auseinandersetzung mit der Bank. Weiterführende Informationen bieten Ihnen der Literaturanhang (S. 303) mit Hinweisen zur vertiefenden Lektüre; die Übersicht »Krisenbewältigung« (S. 277 ff.) mit einer Kurzbeschreibung der Problemsituation und Tipps, wie Sie sich wehren können; und die Übersicht »Wichtige Grundsatzurteile« (S. 307 ff.) mit Informationen über die einschlägige Rechtsrechnung seit 1996. Beachten Sie aber, dass selbst höchstrichterliche Urteile keine Garantie dafür sind, dass auch in Ihrem Fall so entschieden wird. Jeder Fall liegt anders, und die Richter urteilen ausschließlich nach der individuellen Lage. Zum anderen gibt es immer wieder Richter, die sich nicht um die BGH-Rechtsprechung scheren.

Wenn Sie in den unteren Instanzen nicht Recht bekommen und der Streitwert zu niedrig ausfällt (oder die Richter keinen grundsätzlichen Klärungsbedarf sehen), bleibt Ihnen der Weg zum Bundesgerichtshof dennoch verschlossen.

**Ein wichtiger Hinweis:** Wegen des neuen Schuldrechts besteht die Gefahr, dass Ansprüche aus ungerechtfertigter Bereicherung (z. B. falsch berechnete Zinsen, unberechtigte Gebühren) bereits nach drei Jahren verjähren – drei Jahre nach dem 31. Dezember des Jahres, in dem der Kunde der Bank auf die Schliche kam. Ob für Schadensersatzansprüche (etwa aus Folgeschäden) eine Verjährungsfrist von zehn Jahren gilt, ist umstritten.

Wessen Giro- bzw. Kontokorrentkonto vor dem 31. Dezember 2001 geschlossen wurde, sollte daher seine Ansprüche spätestens bis zum 31. Dezember 2004 geltend machen. Dasselbe gilt für Schadensersatzansprüche.

Der Knackpunkt ist, ob der Bankkunde bereits mit der Entgegennahme des Kontoauszugs von den Unregelmäßigkeiten der Bank Kenntnis hatte oder erst ab dem Moment, in dem er die Abrechnungen genauer geprüft hat. Bis zu einer höchstrichterlichen Entscheidung können noch Jahre vergehen.

Für seine Hilfe bei der Zusammenstellung der folgenden Informationen danke ich dem auf Bankrecht spezialisierten Rechtsanwalt Ernst-August Bach aus Hannover.

## Wie Sie sich verhalten sollten

### 1. Zu Beginn der Krise

Wenn Sie merken, dass die Bank an Ihrer Leistungsfähigkeit zu zweifeln beginnt, ist es höchste Zeit, die eigene Position zu überprüfen.

- *Bedienen Sie sich dabei stets eines spezialisierten Anwalts* oder anderer spezialisierter Dienstleister; wo und wie Sie solche finden, erfahren Sie im Adressteil dieses Buches (S. 304 ff.). Vermeiden Sie, einen Anwalt aus Ihrer Region auszuwählen, falls Sie nicht ganz sicher sind, dass dieser *ausschließlich* Bankkunden vertritt. Es besteht die Gefahr, dass Anwälte aus der Gegend mit den Bankern auf vielfältige Weise verbunden sind. Gehen Sie auch davon aus, dass dem Anwalt ein Bankenmandat lieber (und teurer) ist als Ihres. Möglicherweise sind Sie ja gerade in Zahlungsschwierigkeiten.
- *Verlassen Sie sich nicht auf Ihren Steuerberater,* denn der ist bei komplexen rechtlichen Fragen überfordert; außerdem darf er Sie juristisch nicht beraten (Rechtsberatungsgesetz), das heißt, er darf auch keine Verträge ausarbeiten und vorbereiten.

- *Nehmen Sie ab sofort zu jedem Gespräch mit Ihrem Kreditsachbearbeiter einen Zeugen* mit. Wenn Sie das aufgrund atmosphärischer Überlegungen vermeiden wollen:
- *Protokollieren Sie von jetzt an jedes Gespräch mit dem Sachbearbeiter* und schicken Sie diesem eine Kopie (am besten erledigt das der Anwalt, damit der Banker später nicht behaupten kann, er habe das Protokoll nicht erhalten).
- *Prüfen Sie:* 1. Wie hat sich *Ihre wirtschaftliche Situation* entwickelt? Wenn sie sich verbessert oder zumindest nicht verschlechtert hat, haben Sie eine gute Position, bei drohender Kreditkündigung eine einvernehmliche Lösung zu erreichen; wenn sie sich verschlechtert hat, sollten Sie der Bank von sich aus weitere Sicherheiten Ihrer Wahl vorschlagen – sie wird sie zumindest prüfen müssen. 2. Wie hat sich *der Wert der Sicherheiten für die Kredite* entwickelt? Beauftragen Sie einen unabhängigen Gutachter (also keinen, der vor Ort ansässig ist). Rechnen Sie damit, dass die Bank versucht, Ihre Sicherheiten zum niedrigstmöglichen Wert anzusetzen, man spricht vom Zerschlagungswert, der bei Immobilien häufig um die 30, beim Warenlager selten höher als 10 und bei Forderungsabtretungen intern meist auch nur bei höchstens 10 Prozent liegt. Diese Einschätzung können Sie anfechten, wenn ein externer Gutachter zu der Ansicht kommt, es sei korrekt, weiterhin die Verkehrswerte in Ansatz zu bringen.
- *Sorgen Sie frühzeitig für zusätzliche Liquidität.* Sie müssen sicherstellen, zumindest für drei Monate genug Geld zu haben, um zwei bedrohliche Institutionen ruhig zu stellen: die Sozialversicherungsträger und das Finanzamt. Denn die können von sich aus den Konkurs Ihres Unternehmens anmelden, sind dazu sogar verpflichtet (Stundungsanträge werden aber meist genehmigt).
- *Tauschen Sie Sicherheiten gegen Liquidität.* Zum Beispiel durch Leasing (Sale and Lease Back) oder Factoring. Hausbanken sind verpflichtet, derartige Sanierungsmaßnahmen zu unterstützen, wenn ihre Position dabei nicht beeinträchtigt wird. Eine

Ablösung von Krediten durch liquide Mittel beeinträchtigt die Position der Banken nicht.

- *Bringen Sie Ihre Liquidität in Sicherheit.* Übertragen Sie möglichst viel Bares auf eine andere Bank. Zum Beispiel indem Sie Geschäfte mit neuen Kunden ausschließlich über die Nebenbank abwickeln. **Achtung!** Wenn die Hausbank davon Wind bekommt (vor allem, wenn Sie eine Globalabtretung unterschrieben haben!), bekommen Sie Probleme.
- *Schichten Sie Sicherheiten um.* Prüfen Sie, ob die Bank nicht übersichert ist. Fordern Sie die Herausgabe nicht benötigter Sicherheiten. Bemühen Sie sich, Familienmitglieder aus der Bürgschaft herauszubekommen, indem Sie neue Sicherheiten bieten.
- *Suchen Sie Hilfe bei Unterstützungsbanken.* Lassen Sie sich dabei nicht von der Hausbank abspeisen, besprechen Sie Ihr Vorhaben auch mit anderen Banken. Beauftragen Sie Ihren Anwalt mit der Durchführung der notwendigen Maßnahmen, damit die Hausbank den Sanierungsansatz nicht sabotieren kann.
- *Setzen Sie die Bank ins Unrecht.* Lassen Sie die Kontenführung nachprüfen, und wenn Sie dabei unerlaubte Gewinne der Bank (Gebühren, falsche Zinsberechnung) feststellen, halten Sie diese Information für eine kommende Auseinandersetzung in der Rückhand.

## 2. Wenn sich die Krise verschärft

Die Bank führt vereinzelte Zahlungen nicht mehr durch, greift dadurch in die Geschäftsführung ein und schädigt Ihre Position bei den Lieferanten. Auf Ihren Konten geschehen seltsame Dinge.

- *Protestieren Sie umgehend gegen unkorrektes Verhalten der Bank (Anwalt beauftragen!).* Achten Sie aber darauf, dass die Einschaltung des Anwalts nicht dazu führt, dass die Banker Ihren Fall an die Rechtsabteilung übergeben. Sorgen Sie dafür, dass der Kreditsachbearbeiter Ihr Gesprächspartner bleibt.

- *Suchen Sie* auf der Grundlage der durchgeführten Statusermittlung *eine einvernehmliche Regelung.*
- *Verlängern Sie Ihre Zahlungsziele bei den Kunden.*
- Suchen Sie sich eine Bank, mit der Sie *eine Umschuldung verhandeln* können.
- *Der Anwalt wird* gegen die Zurückweisung von Schecks und die Nichtdurchführung von Lastschriften *Protest einlegen* und die Bank darauf hinweisen, dass sie sich einer ungerechtfertigten fristlosen Kreditkündigung mit den daraus folgenden Schadensersatzansprüchen schuldig gemacht hat.

## 3. Wenn die Krise heiß wird

Die Bank kündigt die Kredite und fordert Sie auf, diese sofort zurückzuführen. Von jetzt an sollten Sie die Verhandlungen mit der Bank nur noch dem Anwalt überlassen und sich ganz auf die Fortführung Ihres Unternehmens konzentrieren.

Ihr Anwalt prüft:

- ob die Bank Ihnen *ausreichend Frist* für die Rückführung der Kredite gelassen hat. Die üblichen vierzehn Tage sind in der Regel zu kurz, vier Wochen sollten es mindestens sein.
- auf welcher Grundlage er *mögliche Schadensersatzforderungen* geltend machen kann (Kündigung zur Unzeit etc.).
- *ob die Forderung in der Höhe korrekt ist.* Gehen Sie davon aus, dass das in der Regel nicht der Fall ist, schon allein wegen der früher üblichen Wertstellungsgewinne.

Der Anwalt wird

- *Kündigungsgegenklage* einreichen und
- gleichzeitig in *Vergleichsverhandlungen* eintreten.

## 4. Wenn die Krise bedrohlich wird

Die Bank beginnt, die Sicherheiten zu verwerten. Sie informiert Ihre Lieferanten und Bürgen und setzt einen Zwangsverwalter ein. Aufgrund der Kreditkündigung verweigern alle anderen Banken Umschuldungsgespräche. Als Unternehmer sind Sie gezwungen, Konkurs anzumelden.

Der Anwalt wird

- *Vollstreckungsgegenklage* einreichen und, weil damit allein die Vollstreckung nicht gehemmt wird, sie mit einem Antrag auf Einstweilige Verfügung über das Ruhen der Vollstreckung untermauern.
- *Ihre Forderungen* (zum Beispiel Erstattungsbeträge aus falscher Kontenführung) *mit den Forderungen der Bank aufrechnen* und
- *Schadensersatzforderungen erheben,* möglicherweise auch Klage einreichen.
- versuchen, der Bank *schuldhaftes Verhalten beim Zustandekommen der Verträge nachzuweisen,* wenn es um bankfinanzierte Steuersparimmobilien geht.

## 5. Wenn die Krise abgewickelt wird

Unternehmer sind nun nicht mehr Herr über ihre Firma, da der Insolvenzverwalter die Führung übernommen hat. Dieser ist gehalten, den Weiterbestand Ihres Unternehmens zu sichern; allerdings ist fraglich, ob für Sie dabei noch eine Rolle vorgesehen ist. Üblicherweise wird er versuchen, einen geeigneten Übernahmekandidaten zu gewinnen, um die Arbeitsplätze zu sichern.

- *Achten Sie darauf, dass der Insolvenzverwalter Ihre Interessen als Eigentümer der Firma mit vertritt.* Er darf also nicht zum Schleuderpreis verkaufen;
- *Kontrollieren Sie genau, ob er die Forderungen der Bank auch*

*mit ausreichendem Vorbehalt behandelt.* Ihr Anwalt muss den Insolvenzberater von der Bestreitung der Forderungshöhe informieren und dafür sorgen, dass Ihre Interessen entsprechend berücksichtigt werden. Der Insolvenzverwalter muss entsprechend handeln, weil er sonst den anderen Gläubigern außer der Bank und auch Ihnen gegenüber schadensersatzpflichtig ist.
- Machen Sie sich darauf gefasst, dass *die Bank versuchen wird, Sie zu übervorteilen.* Häufig valutiert sie ihre Forderungen vor Gericht zu hoch, indem sie zum Beispiel rückgezahlte Gelder nicht berücksichtigt, so dass sie einen Schuldtitel über die volle Höhe des Kredits erhält. Richter merken so etwas meist erst nach ausdrücklichen Hinweisen durch die Anwälte.
- *Bieten Sie der Bank oder dem Insolvenzverwalter an, die Firma zurückzukaufen.* Möglicherweise können Sie das Geld bei Verwandten, Bekannten oder bei Übernahmeinteressierten lockermachen. Weder Bank noch Insolvenzverwalter dürfen ein solches Angebot übergehen.
- *Verlangen Sie nach der Verwertung der Sicherheiten durch die Bank eine sofortige Abrechnung.* Prüfen Sie alle Posten, auch die über Gebühren und Verzinsung, auf Richtigkeit. Sie haben Anspruch auf die Verwertungsgewinne.
- Machen Sie sich auf eine lange Prozessdauer gefasst.

Generell gilt: Ein einigermaßen erträglicher Vergleich ist besser als ein jahrelanger Prozess durch die Instanzen mit ungewissem Ausgang.

## 6. Sonderfall: der private Konkurs und die Restschuldbefreiung

Seit einigen Jahren gibt es auch für Privatleute die Möglichkeit, sich ihrer Schulden durch einen Konkurs zu entledigen. Dafür müssen sie vor Gericht einen entsprechenden Antrag stellen.

Nachdem das komplizierte Verfahren eingeleitet wurde, müssen die Schuldner alles Geld, das über der pfändungsfreien Grenze liegt, dem Betreuer geben, zudem wird jegliches Vermögen verwertet. Die Betroffenen sind gezwungen, jede zumutbare Arbeit anzunehmen.

Sechs Jahre danach muss ein Gericht dann feststellen, dass es gut ist mit der Abzahlerei; dann werden die Verarmten von der restlichen Schuld befreit. Allerdings deuten sich Willkürurteile der Gerichte an, denn auch die Banken haben bei der Entscheidung ein Wörtchen mitzureden, und so kann es vorkommen, dass sie aus irgendeiner finsteren Ecke Erkenntnisse hervorkramen, die ihre Opfer in ein schlechtes Licht rücken. Dann wird die Restschuldbefreiung abgelehnt, und es bleibt nur noch der Gang durch die Instanzen.

## Wo Sie Hilfe finden

### 1. Anwälte

Um die Geschäftsbeziehungen zu Ihrer Bank juristisch zu klären, brauchen Sie spezialisierte Rechtsanwälte. Orientieren Sie sich bei der Suche nach einem geeigneten Anwalt an folgenden Kriterien:

- Wählen Sie keine vor Ort ansässigen Anwälte aus, es sei denn, sie gehören zu dem kleinen Kreis jener, die ausschließlich für Bankkunden arbeiten. Es gibt einen einfachen Grund für diesen Rat: Die wirtschaftlichen und politischen Verknüpfungen der Anwälte mit den Banken sind zu unübersichtlich. Niemand sollte seine Existenz diesem undurchschaubaren Interessenkonflikt opfern.
- Verlassen Sie sich nicht auf die unterschiedlichen Anwaltsuch- oder Nachweisdienste. Die Eintragungen in den Listen werden meist von den Anwälten selbst bezahlt und nicht oder nur unzureichend überprüft. Eine Qualitäts- oder Kompetenzgarantie wird nicht gegeben. Ebenfalls ungeeignete Quellen sind: die Anwaltskammern, Anwaltsvereine und die Gelben Seiten der Telefonbücher.

- Wer sich dennoch eines örtlichen Anwalts bedienen will, sollte sich wenigstens in einem langen, schriftlich protokollierten Gespräch die Versicherung geben lassen, dass der Anwalt
  - bei der betreffenden Bank keine Kredite unterhält,
  - bei einer Kreditaufnahme dort den Mandanten sofort darüber unterrichtet (und bereit ist, in diesem Fall gegen Rückvergütung der Hälfte der Honorare das Mandat zurückzugeben),
  - keiner politischen Partei angehört, in der Mitarbeiter der Bank eine führende Position bekleiden,
  - die betreffende Bank nicht bereits in einem anderen Fall vertreten hat oder vertritt und dass er über zwei Jahre nach Abschluss des Mandats keinen Fall dieser Bank übernehmen wird,
  - keinen Kunden dieser Bank berät, der an der Übernahme des Unternehmens oder der Immobilie des Bankgeschädigten Interesse haben könnte.

Wer meint, kaum ein Anwalt würde sich auf eine derartige Zusage einlassen, hat wahrscheinlich Recht. Orientierung kann die Adressenliste in diesem Buch (S. 304 ff.) und der im Folgenden beschriebene Rechercheweg geben.

- Auf wirklich kompetente Anwälte trifft, wer die Fachzeitschriften (siehe Literaturliste, S. 303) auf Bankrechtsfälle durchforstet. Schreiben Sie die Pressestelle des Gerichts an, und bitten Sie um Nennung des Anwalts, der die Bankgeschädigten vertreten hat (Aktenzeichen nicht vergessen!). Die Behörde wird bei diesem Anwalt nachfragen, ob er einverstanden ist, dass Ihnen seine Anschrift mitgeteilt wird. Wenn ja, werden Sie sie nach einiger Zeit erhalten. Seien Sie hartnäckg und fragen Sie immer wieder nach. Sollte sich das Gericht weigern, Ihnen zu helfen, bitten Sie einen Journalisten, an Ihrer Stelle bei dem betreffenden Gericht nachzufragen.

## 2. Verbraucherzentralen

Einige Verbraucherzentralen haben in den letzten Jahren eine beachtliche Kompetenz entwickelt. Zu nennen sind vor allem die Verbraucherzentrale Düsseldorf sowie der Bundesverband der Verbraucherzentralen in Berlin (Adressen siehe S. 304 ff.), die immer wieder Verbraucherinteressen gegen die Banken durchsetzen. Einzelfälle dürfen sie nur dann übernehmen, wenn es sich um grundsätzliche Fragen handelt.

Die Hilfe der Verbraucherzentralen kommt aber nur Privatpersonen zugute, so schreibt es die Stiftungssatzung vor.

## 3. Schuldnerberatungsstellen

Seit einigen Jahren beraten diese Stellen, die meist von den karitativen Verbänden, oft von der Gemeinde oder auch von den Kirchen getragen werden, mittellose Schuldner – aber nur Privatpersonen. Für Unternehmer in ihrer Funktion als Gesellschafter oder Geschäftsführer dürfen sie nicht tätig werden.

Die anfänglich noch fragliche Kompetenz der Berater hat sich dank der Bemühungen der Verbandszentrale (Anschrift siehe S. 306) erheblich verbessert. Trotzdem soll es mitunter noch immer zu grotesken Fehlinformationen kommen. Wegen der rapide steigenden Überschuldung sind viele Schuldnerberatungsstellen heillos überlastet.

## 4. Selbsthilfegruppen

Selbsthilfegruppen sollte der Bankgeschädigte sehr genau prüfen, bevor er ihnen sein Schicksal in die Hand gibt. Die meisten arbeiten ineffizient, andere sind so polemisch-kämpferisch ausgerichtet, dass sie eine juristische Problemlösung nur erschweren, und wieder andere beuten ihre Mandanten schamlos aus. Zur rechtlichen Beratung sind sie meistens nicht befugt; wenn sie an Anwälte weiter vermitteln, ist deren Kompetenz und Lauterkeit nicht immer gesichert.

Positiv hervorzuheben ist die *Schutzgemeinschaft für Bankkunden* in Erlangen (Adresse siehe S. 305). Der Initiator, ein ehemaliger Journalist, leistet seine Arbeit mit der Akribie eines sorgfältigen Rechercheurs und enthält sich jeglichen Versuchs der Rechtsberatung. Seine Dokumentation ist beachtlich.

Der Arbeitskreis Banken und Existenzsicherung im Landesinnungsverband Fernsehtechnik Nordrhein-Westfalen (Anschrift siehe S. 306) ist der einzige mir bekannte Selbsthilfeverein, der sich speziell mit den Bankproblemen mittelständischer Unternehmer befasst. Gründer ist Innungsobermeister (Bereich Informationstechnik) Karl-Josef Wallmeyer, der zugleich unter anderem auch als Vorstand des Landesfachverbandes und der Kreishandwerkerschaft fungiert.

## 5. Bundesanstalt für Finanzdienstleistungsaufsicht, früher Bundesaufsichtsamt für das Kreditwesen

Dort gibt es inzwischen eine Abteilung Q 23, die speziell mit Fragen des Verbraucherschutzes bei Finanzdienstleistungen befasst ist. Im Gespräch erklärte mir der zuständige Abteilungsleiter, er sei sehr interessiert an gut dokumentierten Fällen unkorrekten Bankenhandelns (Anschrift siehe S. 306).

## 6. Landesfinanzministerien

Die Ministerien sind zwar die obersten Kontrollbehörden der Sparkassen, scheren sich aber nicht um Verbraucherbeschwerden. Wie auch, die Verflechtungen zwischen Ministerialbürokratie, Sparkassenchefs und den Managern der Zentralbanken sind viel zu eng.

## 7. Petitionsausschüsse

Wer sich vom Petitionsausschuss des Landtags oder des Bundestags Hilfe erhofft, ist schlecht beraten. Die Ausschüsse dürfen in schwebende Verfahren nicht eingreifen, ihre Mitglieder sind in bankrechtlichen Fragen überfordert, und viele Politiker stehen unter dem direkten oder indirekten Einfluss der Banken.

### 8. Ombudsleute

Die Geschäftsbanken haben Ombudsstellen für die Vermittlung zwischen Banken und Kunden eingerichtet. Sich dorthin zu wenden ist nicht sehr erfolgversprechend. Denn erstens sind deren Kompetenzen auf ein paar tausend Euro Streitsumme begrenzt, zweitens braucht sich die Bank an den Schlichtungsspruch nicht zu halten und drittens gibt es keine Einsicht in das Verfahren; Zeugenbefragungen liegen in der Willkür der Ombudsleute.

Eingriffe in schwebende Gerichtsverfahren sind nicht möglich. Hat ein Geschädigter bereits geklagt, weigert sich der Ombudsmann, das Schlichtungsverfahren in Gang zu bringen. Dasselbe gilt, wenn eine Anzeige bei der Staatsanwaltschaft gestellt wurde.

### 9. Staatsanwaltschaften

Das Druckmittel einer strafrechtlichen Bewertung banktechnischen Tuns greift nicht. Die Staatsanwaltschaften sind regelmäßig zeitlich und fachlich überfordert. Es gibt Staatsanwälte, die verneinen selbst dann das Vorliegen eines Betrugs oder Diebstahls, wenn eine Bank ihren Kunden widerrechtlich falsche Zinsen berechnet oder ein Banker Geld vom Konto gestohlen hat. Die Strafverfolgungsbehörden sind nur dann nützlich, wenn es gelingt, sie zur Beschlagnahme bankinterner Akten zu bewegen.

### 10. Operative Hilfe

Bestimmte operative Leistungen kann ein Anwalt nur begrenzt erbringen. Dafür muss er sich Spezialisten bedienen.

- *Kontenprüfer:* Besonders hervorzuheben ist die Leistung des Kontenprüfers Hans Peter Eibl (Adresse siehe S. 305), der mittels eines speziell entwickelten Computerprogramms die Korrektheit der Kontenführung überprüft und in den meisten Fällen zu beträchtlichen Nachforderungsbeträgen kommt. Einige der in der Adressenliste aufgeführten Anwälte bedienen sich dieser Daten mit großem Erfolg bei Vergleichsverhandlungen und später bei Gericht.

  In Wien hat sich im Frühjahr 2002 auf Initiative des Bundesjustizministers Dieter Böhmdorfer und der Arbeiterkammer der Verein für Abrechnungskontrolle etabliert (Anschrift siehe S. 305). Der Verein kontrolliert die Zinsabrechnung bei Krediten sowohl von Privaten wie auch von Unternehmern. Falsche Gebührenerhebungen und andere Unregelmäßigkeiten werden allerdings außer Acht gelassen. Geschäftsführerin Claudia Feichtinger vermeldete im Sommer 2002 eine Trefferquote von weit über 90 Prozent. Es stellt sich die Frage, warum es in Deutschland nicht möglich ist, eine solche offizielle Stelle einzurichten. Hierzulande wissen noch nicht einmal alle Verbraucherzentralen, dass es Nachberechnungsmöglichkeiten gibt (Stand Juni 2002).
- *Unternehmensberater:* Sicher macht es Sinn, sich bei der Umstrukturierung eines Unternehmens in der Krise spezialisierter Unternehmensberater zu bedienen. Allerdings sollten diese sich auch im Finanz- und Bankbereich auskennen. Wer über die Handwerkskammern oder IHKs Adressen sucht, sollte die Qualität der von den Kammern Genannten im Gespräch mit dem Anwalt prüfen lassen. Zu beachten ist, dass die Unternehmensberater durch ihre berufliche Nähe zu den Banken zwar leichten Zutritt zu den Banken haben, aber auch in Interessenskonflikte geraten können. Zudem gilt, dass die Kammern von den Banken mindestens indirekt beeinflusst werden, also kein wirkliches Interesse haben können, den Banken wehzutun. Also: Suchen Sie lieber nach einem Berater von außerhalb des heimischen Dunstkreises.

Auseinandersetzungen mit den Banken gehen ins Geld. Anwälte sind teuer, die Gerichte ebenfalls. Wer als Bankgeschädigter mittellos ist, könnte daher schnell auch rechtlos sein. In den meisten Fällen gibt es allerdings doch Finanzquellen, die sich ausschöpfen lassen.

- *Die Finanzierung aus eigenen Mitteln:* Nicht selten haben vor allem Unternehmer Gelder zur Seite geschafft, von denen nur sie selbst etwas wissen. Die helfen dann bei der Finanzierung der Krise. Allerdings hat der Bundesgerichtshof da eine gefährliche Falle aufgebaut: Wer Prozesse mit Geld bezahlt, das zum Beispiel im Ausland gewaschen wurde, macht sich strafbar. Ein Anwalt, der dieses Geld annimmt, kann im schlimmsten Fall seine Zulassung verlieren.
- *Die Rechtsschutzversicherung:* Wer frühzeitig über seine Rechtsschutzversicherung die Finanzierung eines Bankprozesses sichert, ist zumindest teilweise aus dem Schneider, denn einem guten Anwalt gelingt es spätestens über einen Prozess, die Deckungszusage zu bekommen. Diesen Schritt muss man aber einkalkulieren. Inzwischen haben einige Gerichte auch eingesehen, dass die Versicherungen gerne tricksen, und sie in ihre Schranken gewiesen. So war lange umstritten, ob ein Passus im Versicherungsvertrag, wonach Bauprozesse von der Leistung ausgeschlossen sind, auch für Probleme mit Geldanlagen gilt, die in Notlage geraten sind, zum Beispiel für die abertausend bankrotten Steuersparmodelle. Der Anwalt Ernst-August Bach aus Hannover hat inzwischen von zwei Obergerichten bestätigt bekommen, dass die Versicherer hier Deckungszusagen machen müssen.
- *Die Prozessfinanzierer:* Der Gedanke ist bestechend: Jemand übernimmt das Prozessrisiko und bekommt nach gewonnenem Verfahren einen Teil der erstrittenen Summe. Selbst wenn er bis zur Hälfte der Summe verlangt, denken sich die Betroffenen,

die andere Hälfte ist immer noch besser als nichts. Allerdings wird ein Schadensersatzprozess ja nur um die Schadenssumme geführt, so dass der Bankgeschädigte, hat er denn endlich gewonnen, mit der Hälfte des streitigen Betrags oft noch immer so tief in der Kreide sitzt, dass die Gläubiger ihm den erstrittenen Schadensersatz auch noch wegnehmen. Zudem: Die Prozessfinanzierer übernehmen mit dem Risiko die Prozesshoheit. Sie können zum Beispiel nach einem verlorenen Prozess beim Landgericht aussteigen, auch wenn die wirklich kundenfreundlichen Urteile meist beim Oberlandesgericht, wenn nicht erst beim BGH oder beim Europäischen Gerichtshof gefällt werden. Und: Wenn ein Prozessfinanzierer selbst Pleite geht, bleibt der Bankgeschädigte in voller Höhe auf den Kosten sitzen. Was also soll's mit den Prozessfinanzierern? Wer sich trotzdem dafür interessiert, findet die Anschriften im Adressenteil (siehe S. 304 ff.).

- *Die Prozesskostenhilfe:* Das Instrument der Prozesskostenhilfe wurde von der ehemaligen CDU-Regierung trotz heftiger Gegenwehr der Banken eingerichtet und soll Mittellosen helfen, vor Gericht zu ihrem Recht zu kommen. Allerdings sind die Honorarsummen, die für die Anwälte zur Verfügung stehen, so gering, dass es schon eine Art karitativer Leistung ist, wenn ein Anwalt sich darauf einlässt. Man hört auch, dass einige Anwälte sich ausbedingen, nach gewonnenem Prozess nachhonoriert zu werden. Das ist dann erlaubt, wenn der Anwalt diese Möglichkeit nach dem gewonnenen Prozess anspricht, nicht vor Prozessbeginn. Ein weiteres Problem stellt sich bei der Gewährung von Prozesskostenhilfe: Die Banken als Gegner dürfen zum Antrag Stellung nehmen, eigentlich ein aberwitziger Vorgang. So kommt es immer wieder, dass die Gerichte nach der Lektüre der Bankenschriftsätze den Antrag auf Gewährung von Prozesskostenhilfe ablehnen. Dagegen kann der Betroffene zwar Widerspruch bei der oberen Instanz einlegen – aber wer traut sich das zu ohne Anwalt? Trotzdem: Immer wieder beweisen Einzelfälle, dass es funktioniert.

Grundsätzlich bieten sich Ihnen zwei Klagemöglichkeiten an: die über den Staatsanwalt und die über die Zivilgerichte. Eine Strafanzeige bringt Ihnen nicht viel außer der Genugtuung, ein wenig Wirbel hervorgerufen zu haben. Manchmal beschlagnahmen Staatsanwälte aber die Akten. Möglicherweise finden sich darin Hinweise auf unkorrektes Verhalten der Banker. Das ist aber selten, und oft erhalten Sie auch nicht das Recht auf Akteneinsicht.

Selbst mit einer Verurteilung der Banker haben Sie noch lange keine materielle Wiedergutmachung erreicht. Wenn es hingegen nicht zum Prozess kommt, können Sie damit rechnen, dass der Anwalt der Banker das zu würdigen versucht. Nach dem Motto: Wenn schon der Staatsanwalt nichts Illegales an der Sache fand …

Also versuchen Sie es lieber gar nicht erst. Versuchen Sie stattdessen, auf zivilrechtlichem Weg zu Ihrem Recht zu kommen. Dazu gibt es zwei Ansätze:

Wenn die Bank Ihnen einen Schaden zugefügt hat, zum Beispiel mit der Finanzierung eines windigen Immobiliengeschäfts, sollten Sie zunächst *eine Rückabwicklung* anstreben. Das heißt: Der Anwalt wird versuchen, das Geschäft als unwirksam erklären zu lassen.

Wenn Sie gewonnen haben, muss die Bank Sie so stellen, wie Ihre Situation gewesen wäre, hätten Sie, zum Beispiel, die Immobilie nicht gekauft: Sie verschwinden aus den Grundbüchern, Ihr Kredit wird gestrichen, und Sie brauchen nichts weiter zu bezahlen. Die Bank muss auch für Ihre Aufwendungen aufkommen. Allerdings müssen Sie sich die Vorteile aus dem Geschäft, etwa erhaltene Steuergewinne, anrechnen lassen.

Nun kann es aber sein, dass Sie darüber hinaus einen Schaden erlitten haben. Vielleicht ist Ihr Geschäft konkurs gegangen, weil die Kredite ihm die Liquidität entzogen haben. Oder Sie mussten Aktien verkaufen, um die Kredite für die Immobilie bezahlen zu können – Aktien, die Sie später mit höherem Gewinn hätten abstoßen können.

Wenn Sie einen solchen Schaden erstattet haben möchten, müssen Sie *auf Schadensersatz klagen.* Entweder, indem Sie eine Feststellung anstreben, in der das Gericht Ihrer Meinung zustimmt, die Bank habe Sie geschädigt. Dann müssen Sie, um nach dieser Feststellung zu Ihrem Geld zu kommen, erneut Klage einreichen und die betreffende Summe beweisen.

Sie können aber auch gleich *auf Zahlung einer bestimmten Summe klagen.* Zusätzlich können Sie *auf Dauerleistungen klagen,* wenn zum Beispiel Ihre Karriere durch das Desaster Schaden gelitten hat und Ihnen Einkünfte verloren gegangen sind. Die muss die Bank dann auch bezahlen, abzüglich der Einnahmen, die Sie tatsächlich realisieren konnten.

Wenn Sie auf die Rückerstattung falsch berechneter Zinsen, Wiedergutmachung von Schäden aus verspäteteter Wertstellung oder die Rückerstattung unkorrekt erhobener Gebühren aus sind, müssen Sie *auf Rückzahlung klagen.* Auch hier hindert sie nichts daran, den Schaden daraus zusätzlich einzufordern.

Wenn die Bank Sie allerdings bereits mit Zwangsmaßnahmen überzieht, müssen Sie *Gegenklagen erheben.* Bei der Kreditkündigung heißt die Waffe *Kündigungsgegenklage.* Die hebt die Zwangsvollstreckung zwar nicht auf, ermöglicht es Ihnen später aber, wenn der Richter erkannt haben sollte, dass die Kündigung zu Unrecht erfolgt ist, Rückabwicklung und Schadensersatz zu verlangen.

Ist die Zwangsversteigerung zum Beispiel einer Immobilie angeordnet (das tun die Richter auf der Stelle auf Zuruf der Banken), müssen Sie eine *Vollstreckungsgegenklage* einreichen. Im Zuge einer angeschlossenen Einstweiligen Verfügung zur Einstellung der Zwangsvollstreckung können Sie versuchen zu erreichen, dass Ihr Eigentum zunächst bis zum Ende des Prozesses um die Gegenklage unangetastet bleibt. Wenn Sie später gewonnen haben sollten, können Sie Schadensersatz erzwingen.

Derartige Prozesse dauern lange, daher müssen Sie versuchen, die Zwangsvollstreckung zu beenden. Das geht durch eine *Einstweilige Verfügung zur Aufhebung der Zwangsvollstreckung,* die Ihr Anwalt aber sehr differenziert und genau begründen muss. Sie haben da meist nur dann eine Chance, wenn Sie dem Richter Formfehler welcher Art auch immer beweisen können oder die Höhe der Forderung anzweifeln. Auch das muss exakt begründet werden. Recht gute Karten haben Sie, wenn Sie ein Verschulden der Bank an Ihrem Desaster beweisen können.

Ein Spaziergang ist das alles nicht. Die Verfahren werden Sie ein paar Jahre Ihres Lebens kosten. Da ist es oft besser, vor der Klageerhebung mit der Bank einen Vergleich auszuhandeln. Verantwortungsvolle Anwälte schlagen diese Lösung stets vor und schaffen auf diesem Wege Problemlösungen, die vor Gericht nicht überall zu erreichen sind.

# Krisenbewältigung

| Krisensituation | Ihre Rechtsposition | Prüfen und beachten |
|---|---|---|
| Die Bank hat Ihnen trotz bester Sicherheiten (z. B. erstrangige Grundschuld, Hinterlegung von Sparbüchern) statt eines Annuitätenkredits nur einen wesentlich teureren Kontokorrentkredit eingeräumt. Die Zinsbelastungen werden unerträglich. | *Eher schlechte Position,* da die Gerichte das Prinzip der Vertragsfreiheit verteidigen. Die Bank ist nicht verpflichtet, auf günstigere Finanzierungsmöglichkeiten hinzuweisen. Sie kommen aus dem Kredit nur dann wieder heraus, wenn<br>- Sie beweisen können, dass die Bank dieses Geschäft oktroyiert hat (etwa in einer Notsituation),<br>- der Bankmitarbeiter als Berater oder gar als faktischer Geschäftsführer aufgetreten ist (der Hinweis, alle Mitarbeiter würden in der Werbung als Berater dargestellt, reicht nicht). | **A.** Bei Vertragsabschluss beachten:<br>1. Die Kosten für Kontokorrentkredite sind per se und verschärft aufgrund der Zinseszinsdynamik unverhältnismäßig hoch.<br>2. Bestrangige Sicherheiten ermöglichen Verhandlung auf bestmögliche Zinsen.<br>**B.** In der Krisensituation:<br>1. Kam der Kreditvertrag unter Druck der Bank zustande (und lässt sich das beweisen)?<br>2. Hat die Bank einen Beratungsvertrag mit Ihnen abgeschlossen (und lässt sich das beweisen)? Z. B.: Bankmitarbeiter helfen bei Steuererklärung, Bank besorgt Vermögensberatung. |

| Krisensituation | Ihre Rechtsposition | Prüfen und beachten |
|---|---|---|
| Als Ehefrau, Kind oder Elternteil haben Sie für einen Konkurs gegangenen Unternehmer gebürgt, jetzt fordert die Bank Sie auf, dessen Schulden zu bezahlen. Sie haben das Geld nicht. | *Gute Chancen,* wenn<br>– der Bürge von der Bank in die Bürgschaft gelockt wurde, ohne dass Sie von dieser über die Schieflage des Unternehmens informiert wurden, und der Ehemann Sie belogen hat;<br>– bei Abgabe der Bürgschaftserklärung feststand, dass Sie niemals in der Lage sein würden, die Schuld zu begleichen.<br>*Schlechte Chancen,* wenn Sie im Unternehmen in einer Position gearbeitet haben, in der Sie die Entwicklung des Unternehmens mit beeinflussen konnten. | *Prüfen vor Abgabe der Bürgschaftserklärung:* Stimmen Geschäfts- und Vermögenslage des Unternehmens mit den Angaben überein (Testat des Steuerberaters, schriftliche Bankauskünfte). *Prüfen im Krisenfall:* War bei der Abgabe der Bürgschaftserklärung Ihre Unfähigkeit, die Schuld zu begleichen, offensichtlich (zu geringer Verdienst, keine Karrieremöglichkeiten, kein Vermögen, ausschließliche oder überwiegende Belastung als Hausfrau). |

| Krisensituation | Ihre Rechtsposition | Prüfen und beachten |
|---|---|---|
| Die Bank führt einige Überweisungen nicht mehr durch, hält Ihr Konto aber offen. Viele Überweisungen sind erst nach Absprache mit dem Sachbearbeiter der Bank möglich. Ihnen entsteht Schaden durch Mahnkosten der Lieferanten, Sie verlieren Skonti, müssen Preiserhöhungen hinnehmen und Geschäftsverbindungen brechen ab. | Chancen auf Schadensersatz, weil die Bank in Ihre Geschäftsführung eingegriffen hat. Ihre Position ist umso besser, wenn<br>- Sie sich im Rahmen einer ungekündigten Kontokorrent- oder anderweitiger Kreditvereinbarungen bewegt haben;<br>- die Bank lange Zeit toleriert hat, dass Sie das Kontokorrentlimit auf stabilem Niveau überzogen haben;<br>- das teilweise Einfrieren Ihres Kontos überraschend erfolgt und die Nichtdurchführung der Verfügungen für Sie willkürlich erfolgt. | - Bestehen feste Kontokorrent- und andere Kreditvereinbarungen?<br>- Konnten Sie Ihre Limits über längere Zeit unbeanstandet überziehen?<br>- Ist die Kreditkündigung noch nicht ausgesprochen?<br>- Hat die Bank Ihnen die Möglichkeit eingeräumt, die Überziehungen in angemessener Zeit zurückzuführen?<br>- Hat ein Banker Ihnen vorgeschrieben, welche Überweisungen getätigt werden sollen? |
| Die Bank ruft Abbuchungen zurück und zahlt keine Schecks mehr aus. Ihre Geschäftsbeziehungen nehmen dadurch Schaden. | Es entsteht Anspruch auf Schadensersatz, weil eine solche Kontensperrung einer fristlosen Kreditkündigung gleichkommt und die Kündigung nicht vorschriftsmäßig ausgesprochen wurde. | - Wurde Ihnen die Kündigung schriftlich mitgeteilt?<br>- Wurde Ihnen ausreichend Zeit gelassen, die Schulden zurückzuführen?<br>- Bewegten Sie sich zum Zeitpunkt der Kündigung im Rahmen der abgesprochenen Kreditlinien oder wenigstens im Rahmen der stillschweigend tolerierten Überziehungen? |

| Krisensituation | Ihre Rechtsposition | Prüfen und beachten |
|---|---|---|
| Die Bank kündigt Ihre Kredite fristlos. | Gute Chancen auf Erfolg von Vergleichsverhandlungen, einer Kündigungswiderklage und/oder Schadensersatz, wenn<br>- die Bank mit der Kündigung eine aussichtsreiche Sanierung sabotiert (vor allem dann, wenn es sich um die Hausbank handelt);<br>- Ihre wirtschaftliche Situation sich nicht verschlechtert hat (eine Verschlechterung des familiären Friedens reicht zur Kündigung nicht aus);<br>- Sie die Bank nicht getäuscht haben;<br>- Ihre betriebswirtschaftlichen Daten stets vorgelegt wurden (Verspätungen sind in der Regel kein Kündigungsgrund). | - War das Unternehmen sanierungsfähig?<br>- Hat die Hausbank gekündigt?<br>- Hat die Bank an einer Sanierung mitgearbeitet oder deren Einleitung betrieben?<br>- Ist Ihre wirtschaftliche Situation in den letzten Monaten unverändert geblieben oder hat sie sich gar verbessert?<br>- Haben Sie alle Kreditauflagen erfüllt?<br>- War Ihr Verhalten gegenüber der Bank stets korrekt? *Vorsicht:* Manche Gerichte bewerten Ausfälligkeiten Ihrerseits als »Wegfall der Geschäftsgrundlage«.<br>*Hinweis:* Es ist noch nicht höchstrichterlich geklärt, ob eine Hausbank, mit der Sie über Jahre zusammengearbeitet haben, in einer Krise unter dem Gesichtspunkt der Treuepflicht weiteren Krediten zustimmen muss. Hat sie jedoch einem Sanierungskonzept zugestimmt, in dem weitere Kredite durch sie vorgesehen sind, muss sie diese auch herausreichen. |

| Krisensituation | Ihre Rechtsposition | Prüfen und beachten |
|---|---|---|
| Sie erhalten keine Kontoauszüge mehr zugeschickt. Es entsteht Ihnen Schaden, weil Sie die Verweigerung von Zahlungen nicht nachvollziehen und Sie eine Bezahlung aus anderen Quellen oder wenigstens klärende Gespräche mit dem Empfänger der Gelder nicht führen können. Sie verlieren Skonti und Rabatte. | Es ist grundsätzlich möglich, jederzeit an Kontoauszüge heranzukommen. Etwa durch persönliche Abholung oder durch den Ausdruck am Automaten. Daher nimmt der Richter an, dass Sie jederzeit Kenntnis über den Stand Ihrer Konten haben mussten. Eine Verpflichtung der Bank, Ihnen die Auszüge zuzuschicken, besteht nicht, es sei denn, Sie wohnen weit entfernt vom Sitz der Bank und es besteht kein Zugriff auf die Kontendaten über Automat. Beim Ausbleiben der Kontoauszüge sind Sie verpflichtet, die Bank zu mahnen und ihr eine Frist zu setzen. Daraufhin muss die Bank Sie über die Verweigerung der postalischen Zusendung in Kenntnis setzen. | - Habe ich anderweitig Zugang zu den Kontendaten?<br>- Habe ich die Bank durch Mahnung und Fristsetzung in Verzug gebracht?<br>- Hat die Bank mich informiert? |

| **Krisensituation** | **Ihre Rechtsposition** | **Prüfen und beachten** |
|---|---|---|
| Die Bank drängt Ihnen Berater auf und/oder akzeptiert Berater Ihres Vertrauens nicht. Es entsteht Schaden durch Falschberatung und Beratungshonorare. | Anspruch auf Schadensersatz, wenn die Beratung gegen Ihren (schriftlich!) erklärten Willen und auf Druck der Bank erfolgt. Wenn Sie der Beratung stillschweigend zustimmen und den Empfehlungen von sich aus folgen, tragen auch Sie die Verantwortung für entstehenden Schaden. | *Vor Einsetzen des Beraters zu beachten:*<br>– Aktennotiz an die Bank anfertigen über Ihre Zweifel an dessen Kompetenz.<br>– Formulierung eines eigenen Vorschlags.<br>Wird die Beratung trotz Ihres Widerspruchs durchgeführt, Protest anmelden. Vor Realisierung von Vorschlägen des Beraters Protest gegen die geplanten Maßnahmen formulieren (begründen!). |
| Von Ihren Konten verschwindet Geld. Die Bank stellt sich stur, eine Erklärung für die mysteriösen Buchungen gibt sie nicht. | Anspruch auf Rückzahlung der entnommenen Gelder, wenn Sie nachweisen können, dass kein Anlass für Entnahmen bestand und Sie das Geld nicht persönlich abgehoben haben. Hinweis der Bank zur Pflicht auf sofortige Reklamation ist irreführend. | Sofort reklamieren, die Bank in Verzug setzen und Forderungen auf Schadensersatz anmelden. Staatsanwaltschaft einschalten, Prüfungsverband benachrichtigen. *(Vorsicht:* Möglicherweise folgert die Bank daraus Kündigungsgrund für Ihre Kredite wegen Wegfall des Vertrauensverhältnisses!) |

| Krisensituation | Ihre Rechtsposition | Prüfen und beachten |
|---|---|---|
| Ihnen entstehen durch Gebühren und falsche Verzinsung vermeidbare Kosten. | Recht auf Rückerstattung zu viel einbehaltener Beträge mitsamt Wiederanlagezins. Recht auf Schadensersatz, wenn z. B. durch verminderte Liquidität ein Finanzierungsengpass aufgetreten ist. Möglichkeit der Zurückweisung von Forderungen zum Beispiel bei Kreditkündigung und Zwangsvollstreckung. | Den Nachweis der vorenthaltenen Beträge sichern. |

| Krisensituation | Ihre Rechtsposition | Prüfen und beachten |
|---|---|---|
| Sie haben Kontoauszüge verloren. Sie möchten aber die Kontoführung überprüfen, weil Sie der berechtigten Meinung sind, die Bank habe Sie übervorteilt. Die Bank weigert sich, Ihnen Kopien zur Verfügung zu stellen. | Die Bank muss Ihnen die Unterlagen zur Verfügung stellen. Selbst dann, wenn die gesetzliche Aufbewahrungsfrist überschritten ist (vorausgesetzt, sie sind noch vorhanden). Unklar ist allerdings, ob und welche Gebühren sie dafür verlangen darf. Es gibt zwar ein Urteil des OLG Celle (3U 128/94), in dem eine Gebühr von höchstens rund 100 Euro für die Dokumentation eines Darlehenskontos und rund 200 Euro für die Dokumentation eines Kontokorrentkontos als angemessen bezeichnet wird. Eine verbindliche, höchstrichterliche Entscheidung liegt aber nicht vor. Möglicherweise muss die Bank die Kontoabrechnungen kostenlos nachliefern, wenn der Kunde anhand von aktuellen Beispielen unkorrektes Verhalten der Bank nachweisen kann. | Aktuelle Konten auf Hinweise auf unkorrekte Abrechnungen überprüfen. Vorsicht: Die Banken fordern zurzeit erhebliche Beträge als Aufwandsentschädigung! |

| Krisensituation | Ihre Rechtsposition | Prüfen und beachten |
|---|---|---|
| Die Bank verlangt zusätzliche Sicherheiten. | Grundsätzlich ist die Bank dazu berechtigt und auch verpflichtet, wenn der Wert der Sicherheiten sinkt (z. B. Wertverlust von Immobilien und Wertpapieren). Bei ausreichender Sicherheit dient die Erpressung weiterer Sicherheiten zur Blockierung von Sanierungsmöglichkeiten durch Umfinanzierung bei fremden Banken oder Investoren. Anspruch auf Freigabe nicht gebrauchter Sicherheiten und auf Schadensersatz. | Ermittlung der tatsächlichen Sicherheitshöhe. Faustregel bei Immobilien: Die Bank rechnet im Krisenfall mit dem »Zerschlagungswert«. Der ist in der Regel höchst umstritten. Wertanalyse der Sicherheiten durch unabhängigen Gutachter erstellen lassen. *Vorsicht:* Auch verdeckte Abhängigkeiten der Gutachter von den Banken abklären! |
| Die Bank verlagert Beträge aus Ihrem Konto auf Konten der Ehefrau. | Diese Strategie macht bisher unbelastete Ehefrauen zu Schuldnern der Bank, damit wird Zugriff auf das Vermögen der Frau (z. B. bei Gütertrennung und wenn die Frau nicht als Bürgin mit haftet) erleichtert. Stillschweigende Hinnahme dieser Strategie könnte im Nachhinein als Zustimmung gedeutet werden, vor allem wenn die Verlagerungen mehrfach geschehen sind. | Sofortiger schriftlicher Protest gegen derartige Machenschaften. Zurückweisung auch der Kostenforderungen, die aus einer solchen Transaktion entstehen. |

| Krisensituation | Ihre Rechtsposition | Prüfen und beachten |
|---|---|---|
| Die Bank greift sich Sicherheiten, deren Verwertung Ihnen einen größeren Schaden bereitet als die Verwertung anderer Sicherheiten; sie besteht z. B. auf der Zwangsversteigerung Ihrer Immobilie, statt auf Sparkonten oder Kunstsammlungen zurückzugreifen. | Anspruch auf Aussetzung der Zwangsversteigerung und, wenn der Schaden bereits eingetreten ist, auf Schadensersatz. Grundlage: Die Bank ist verpflichtet, bei der Zwangsverwertung die Interessen des Schuldners zu berücksichtigen. | Zweifelsfreie Schätzung des Werts der alternativen Sicherheiten (vereidigte Gutachter!). Vollstreckungsgegenklage mit Antrag auf Einstweilige Verfügung zur vorläufigen Einstellung der Zwangsvollstreckung einreichen. Schadenshöhe schätzen lassen und dem Gericht vorlegen. |
| Ihre Hausbank leitet einen Betrag, der Ihnen von einem Kunden überwiesen werden soll, nicht auf Ihr Konto bei einer dritten Bank, sondern auf Ihr überzogenes und eingefrorenes Konto bei der Hausbank. (Voraussetzung: Ihr Kunde hat bei Ihrer Hausbank ebenfalls ein Konto.) | Anspruch auf Rückabwicklung und Anspruch auf Schadensersatz, wenn Ihnen aufgrund des dadurch eingetretenen Liquiditätsengpasses Skonti, Rabatte oder gar ein Geschäft entgehen. | Sofortige Reklamation beim ersten Vorfall. Nach unbeanstandeter Wiederholung droht Unterstellung der stillschweigenden Duldung. |
| Ihre Bank setzt sich über vertraglich vereinbarte Fristen hinweg. Sie bucht z. B. Tilgungsrate und Zins statt vierteljährlich monatlich ab und behält zudem höhere Beträge als vereinbart ein. | Anspruch auf korrekte Kreditführung. Bei Schäden, die durch Liquiditätsstörungen entstanden sind, Anspruch auf Schadensersatz. | Sofortige Reklamation beim ersten Vorfall. Nach unbeanstandeter Wiederholung droht Unterstellung der stillschweigenden Duldung. |

| Krisensituation | Ihre Rechtsposition | Prüfen und beachten |
|---|---|---|
| Die Bank informiert Sie nicht über den wirklichen Wert der von Ihnen gestellten Sicherheiten. | Kein Rechtsanspruch auf korrekte Benachrichtigung. Da aber die Banken verpflichtet sind, ihre Geschäfte so zu führen, dass sie dem Kunden keinen Schaden zufügen, könnte ein Schadensersatzanspruch dann entstehen, wenn Ihnen aufgrund einer Übersicherung die Umfinanzierung nicht gelingt, da Sie über keine weiteren Sicherheiten mehr verfügen. | Tatsächlichen Wert der Sicherheiten durch vereidigte Gutachter feststellen lassen. |
| Ihre Bank lässt Ihnen nicht die Möglichkeit, Ihre Sicherheiten selbst »freihändig« zu verwerten. | Anspruch auf Schadensersatz. Die Bank ist verpflichtet, freihändige Veräußerungen zuzulassen und einen angemessenen Zeitraum dafür einzuräumen (bei Immobilien in der Regel ein halbes Jahr). | Eine derartige Weigerung verbessert Ihre Position in der Kündigungsgegenklage. |
| Die Bank besteht bei der freihändigen Verwertung einer Immobilie auf der Einschaltung eines Maklerbüros, das sich im Besitz der Bank befindet. | Unzulässig. Die Bank beschränkt damit Ihre Handlungsfreiheit und verhindert möglicherweise den Verkauf zum bestmöglichen Preis. Zudem übernimmt sie praktisch die Führung Ihrer Geschäfte und macht sich schadensersatzpflichtig. | Wenn Sie bereits einen Maklervertrag unterschrieben haben, sollten Sie ihn kündigen oder die Exklusivität aufheben. Schützen Sie sich mithilfe eines kundigen Anwalts vor Repressionen der Bank. |

| Krisensituation | Ihre Rechtsposition | Prüfen und beachten |
|---|---|---|
| Ihre Bank schlägt vor, statt Ihre Immobilie versteigern zu lassen, diese zu einem Betrag etwas über Mindestgebot in den eigenen Bestand zu übernehmen. Sie spiegelt vor, der Verkauf an sie würde mehr erbringen als die Zwangsversteigerung. | Unzulässig. Bei bestandssichernden Käufen muss die Bank sieben Zehntel des Verkehrswerts auszahlen. Ist diese Art Verkauf bereits erfolgt, ist die Bank zur Auszahlung des Differenzbetrags verpflichtet, aber nicht zur Rückabwicklung des Kaufs. Straftatbestand (Betrug, Nötigung). | Unbedingt neutrales Gutachten bestellen. Nicht auf das Gutachten des vom Gericht bestellten Sachverständigen vertrauen! |
| Die Bank realisiert Ihre Globalzession, *obwohl andere Sicherheiten bereitstehen.* Es entsteht Schaden durch Verlust von Kunden. | Schadensersatzanspruch. Die Bank ist verpflichtet, bei der Verwertung von Sicherheiten die Interessen des Schuldners zu berücksichtigen. | Zu Beginn der Krise die Bank auf die Möglichkeit der Beeinträchtigung Ihrer Kundenbeziehungen durch Realisierung der Globalzession aufmerksam machen. |
| Die Bank beruft sich auf eine Globalzession, die *alle* Ihre Kunden einschließt. | Die Verwertung ist laut höchstrichterlicher Rechtsprechung unzulässig. | Wortlaut der Zession prüfen. Wenn sie die Formulierung »von A bis Z« beinhaltet, ist sie nicht mehr gültig. Wenn sie sich auf Buchstaben des Alphabets bezieht, die alle Ihre Kunden einschließen, ist sie möglicherweise auch ungültig. |
| Die Bank friert das Konto ein und gibt nicht einmal Geld für Nahrung und Kleidung heraus. | Unzulässig. Der Bankkunde muss zumindest über Beträge in Höhe der pfändungsfreien Grenzen verfügen können. | Kontakt zu Schuldnerberatungsstelle herstellen. Schuldenstand ermitteln und Ausgabenbuch führen. |

| Krisensituation | Ihre Rechtsposition | Prüfen und beachten |
|---|---|---|
| Die Bank friert das Konto ein und behält Unterstützungsgelder zurück (Sozialhilfe, Kindergeld). | Unzulässig. Unterstützungsgelder stehen dem Berechtigten in voller Höhe zu. | Kontakt zu Schuldnerberatungsstelle herstellen. Wichtig: Gelder binnen sieben Tagen abheben, da sonst der Schutzanspruch erlischt. |
| Die Bausparkasse teilt zu dem Termin, den der Vermittler versprochen hat, keinen Kredit zu. Es entsteht Schaden durch teure Zwischenfinanzierung. | Geteilte Rechtslage. Versprechen freier Vertriebspartner über Leistungen von Bausparkassen oder Lebensversicherungen sind für diese so lange nicht rechtsgültig, wie der Vertreter nicht unter deren direkter Weisung tätig ist. Wenn ein fest angestellter Verkäufer jedoch dieses Versprechen gegeben hat, ist die Bausparkasse zur Leistung verpflichtet. In beiden Fällen muss ein schriftliches Versprechen vorliegen. | Absprachen schriftlich fixieren: Entweder auf dem Vertrag oder, per Anwalt, als Aktennotiz mit an die Versicherung schicken. Prüfen, mit welchem Status der Verkäufer gearbeitet hat: als freier oder fester Mitarbeiter. |

| Krisensituation | Ihre Rechtsposition | Prüfen und beachten |
|---|---|---|
| Die Bank verlangt vor der Herausreichung eines Kredits eine neu abzuschließende Lebensversicherung und/oder einen Bausparvertrag zur Besicherung des Risikos und zur späteren Tilgung der Schuldsumme. | Wirtschaftlich unsinniges Arrangement. Extrem teure Finanzierungsvariante. Führt allein zur Minderung der Liquidität und damit zur Erhöhung des Risikos des Kreditausfalls. Alleiniger Gewinner: die Bank und deren Mitarbeiter, weil sie an der Vermittlungsprovision verdienen. Rückabwicklungs- und Schadensersatzanspruch, wenn Sie nicht gesondert über die Risiken dieses Geschäfts und die zusätzlichen Kosten aufgeklärt wurden. | - Ist eine schriftliche Risikobelehrung vorhanden?<br>- Haben Sie eine Unterschrift geleistet, mit der Sie erklären, über das Risiko aufgeklärt worden zu sein?<br>- Die Bank ist verpflichtet, die Kosten, die durch diese Zusatzbelastung entstehen, in die Berechnung des effektiven Jahreszinses einzubeziehen. |
| Die Bank führt Überweisungen, Last- und Gutschriften nicht korrekt aus. Die dadurch entstehenden Zinsverluste summieren sich im Laufe der Jahre auf erhebliche, Sie spürbar belastende Beträge. | Beste Rechtsposition: Erstattung der zu viel vereinnahmten Beträge plus Wiederanlagezins. | Kontenprüfung durchführen lassen. |
| Die Bank beansprucht ungerechtfertigte Gebühren in erheblicher Höhe. Im durchweg negativ geführten Kontokorrent wachsen diese Beträge zu einer spürbaren Belastung an. | Beste Rechtsposition: Erstattung der zu viel vereinnahmten Beträge plus Wiederanlagezins. | Kontenprüfung durchführen lassen. |

| Krisensituation | Ihre Rechtsposition | Prüfen und beachten |
|---|---|---|
| Die Bank berechnet Zinsen auf Ihren Konten falsch. Die langjährige Praxis führt schließlich zu einem erheblichen Liquiditätsverlust. | Beste Rechtsposition: Erstattung der zu viel vereinnahmten Beträge plus Wiederanlagezins. | Kontenprüfung durchführen lassen. |
| In einer Umfinanzierung durch die Hausbank gewährt Ihnen diese kein ausreichendes Kreditvolumen, damit Sie alle Risiken aus den folgenden Geschäften auffangen können. Sie geraten erneut in Schieflage, und es droht aufgrund des Liquiditätsverlusts aus ungünstiger Finanzierung die Insolvenz. | *Gilt nur für Unternehmen, die seit Jahren mit ein und derselben Hausbank arbeiten:* Die Bank ist aufgrund des besonderen Verhältnisses zu Ihrem Unternehmen zur Sanierung verpflichtet. Schwierige Position, denn nicht alle Richter teilen diese Ansicht. | Nachweis der langjährigen Kundenbeziehung. |
| Nach eingehenden Beratungen mit dem Kreditsachbearbeiter der Bank und schließlich sogar mit dem zuständigen Vorstand haben Sie sich entschlossen, einen Kredit aufzunehmen, um ein Geschäft einzuleiten. Die Erwartungen gehen nicht in Erfüllung, die Unternehmung wird notleidend. Es droht der Verlust der wirtschaftlichen Existenz. | Wenig Chancen auf Rückabwicklung oder Schadensersatz. Höchstens Anspruch, wenn die Banker Sie zu dem Geschäft gedrängt und Ihnen negative Informationen darüber vorenthalten haben. | Prüfen, ob die Bank ein eigenes Interesse an dem Geschäft hatte (z. B. Entlastung eines Schuldners). Beweis führen, dass die vorenthaltenen Tatsachen ursächlich mit dem Zusammenbruch des Geschäfts zu tun haben. |

| **Krisensituation** | **Ihre Rechtsposition** | **Prüfen und beachten** |
|---|---|---|
| Ihre Bank hat Ihnen ein Unternehmen zur Übernahme empfohlen und Ihnen dessen Schulden verschwiegen. Nach der Fusion fordert sie die Begleichung der Beträge. *Varianten:*<br>- Die Vermittlung eines zahlungsunfähigen Abnehmers.<br>- Die Vermittlung eines notleidenden Investments. | Anspruch auf Rückabwicklung und Schadensersatz, wenn Sie den Wissensvorsprung der Bank und die Täuschung durch die Bank beweisen können. | Der Beweis ist in der Regel schwer zu führen. |
| Sie haben aufgrund des Börsenprospekts Aktien gekauft, deren Kurs völlig verfallen ist. Es entstand ein existenzgefährdender Schaden. | Unter bestimmten Voraussetzungen Rückabwicklung und/oder Schadensersatzanspruch gegenüber der Emissionsbank, wenn<br>- der Börsenprospekt fehlerhaft war,<br>- falsche Ad-hoc-Meldungen zum Kauf animiert haben,<br>- der Verkäufer in der Bank, in der Sie die Aktien gekauft haben, nachweislich falsche Angaben gemacht hat. | Komplizierte Rechtslage, in der deutsches und europäisches Recht kollidieren.<br>- Emissionsprospekte bereithalten,<br>- Zeugen aktivieren. (Wenn beim Beratungsgespräch keine Zeugen dabei waren, können Sie als Zeuge auftreten; neue Rechtsprechung.)<br>- Nur spezialisierte Anwälte zu Hilfe rufen. |
| Der Wertpapierverkäufer Ihrer Bank hat Ihnen ein extrem riskantes Investment verkauft, obwohl Sie auf einer konservativen Anlageform bestanden haben. | Rückabwicklungs- und Schadensersatzanspruch, wenn der Beweis geführt werden kann (Befragungsbogen!), dass Sie spekulative Anlageformen ausgeschlossen haben. | Befragungsbogen prüfen. Falls kein Befragungsbogen vorliegt, hat die Bank schlechte Karten. Das Gericht wird die für Sie günstigste Erklärung annehmen. |

| Krisensituation | Ihre Rechtsposition | Prüfen und beachten |
|---|---|---|
| Sie haben aufgrund einer falschen Ad-hoc-Meldung Aktien gekauft, deren Wert danach verfallen ist. | Schwierige Situation. Schadensersatzanspruch gegen die Emissionsbank, wenn diese am Zustandekommen der Meldung beteiligt war. | Beweise finden über die Beteiligung der Bank an der Herausgabe der falschen Meldung. *Prüfen:* Befand sich die Bank damals in einem Beratungsverhältnis mit dem empfohlenen Unternehmen? |
| Ihre Bank hat zur Anlage in einem Investment (Immobilie, Fonds, Aktie) geraten ohne Sie darüber zu informieren, dass sie auch vom Initiator des Investments Verkaufsprovisionen erhält. Der Wert der Anlage verfällt. | Gute Position des Anlegers: Falschberatung durch die Bank. Recht auf Rückabwicklung und Schadensersatz. Die Beweislast über die erfolgte Information liegt bei der Bank. | Nachweis der Provisionsregelung führen. Fehlt ein Formular über den Inhalt der Aufklärung? |
| Ihre Bank hat zum Kauf von Aktien geraten, bei deren Emission sie tätig gewesen war. Die Aktien sind im Wert stark gefallen. | Rechtslage noch ungewiss. Anzunehmen ist aber besondere Sorgfalts- und Aufklärungspflicht gegenüber dem Anleger als Kunde. Ansonsten Verdacht auf Interessenskollision und Recht auf Rückabwicklung und Schadensersatz. Beweislast über die Aufklärung liegt bei der Bank; Beweislast, dass der Verkäufer eben die fragliche Aktie angeboten hat, liegt beim Anleger. | - Hat der Bankberater auf die mögliche Interessenkollision hingewiesen?<br>- Hat er auf eine mögliche Schieflage des Unternehmens vor dem Börsengang hingewiesen, falls eine solche vorlag? |

| Krisensituation | Ihre Rechtsposition | Prüfen und beachten |
|---|---|---|
| Sie haben Aktien eines jungen Unternehmens gekauft, dessen Gründer ihre privat gehaltenen Aktien noch innerhalb der Lock-up-Periode (in der die Unternehmer verpflichtet sind, ihre Anteile zu halten) unrechtmäßig verkauft haben. Der Vorgang wurde publik, worauf der Kurs verfiel. | Rechtsposition gegenüber der Bank noch nicht geklärt. Schadensersatzanspruch wahrscheinlich, wenn die Bank keine Schutzvorkehrungen gegen den Verkauf getroffen hat. | Sicherheitsversäumnis der Bank nachweisen. Hat sie z. B. auf die Einrichtung eines Aktiensperrdepots verzichtet, auf dem die Aktien der Unternehmer hätten geparkt werden können? |
| Die Bank hat den Kauf einer Steuersparimmobilie finanziert, die sich als Fehlinvestition erweist. Es entsteht Schaden durch Mietausfälle. | Schwierige rechtliche Situation. Wahrscheinlich kann sich die Bank mit der Behauptung durchsetzen, sie habe die Wirtschaftlichkeit des Investments nicht prüfen müssen, und falsche Behauptungen des Vermittlers habe sie nicht zu verantworten. Drei Stoßrichtungen:<br>1. Der private Investor hat den Kreditvertrag zu Hause unterschrieben (Haustürgeschäft) und ist nicht auf sein Rücktrittsrecht hingewiesen worden.<br>2. Die Bank hat die Immobilie zu mehr als 100 Prozent über dem wirklichen Verkehrswert finanziert. | *1. Zum Haustürgeschäft:*<br>- Wurde wirklich zu Hause unterschrieben (nicht im Büro des Notars, Vermittlers oder in deren Auto, nicht in der Bank)?;<br>- Fehlt das (unterschriebene) Formular über die Belehrung über das Rücktrittsrecht)?<br>*2. Zum Verkauf zu Mondpreisen:*<br>- Grundbücher prüfen, ob der Preis hochgeschaukelt wurde (und die Bank das mitgemacht hat);<br>- Gutachten eines unabhängigen Sachverständigen einholen.<br>*3. Absprache der Bank mit dem Vermittler:*<br>- Hat der Vermittler das Logo der Bank benutzt |

| Krisensituation | Ihre Rechtsposition | Prüfen und beachten |
|---|---|---|
| | 3. Die Bank und der Vermittler haben sich abgesprochen. *In diesen Fällen:* Anspruch auf Rückabwicklung. Eindeutig ist die Lage, wenn die Bank über ihre Rolle als Finanzier hinausgegangen ist. | und wusste diese davon (schwer nachzuweisen)?; - Befindet sich im Prospekt, fehlerhaft oder nicht, ein eindeutiger Hinweis auf die Bank als Finanzier? - Hat die Bank den Vermittler geschult oder Schulungsmaterial zur Verfügung gestellt? *4. Bank war mehr als bloß der Finanzier:* - Kannte sie die Unwirtschaftlichkeit des Objekts? - Hat sie den Kauf und/oder den Ausbau der Immobilie finanziert? - Hat sie überhöhte weiche Kosten hingenommen? |
| Sie möchten einen Kredit vorzeitig kündigen. Die Bank verlangt eine astronomisch hohe Vorfälligkeitsentschädigung. | Eindeutig positive Rechtssituation des Bankkunden. Die Bank darf nur einen Zinssatz verlangen, wie ihn der Bundesgerichtshof als angemessen bezeichnet hat). | Vorfälligkeitsentschädigung durch Gutachter überprüfen lassen. |

| **Krisensituation** | **Ihre Rechtsposition** | **Prüfen und beachten** |
| --- | --- | --- |
| Die Bank weigert sich, einer Umschuldung durch eine andere Bank zuzustimmen. Durch die hohen Belastungen droht ein existenzgefährdender Verlust an Liquidität. | Eindeutig positive Rechtssituation des Bankkunden. Bei Verweigerung Anspruch auf Schadensersatz. | Die Bank darf Vorfälligkeitsentschädigung verlangen. *Achtung:* Korrekte Berechnung prüfen! |
| Die Bank weigert sich, von einer teuren Finanzierungsart (z. B. Immobilienerwerb durch »Nachsparen« über Lebensversicherung) auf eine günstigere durch dieselbe Bank umzuschulden. | Die Bank muss die Umschuldung durchführen. | Die Bank darf Vorfälligkeitsentschädigung verlangen. *Achtung:* Korrekte Berechnung prüfen! |

| Krisensituation | Ihre Rechtsposition | Prüfen und beachten |
|---|---|---|
| Die Bank hat Ihnen den Kauf eines Fondsanteils mittels Nachsparmodell finanziert: Die Tilgung soll erfolgen, wenn eine dafür frisch abgeschlossene Lebensversicherung und ein ebenso frisch abgeschlossener Bausparvertrag so hoch angespart wurden, dass damit der Kredit zurückgezahlt werden kann. Sie können die Mehrfachbelastung nicht tragen und müssen die Zahlungen einstellen. Die Bank kündigt den Kredit, Ihre wirtschaftliche Existenz steht auf dem Spiel. | Wenn die Bank die auf Sie zukommenden Beträge nicht auf dem Kreditvertrag aufgeführt hat, ist sie verpflichtet, den Kreditvertrag auf der Zinsbasis von 4 Prozent neu zu berechnen. Die zu viel gezahlten Zinsen müssen zurückgezahlt werden. Ob die Bank auch wegen des Verlustes durch die zum Erliegen gekommene Lebensversicherung verpflichtet ist, wurde nicht entschieden, erscheint aber wahrscheinlich, wenn der Bankmitarbeiter zu dieser Finanzierung geraten hat. | • Kreditvertrag prüfen!<br>• Achtung! Es ging hier um einen Verbraucherkredit, nicht um andere Kreditformen. Keine Verbraucherkredite waren im alten Recht solche, die für die Aufnahme einer gewerblichen oder selbstständigen Tätigkeit aufgenommen wurden, sofern der Nettokreditvertrag 100 000 DM überstieg. Ebenfalls galten nicht als Verbraucherkredite solche, die über Grundpfandrechte (Grundschulden/Hypotheken) gesichert wurden.<br>• Nach neuem Recht werden alle Kredite, die für private Zwecke aufgenommen wurden, als Verbraucherkredite behandelt. Hingegen verlieren Kleinunternehmer und Selbständige den früher vorhandenen Schutz. Die Ausgliederung pfandrechtlich gesicherter Kredite bleibt. |

| Krisensituation | Ihre Rechtsposition | Prüfen und beachten |
|---|---|---|
| Die Kinder, keines volljährig, haben sich mit den Handy-Gebühren übernommen. Die Bank hat von den Konten der Kinder abgebucht und hohe Forderungen auflaufen lassen. Jetzt will sie das Geld sofort zurück, im Notfall von den Eltern. | Da die Bank einen Girokredit an Personen vergeben hat, die noch nicht unbeschränkt geschäftsfähig sind, ist der Kredit wahrscheinlich nichtig. Sie brauchen ihn nicht zurückzahlen. Darüber hinaus muss die Bank Ihnen angemessen Zeit geben, den Betrag zu zahlen – üblicherweise zwei Wochen. Ob die Bank die Verweigerung der Zahlung toleriert, steht auf einem anderen Blatt. Sie könnte die Kontenbeziehung kündigen und später auch keine Konteneröffnung der Kinder mehr ermöglichen. Daher sollten Sie am besten unter Hinweis auf die Frist und auf die wacklige Position der Bank eine Teilzahlung vereinbaren, allerdings ohne Zinsen zu akzeptieren. | - Hat die Bank eine ausreichende Zahlungsfrist eingeräumt?<br>- Häufig versucht die Bank, die Forderungen über den Geburtstag zur Volljährigkeit herüberzuretten. Sie argumentiert dann, das Kind habe mit Eintritt der Volljährigkeit die Rechtswirksamkeit der Schulden akzeptiert. Die Position des Kindes ist in diesem Fall eher schlecht. |
| Die Bank überlässt einem Betrüger ein Konto, über das er seine Geschäfte abwickelt. Trotz eindeutiger Hinweise auf die illegalen Machenschaften sperrt sie das Konto nicht. | Anspruch auf Schadensersatz. Die Bank ist verpflichtet, das Konto zu sperren und Kredite zu kündigen, wenn sie Kenntnis von illegalen Transaktionen und betrügerischen Geschäften hat. | Nachweisen, dass der Bank die Illegalität der Geschäfte bekannt sein musste (z. B. viele Einzahlungen aus privaten Quellen und hohe Privatentnahmen; kein Nachweis unternehmerischer Geschäftstätigkeit). |

| Krisensituation | Ihre Rechtsposition | Prüfen und beachten |
|---|---|---|
| Ihre Bank hat es immer wieder zugelassen, dass Sie Ihr Konto zunehmend überziehen. Weitere Sicherheiten hat sie jedoch nie verlangt. Jetzt fordert sie die Rückführung der Überziehung binnen kurzer Zeit, weitere Überziehungen lässt sie nicht mehr zu. | Gute Verhandlungsposition. Zwar ist die Bank berechtigt, Kontokorrentüberziehungen jederzeit und ohne Begründung zu kündigen, doch dürfen solche Kündigungen nicht zur Unzeit erfolgen. Sie muss Sie auch mehrfach angemahnt und das Einfrieren der Konten angekündigt haben. Sie haben ein Recht auf Regulierung Ihrer Schulden in einem Maß, das das Weiterbestehen Ihres Unternehmens bzw. die Versorgung Ihrer Familie nicht gefährdet. Voraussetzung ist allerdings, dass sich Ihre wirtschaftliche Lage nicht grundlegend verschlechtert hat. | Verhandlungen einleiten, am besten mithilfe eines Anwalts. Versuchen Sie, Ihre persönliche wirtschaftliche Entwicklung oder die Ihres Unternehmens positiv darzustellen. |
| Nachdem Sie die Verhandlungen über einen Kredit abgebrochen haben, stellt Ihnen die Bank eine Gebühr für den Aufwand in Rechnung. Sie sind nicht bereit, diese Gebühr zu zahlen. | Beste Position. Sie sind nicht verpflichtet, die Gebühr zu zahlen, weil Akquisitionskosten nicht auf den Kunden abgewälzt werden dürfen. | Sofortige Reaktion. Sollte die Bank den Betrag bereits abgebucht haben: Rückforderung unter Verzugsetzung. Die Auseinandersetzung am besten nur über einen Anwalt führen. |

| Krisensituation | Ihre Rechtsposition | Prüfen und beachten |
|---|---|---|
| Nach der Zwangsverwertung der Sicherheiten ist ein Überschuss verblieben. Die Bank rechnet aber nicht mit Ihnen ab. | Beste Position. Sie haben Anspruch auf Herausgabe des Überschusses. | Auf Abrechnung drängen, die Bank in Verzug setzen. Prüfen, ob die Gebührenrechnung korrekt ist: Nicht alle Gebühren, die bei einer Zwangsverwertung anfallen, dürfen erhoben werden. |
| Die Bank fordert unterschiedlich hohe Mahngebühren für die verschiedenen Mahnstufen. | Beste Position. Unterschiedlich hohe Mahngebühren sind nicht erlaubt. | Die Gebühren mitsamt den Allgemeinen Geschäftsbedingungen anfechten. |
| Die Bank informiert einen Interessenten, der Ihre Immobilie kaufen möchte, über eine anstehende Zwangsversteigerung, woraufhin dieser vom Kauf zurücktritt. | Wenn der Käufer bereit ist, entsprechend auszusagen, ist die Bank schadensersatzpflichtig. Straftatbestand: Weitergabe von Privatgeheimnissen, Geschäftsschädigung. | Beweissicherung durch eidesstattliche Erklärung des Interessenten. |
| Sie haben einen Käufer für Ihre von der Zwangsversteigerung bedrohte Immobilie gefunden. Dieser ist bereit, den Verkehrswert zu bezahlen. Die Bank lehnt den Käufer jedoch ab. | Beste Position. Die Bank darf die Ablösung einer Sicherheit zu einem angemessenen Preis nicht verhindern. Zumal dann nicht, wenn der Betrag der Rückführung fällig gestellter Kredite dient. | Schriftliche Erklärung der Bank einfordern oder mündliche Stellungnahme der Bank unter Zeugen herbeiführen. |

| Krisensituation | Ihre Rechtsposition | Prüfen und beachten |
|---|---|---|
| Sie halten bei ein und derselben Bank zwei Konten. Die Bank bucht eigenmächtig Beträge von einem zum anderen Konto um, wodurch auf einem ein hoher und teurer Minussaldo entsteht. | Beste Position. Die Bank darf nicht eigenmächtig umbuchen, besonders nicht zum Nachteil des Kunden. Es entsteht ein Anspruch auf Rückabwicklung und Schadensersatz. | Kontenprüfung durchführen, Schaden ermitteln (mitsamt Wiederanlagezins), Rückführung anmahnen. *Achtung:* Wenn derartige Manipulationen mehrfach hingenommen werden, könnte die Bank in einer Auseinandersetzung auf stillschweigende Anerkennung hinauswollen. |
| Obwohl Ihre Kreditlinien noch offen sind, führt die Bank Überweisungsaufträge und Daueraufträge nicht mehr aus, Schecks gehen zurück. | Das Verhalten der Bank ist illegitim. Sie muss für entstandenen Schaden aufkommen. | Prüfen, ob wirklich keine Kündigung der Kreditlinie erfolgt ist. |
| Die Bank bezahlt einen gefälschten Scheck und weigert sich, Ihnen den gestohlenen Betrag rückzuerstatten. | Sie haben das Recht auf Rückerstattung. Sollte aus einem sich daraus ergebenden Liquiditätsengpass Schaden entstehen, muss die Bank Ihnen diesen erstatten. | Die Bank ist zu großer Sorgfalt im Umgang mit Schecks verpflichtet. |

# ANHANG

## Literaturhinweise

### 1. Bücher

Duvvuri, Stefan: *Qualitätsmanagement-Report der Banken,* Wiesbaden, Th. Gabler Verlag

Keiner, Thomas: *Kreditverhandlungen mit Banken. So holen Sie die besten Konditionen für Ihr Unternehmen heraus,* Frankfurt a. M. 2000, Campus Verlag

Kremer, Eduard: *Erfolgreich mit der Bank verhandeln,* Norderstedt 2000, BoD GmbH

Krog, Heinrich: *Allein gegen die Bank.* Roman, München 1996, Ullstein Verlag

Lautersack, Jürgen: *So verhandle ich mit meiner Bank. Ein Ratgeber für kleine und mittelständische Unternehmen, Handwerksbetriebe und Selbständige,* Zürich 2000, Orell Füssli Verlag

Marten, Rudolf/Rechter, Dorina: *Kontrollieren Sie Ihre Bank. Das Beste für Ihr Geld,* München 1999, Südwest Verlag

Meyer, Rolf G.: *Kreditrecht. Grundwissen für die tägliche Praxis,* Renningen, 2. Aufl. 1994, Expert Verlag

Niedermeier, Prof. Dr. Christina: *König Kunde am Bankschalter. Was man als Bankkunde vom Recht wissen sollte,* Neuwied 1999, Luchterhand Verlag

Nobbe, Gerd: *Bankrecht. Aktuelle höchst- und obergerichtliche Rechtsprechung,* Köln 1999, RWS Verlag

Woikowski, Dietmar: *In den Krallen der Bank,* Eigenverlag, Taufkirchen 1999 (zu beziehen unter www.woikowski.de)

### 2. Zeitschriften

*NJW – Neue Juristische Wochenschrift*
*ZAP – Zeitschrift für die Anwaltspraxis*
*Zeitschrift für Bankrecht und Wirtschaftsrecht*
*WM – Zeitschrift für Wirtschafts- und Bankrecht*

# Adressen

Anwälte, die der Autor während seiner Recherchen als Vertreter der Rechte der Bankkunden kennen gelernt hat

Bach, Ernst-August
Kanzlei Bach, Sievers, Zarth
Leonhardtstr. 8
30175 Hannover
Tel.: 05 11/34 56 73
Fax: 05 11/34 21 57

Binder, Renate
Schloßstr. 60
70176 Stuttgart
Tel.: 07 11/62 57 79
Fax: 07 11/62 84 60

RA Buck, Martin
In der Kanzlei
e,s,b Rechtsanwälte
Schillerstr. 5
04109 Leipzig
Tel.: 03 41/9 82 27-0
Fax: 03 41/9 82 27-21

Graf, Regina
Moltkestr. 52
74076 Heilbronn
Tel.: 0 71 31/1 84 30
Fax: 0 71 31/1 84 84

Hübner, Cornelia
Kaiserstr. 150
76133 Karlsruhe
Tel.: 07 21/2 49 59 10
Fax: 07 21/2 49 59 15

Kim, Seraphim Ung
in der Kanzlei
Walter und Kollegen
Talstr. 34–42
66119 Saarbrücken
Tel.: 06 81/5 00 84 50
Fax: 06 81/5 00 84 58

Kühnau, Ingrid
Gilgaustr. 20
51149 Köln
Tel.: 0 22 03/99 00 90
Fax: 0 22 03/9 90 09 28

Niedermeier, Prof. Dr. Christina
Mulackstr. 37
10119 Berlin
Tel.: 0 30/28 39 01 30
Fax: 0 30/2 83 90 11 32

Tilp, Andreas W.
Kanzlei Tilp & Kälberer
Einhornstr. 21
72138 Kirchentellinfurt
Tel.: 0 71 21/90 90 90
Fax: 0 71 21/9 09 09 81

Anwälte, die dem Autor empfohlen wurden

Regener, Karl Heinz
Clementstr. 30
80803 München
Tel.: 0 89/38 38 28 28
Fax: 0 89/38 38 28 44

Rössner, Michael-Christian
Kanzlei Rössner und Kollegen
Höchlstr. 4
81675 München
Tel.: 0 89/9 98 92 20
Fax: 0 89/99 89 22 33

Schröder, Martin
Kanzlei Schröder/Große-Venhaus
Siebenmorgen 37
51427 Bergisch Gladbach
Tel.: 0 22 04/6 57 24
Fax: 0 22 04/2 35 66

Seith, Dr. Eckart
Mörikestr. 1
70178 Stuttgart
Tel.: 07 11/16 97 90
Fax: 07 11/1 69 79 49

Solloch, Peter P.
Reichenhaller Str. 42
81547 München
Tel.: 0 89/6 20 11 00
Fax: 0 89/62 01 10 22

## Andere hilfreiche Adressen

*Kontenprüfung:*
Eibl, Hans-Peter
Johannisbeerweg 10
74348 Lauffen
Tel.: 0 71 33/2 16 80
Fax: 0 71 33/20 02 35
E-Mail:
mail@eibl-kontenpruefung.de
www.eibl-kontenpruefung.de
*Eibls Programm wurde inzwischen als »geprüfte DATEV-Schnittstelle« anerkannt. Somit ist es möglich, im Rahmen der laufenden Buchhaltungsarbeiten die Korrektheit banklicher Kontoführung zu ü berprü fen.*

Bockholt, Prof. Heinrich
Legiasstr. 32
56073 Koblenz
Tel.: 0 26 06/12 89
Fax: 0 26 06/8 61
E-Mail: Hbockholt@t-online.de
*Professor Bockholt ist Spezialist für die Berechnung von Vorfälligkeitsentschädigungen.*

Verein für Abrechnungskontrolle
Postfach 2
1016 Wien
Tel.: 00 43/15 21 52 22 19
Fax: 00 43/15 21 52 27 27
E-Mail: office@vfak.at
abrechnungskontrolle@vfak.at
www.vfak.at
www.abrechnungskontrolle.at

Finanzsachverständigenbüro
Splisteser, Markus
Kaiserdamm 20
14057 Berlin
Tel.: 0 30/32 10 52 83
Fax: 0 30/32 10 52 84
E-Mail:
splisteser@finanzsachverstaendiger.com
www.finanzsachverstaendiger.com
*Erstellt Kontenprüfung mit dem Programm von Hans-Peter Eibl.*

Informationspool
Schutzgemeinschaft für
Bankkunden e. V.
Hofmannstr. 103
91052 Erlangen
Tel.: 09131/817179
www.Schutz-vor-banken.de
E-Mail: schaedtler@aol.com

Arbeitskreis Banken und
Existenzsicherung im
Landesinnungsverband
Fernsehtechnik NRW
Karl-Josef Wallmeyer
Frankenwerft 35
50667 Köln
Tel.: 0221/20070434
Fax: 0221/20070434

*Schuldnerberatungsstellen*
Anschriften regionaler Schuldnerberatungsstellen erhalten Sie bei:
Bundesarbeitsgemeinschaft
Schuldnerberatung
Wilhelmstr. 11
34117 Kassel
Tel.: 0561/771093

*Verbraucherzentralen*
Anschriften der regionalen
Verbraucherzentralen und
-stellen erhalten Sie bei:
Verbraucherzentrale
Bundesverband
Markgrafenstr. 66
10969 Berlin
Tel.: 030/258000

Bundesanstalt für
Finanzdienstleistungsaufsicht
Graurheindorfer Straße 108
53117 Bonn
Tel.: 0228/2070

## Prozessfinanzierer
(ohne Anspruch
auf Vollständigkeit)

Acivo Prozessfinanzierungs AG
Forststr. 9
04229 Leipzig
Tel.: 0341/497220
E-Mail: info@acivo.com
www.acivo.com

DAS ProFi AG
Thomas-Dehler-Str. 2
81728 München
Tel.: 089/62756800
E-Mail: profi@das.de
www.das-profi.de

Foris AG
Matterhornstr. 44
14129 Berlin
Tel.: 030/804864
E-Mail: berlin@foris.de
www.foris-ag.de

Proxx AG
Theodor-Althoff-Str. 45
45133 Essen
Tel.: 0201/87220110
E-Mail: info@proxx.de
www.proxx.de

# Wichtige Grundsatzurteile seit 1996

| Urteilstenor | Fundstelle | Anmerkung |
|---|---|---|
| Bei der Mitteilung der Inkassobank, der Einreicher könne nunmehr über einen gutgeschriebenen Scheckbetrag verfügen, handelt es sich um eine Auskunft, für deren Unrichtigkeit die Inkassobank haftet. | BGH v. 6.5.1997, XI ZR 135/96 | Die Bank haftet also für die Richtigkeit der Auskunft. Sie darf es sich auch nicht mehr anders überlegen. |
| An das Zustandekommen eines Auskunftsvertrags sind keine hohen Anforderungen gestellt. Nach gefestigter Rechtsprechung kommt ein stillschweigend geschlossener Auskunftsvertrag schon dann in Betracht, wenn die erbetene Auskunft der Bank für den Anfragenden erkennbar von erheblicher Bedeutung ist und er sie erkennbar zur Grundlage wesentlicher Vermögensverfügungen macht. | BGH v. 21.5.1996, XI ZR 199/95; BGH v. 3.2.1996, XI ZR 255/95; BGH v. 3.12.1996, XI ZR 255. | Es ist ein Beratungsvertrag zustande gekommen, den die Bank mit aller Sorgfalt ausführen muss. Wichtig für die Haftungsfrage ist, ob die Bank die Wichtigkeit der Auskunft erkennen konnte. Daher: Schriftwechsel zur Begründung der Anfrage anlegen! |
| Für unrichtige Auskünfte eines Angestellten haftet die Bank bereits dann, wenn er mit ihrem Wissen eine Tätigkeit ausübt, die die Erteilung von Auskünften mit sich bringt. Der Auskunftsempfänger darf dann darauf vertrauen, dass der Angestellte eine für diese Tätigkeit erfolgreiche Vollmacht besitzt. | BGH v. 7.7.1998, XI ZR 375/97 | Häufig versucht die Bank zu behaupten, der Mitarbeiter, der die Auskunft erteilt habe, sei dazu nicht berechtigt gewesen und der geschädigte Kunde hätte das überprüfen müssen. Dem ist jetzt ein Riegel vorgeschoben. |

| Urteilstenor | Fundstelle | Anmerkung |
|---|---|---|
| Bei einer ungenehmigten Kontoüberziehung kann die Bank auch ohne Kündigung jederzeitige Rückzahlung verlangen. | OLG Karlsruhe v. 4.12.1997, 12 U 102/97 | Strittig, weil die Folgen für den Kontoinhaber verheerend sein können und die Rückforderung nach Ansicht vieler Anwälte einer fristlosen Kündigung gleichkommt, die nicht so ohne weiteres ausgesprochen werden darf. Beratung durch spezialisierte Anwälte notwendig. |
| Für streitige Positionen gilt, dass der Gläubiger die Aktiv- und der Gegner die Passivposten zu begründen hat. | BGH v. 7.12.1995, IX ZR 110/95 | Durch das begründete Bestreiten einer Saldoforderung ist auf dem Weg der Kündigungswiderklage oder der Vollstreckungsgegenklage ein Aufschub der Vollstreckung möglich. Gute Karten hat der Bankkunde, wenn er falsche Kontenführung (Zinsen, Gebühren) nachweisen kann. |
| Aufgrund des Girovertrags ist die Empfängerbank verpflichtet, Bareinzahlungen wertstellungsmäßig korrekt in das Kontokorrent einzustellen, d. h. am selben Tag der Einzahlung. Klauseln in den Allgemeinen Geschäftsbedingungen, die Gegenteiliges beinhalten, sind nichtig. | BGH v. 17.6.1997, XI ZR 239/96. | Der BGH erwähnt hier ausdrücklich die Zinsbelastungen, die dem Kontoinhaber entstehen, wenn die Einzahlungen nicht pünktlich erfolgen. |
| Der Auskunftsanspruch des Inhabers eines Girokontos gegen das kontoführende Kreditinstitut erlischt nicht mit Ablauf der handelsrechtlichen Aufbewahrungsfrist, wenn das Kreditinstitut die zur Auskunftserteilung benötigten Unterlagen über den Fristablauf hinaus aufbewahrt. | BGH v. 30. 1. 2001, XI ZR 183/00 | Der Herausgabeanspruch ist also unbegrenzt – vorausgesetzt, die Unterlagen sind vorhanden. Aber Vorsicht: Noch ist die Frage, wie hoch die Gebühren für die Herausgabe der Auszüge sein dürfen, nicht endgültig geklärt. Die Banken fordern zum Teil erhebliche Beträge. |

| Urteilstenor | Fundstelle | Anmerkung |
|---|---|---|
| Bei ausreichender Kontodeckung oder einer offenen Kreditlinie hat die Überweisungsbank einen Überweisungsauftrag oder Dauerauftrag auszuführen. | BGH v. 21.10.1997, XI ZR 5/97; BGH v. 27.1.1998, XI ZR 145/97 | Dieser Spruch ermöglicht Regressforderungen, wenn aus der willkürlichen Kürzung der Kreditlinie ein Schaden entsteht. |
| Ihrer girovertraglichen Pflicht, eingehende Überweisungsaufträge für ihren Kunden entgegenzunehmen und auf dessen Konto gutzuschreiben, kommt die Empfängerbank nur dann vollständig nach, wenn sie den Überweisungsbetrag auch zeitlich, d. h. wertstellungsmäßig korrekt in das Kontokorrent einstellt. Die Wertstellung hat für den Tag zu erfolgen, an dem der Überweisungsauftrag bei der Bank eingeht. | BGH v. 6.5. 1997, XI ZR 208/96; BGH v. 17.6.1997, XI ZR 239/96. | Damit ist zwar der Zeitpunkt der Wertstellung nach Eingang des Überweisungsauftrags festgelegt. Bankkritiker bemängeln aber immer wieder, dass diese Verpflichtung nicht eingehalten wird. |
| Nach dem Inhalt des mit seiner Bank bestehenden Girovertrags kann der Schuldner der Kontobelastung widersprechen und Wiedergutschrift des abgebuchten Betrags verlangen. Er ist nicht verpflichtet, seinem Kreditinstitut gegenüber zu begründen, aus welchem Grund er seiner Lastschrift widerspricht. Der Widerspruch des Schuldners ist nicht an eine Frist gebunden. | BGH v. 10.1.1996, XII 271/96 | Das Urteil begründet das Recht, selbst jahrealte unberechtigte Lastschriften (etwa zur Tilgung von Krediten, soweit sie nicht korrekt vorgenommen wurden) zurückzufordern. Derartige unkorrekte Abbuchungen sind häufig, schon wegen fehlerhafter Zinsberechnung. *Hinweis:* Anders ist die Rechtsposition bei Abbuchungsaufträgen. Daher stets auf Lastschriftverfahren bestehen! |

| Urteilstenor | Fundstelle | Anmerkung |
| --- | --- | --- |
| Beim Abbuchungsauftragsverfahren hat der Schuldner seiner Bank im Voraus einen Abbuchungsauftrag, d. h. eine generelle Weisung erteilt, zulasten seines Girokontos vom Gläubiger eingehende Lastschriften einzulösen. Die Bank belastet dementsprechend das Konto des Schuldners mit seiner Zustimmung. Deshalb kann er nach Einlösung der Lastschrift die Kontobelastung nicht mehr rückgängig machen. | BGH v. 10.1.1996, XII ZR 271/96 | Widerspruch zur Rechtsprechung im Einzugsermächtigungsverfahren. Abbuchungsaufträge sind brandgefährlich, weil bei einem Missbrauch (wenn die Bank z. B. falsche Beträge abbucht) nur ein langwieriges Klageverfahren (unrechtmäßige Bereicherung) zum Erfolg führt. |
| Sagt die Schuldnerbank dem Schuldner die Einlösung einer Abbuchungslastschrift trotz fehlender Deckung zu, so ist sie dem Schuldner bei Nichteinlösung schadensersatzpflichtig. | OLG Hamm v. 7.7.1997, 31 U 101/96 | Schaden entsteht z. B. durch Rückstufung beim Lieferanten in der Skontierung, Rabattierung, Preisgestaltung oder gar bei der Weigerung, weiter zu liefern. |
| Nach der gesetzlichen Regelung liegt das Missbrauchs- und Fälschungsrisiko bei Schecks bei der einlösenden Bank. Das gilt auch, wenn die Bank die Fälschung nicht erkennen konnte. | BGH v. 16.4.1996, XI ZR 222/95 | Der Versuch, das Risiko auf den Kontoinhaber abzuwälzen, läuft also ins Leere. Das Urteil zwingt die Bank zu großer Sorgfalt bei der Bearbeitung von Schecks. |

| Urteilstenor | Fundstelle | Anmerkung |
|---|---|---|
| Eine Bank ist nach ständiger Rechtsprechung des Bundesgerichtshofs grundsätzlich nicht verpflichtet, die Darlehensnehmer über Gefahren und Risiken der Verwendung des Darlehens aufzuklären und vor dem Vertragsabschluss zu warnen. Eine Aufklärungspflicht liegt nur in eng umgrenzten Ausnahmefällen vor, wenn ein besonderes Aufklärungs- und Schutzbedürfnis des Kreditnehmers besteht und nach Treu und Glauben ein Hinweis der Bank geboten ist. | BGH v. 28.11.1995, XI ZR 37/95; BGH v. 28.1.1997, XI ZR 22/96; BGH v. 11.2.1999, IX ZR 352/97; BGH v. 21.10.1997, XI ZR 25/97 | Wäre die Bank verpflichtet, vor der Kreditaufnahme zu warnen, würde sie sich selbst um die Gewinne daraus bringen. Anders ist es mit der Warnpflicht vor Gefahren aus einem Geschäft, das »grundsätzlich« bedeutet, dass es Ausnahmen gibt. Zum Beispiel dann, wenn die Bank über das zu finanzierende Projekt negative Fakten kennt, von denen der Kreditnehmer nichts wissen kann. |
| Ein etwaiger Wissensvorsprung über die Unrentabilität oder den überhöhten Kaufpreis eines Objekts begründet keine Aufklärungspflicht. | BGH v. 11.2.1999, IX ZR 352/97 | Unverständliche Entscheidung unter dem Blickwinkel, dass die Banken häufig genug an der Unrentabilität z. B. von Steuersparimmobilien mitgewirkt haben. |
| Gegeben ist ein Wissensvorsprung in Bezug auf ein spezielles Risiko des zu finanzierenden Vorhabens, wenn die Bank weiß oder damit rechnet, dass das Vorhaben scheitern wird oder dass wesentliche oder bedeutsame Umstände, insbesondere wertbildende Faktoren, durch Manipulationen verschleiert wurden oder dass der Kreditnehmer von seinem Geschäftspartner arglistig getäuscht wurde. | BGH v. 11.2.1999, IX ZR 352/97 | Eine nahezu nicht beweisbare Voraussetzung für die Bankenhaftung. Die BGH-Richter sprechen von der »Ausnahmefallgruppe Wissensvorsprung«. |

| Urteilstenor | Fundstelle | Anmerkung |
|---|---|---|
| In Betracht kommt eine Aufklärungspflicht auch dann, wenn die Bank selbst einen zu den allgemeinen Risiken hinzutretenden Gefährdungstatbestand für den Kunden schafft oder dessen Entstehung begünstigt. Beispiele:<br>- Die Bank verlagert das eigene wirtschaftliche Wagnis auf den Kunden.<br>- Eine Bank verleitet einen Kunden, der seine Ersparnisse anlegen will, zu Aktienspekulationen auf Kredit. | BGH v. 28.1.1997, IX ZR 22/96; BGH v. 11.2.1999, IX ZR 352/97; BGH v. 28.1.1997, XI ZR 22/96 | Die BGH-Richter sprechen von der »Ausnahmefallgruppe Schaffung eines Gefährdungstatbestandes«. Schwer beweisbar. |
| Der Verstoß gegen eigene Beleihungsrichtlinien der Bank kommt nicht als Gefährdungstatbestand in Betracht, weil diese Richtlinie nicht dem Schutz des Kreditnehmers dient. | OLG Braunschweig v. 13.12.1997, 2 U 117/96 | Verstöße gegen bankinterne Richtlinien, soweit diese nicht ausdrücklich zum Schutz der Kunden bestimmt sind, führen nicht zu Ansprüchen der Kunden. Das ist der Grund, warum die meisten Beschwerden beim Bundesaufsichtsamt für das Kreditwesen ins Leere laufen. |
| Eine Bank kann für die negativen Folgen aus einer Kreditvergabe haftbar gemacht werden, wenn sie im Zusammenhang mit der Planung, der Durchführung und dem Vertrieb des finanzierten Objekts über ihre Rolle als Kreditgeberin hinausgeht. | OLG Hamm v. 21.6.1996, 5 U 54/96 OLG Stuttgart v. 22.7.1998, 9 U 55/98 | Das ist dann der Fall, wenn die Bank in Planung und Vertrieb eingegriffen hat. Die BGH-Richter sprechen von der »Ausnahmefallgruppe Überschreiten der Kreditgeberrolle«. |

| Urteilstenor | Fundstelle | Anmerkung |
|---|---|---|
| Eine Bank kann für die negativen Folgen aus einer Kreditvergabe haftbar gemacht werden, wenn sie sich im Zusammenhang mit Kreditgewährungen sowohl an den Bauträger als auch an die einzelnen Erwerber in schwerwiegende Interessenkonflikte verwickelt. | OLG Hamm v. 21.6.1996, 5 U 54/96 OLG Stuttgart v. 22.7.1998, 9 U 55/98 | Das teuflische Detail liegt in der Einschränkung »schwerwiegende Interessenkonflikte«. Bei einer Durchfinanzierung muss also nicht immer ein Konflikt vorgelegen haben. Die Banken haben die Durchfinanzierung häufig durch Kooperationen mit befreundeten Banken verschleiert; es entstanden Gegengeschäfte. Die Durchfinanzierung lässt sich anhand des Grundbuchs belegen. Die BGH-Richter sprechen von der »Ausnahmefallgruppe Schwerwiegender Interessenkonflikt«. |
| Die selbständige Stellung eines Vermittlers (Makler, Anlageberater) steht nicht entgegen, ihn als Erfüllungsgehilfen der Bank zu betrachten. Übernimmt er mit Wissen und Wollen der Bank Aufgaben, die typischerweise ihr obliegen, so wird er in ihrem Pflichtenkreis tätig und ist daher als ihre Hilfsperson zu betrachten. | BGH v. 24.9.1996, XI ZR 318/95 | Ein grundlegendes Urteil, das aber Probleme aufgeworfen hat. Denn es ist der Bewertung jedes Richters anheim gestellt, die Erfüllungsgehilfenschaft festzustellen. Da bleibt der Willkür Tür und Tor geöffnet. |
| Der Kreditnehmer kann im Falle eines Aufklärungsverschuldens der Bank verlangen, so gestellt zu werden, wie er bei gehöriger Aufklärung stehen würde. Auf Wunsch des Kunden ist die Bank auch verpflichtet, die Leistungsraten auf eine angemessene Höhe herabzusetzen und die Mehraufwendungen rückzuvergüten. | OLG Karlsruhe v. 27.8.1998, 9 U 25/98; BGH v. 11.2.1999, IX ZR 352/97 | Die Bank muss rückabwickeln oder anpassen. Rückabwickeln bedeutet: Der Kreditvertrag wird zusammen mit dem Kaufvertrag aufgelöst. In der Regel muss die Bank dann das falsch finanzierte Objekt übernehmen und dem Anleger jeden Vermögensschaden erstatten. |

| **Urteilstenor** | **Fundstelle** | **Anmerkung** |
|---|---|---|
| Durch einen auf Bitte um Beratung einer Baufinanzierung von dem Kreditinstitut erstellten Finanzierungsvorschlag kommt ein Beratungsvertrag zustande. | OLG Hamm v. 11.11.1996, 31 U 25/96 | Wer meint, damit sei die Bank zur Bestberatung verpflichtet, irrt. Denn in diesem Fall hielt es das Gericht für »nicht fehlerhaft«, dass die Bank einem Investor empfahl, in einer Hochzinsphase 55 Prozent der Kreditsumme festverzinslich aufzunehmen – ein herber Verlust nach dem Rückgang der Zinsen. |
| Sittenwidrigkeit ist zu bejahen bei einem wucherähnlichen Geschäft, bei dem ein grobes Missverhältnis zwischen Leistung und Gegenleistung besteht und der wirtschaftlich oder intellektuell Überlegene die schwächere Lage des anderen Teils bewusst zu seinem Vorteil ausnutzt. Dies kommt bei Kreditverträgen in Betracht, wenn der vereinbarte Zins den marktüblichen Effektivzins relativ um 100 Prozent oder absolut um 12 Prozentpunkte übersteigt. | BGH v. 13.7.1989, III ZR 201/88; BGH v. 19.2.1991, XI ZR 319/89; OLG Brandenburg v. 14.10.1998, 1 U 26/98; BGH v. 8.10.1998, XI ZR 244/97 | Obwohl die Tendenz dieser Sprüche eigentlich eindeutig ist, kommt es hin und wieder in den untergeordneten Instanzen zu Urteilen, die ihnen entgegenstehen. *Vorsicht:* Wenn mehrere Schuldner einen Kredit aufnehmen, wird eine Sittenwidrigkeit aus den genannten Gründen in der Regel nicht angenommen. |
| Eine sittenwidrige Knebelung liegt vor, wenn der Sicherungsnehmer den Sicherungsgeber durch die Inanspruchnahme der Sicherheiten in seiner wirtschaftlichen Bewegungsfreiheit übermäßig einengt. Unter diesem Gesichtspunkt ist es bedenklich, wenn dem Sicherungsgeber keine freien Mittel zur eigenen Verfügung mehr verbleiben oder ihm in anderer Weise die Möglichkeit zu wirtschaftlich eigenständigem Handeln genommen wird. | BGH v. 19.3.1998, IX ZR 22/97 | In dieser Situation finden sich regelmäßig mittelständische Unternehmen wieder, die in Schieflage geraten sind. Die Bank ist jedoch verpflichtet, Sicherheiten herauszugeben, wenn der Kredit übersichert ist. Vor allem dann, wenn durch eine Weigerung Sanierungs- oder andere neue Kredite gefährdet sind. |

| Urteilstenor | Fundstelle | Anmerkung |
|---|---|---|
| Nach Wirksamwerden der Kündigung des Darlehensvertrags kann der vertraglich vereinbarte Zins nicht mehr verlangt werden. | BGH v. 26.1.1998, XI ZR 83/98 | Es gilt der Basiszinssatz plus 5 Prozent Verzugszins. |
| Wurde ein Kreditvertrag als sittenwidrig erkannt, bleibt der Schuldner noch immer verpflichtet, das Geld, wenn auch unverzinst, zurückzuzahlen. Es sei denn, der Kredit diente sittenwidrigen Zwecken, z. B. der Finanzierung der Spielsucht (vorausgesetzt, die Bank wusste davon). | BGH v. 9.6.1998, XI ZR 192/97 | Sittenwidrig heißt auch: wucherische Zinsforderungen. |
| Die ordentliche Kündigung eines Darlehens darf nicht zur Unzeit erfolgen, also aus heiterem Himmel. | OLG München v. 27.9.1996, 21 U 2414/96 | Hoher Schutz für den Kreditnehmer. |
| Nach den Allg. Geschäftsbedingungen der Banken beträgt die Kündigungsfrist mindestens einen Monat. Wenn die Bank zuvor eine Überziehung des Kreditrahmens über längere Zeit geduldet hat, macht das die Kündigung jedenfalls dann nicht rechtsmissbräuchlich, wenn sie den Kreditnehmer wegen der Überziehung abmahnt und die Kündigung androht. | BGH v. 7.10.1997, XI ZR 233/96 | Damit sind auch Unternehmer mit hohen Überziehungen in schwieriger Situation vor überfallartigen Kündigungen geschützt. Zuerst müssen Abmahnungen und Drohungen erfolgen. |
| Banken sind zur Kreditkündigung aus wichtigem Grund berechtigt, wenn der Kunde einer Verpflichtung zur Nachbesicherung nicht in angemessener Zeit nachkommt. Eine Sicherheitslücke ist für sich genommen jedoch kein Kündigungsgrund. Solange der Kredit laufend bedient wird, kann die Bank lediglich ergänzende Sicherheiten verlangen. | BGH v. 16.10.1997, IX ZR 10/97; OLG München v. 27.9.1996, 21 U 2414/96 | Der Fall kann eintreten, wenn eine Immobilie oder ein Wertpapierdepot, die der Besicherung dienen, im Wert verlieren; ein Bürge Konkurs geht oder das Risiko beim Kreditnehmer spürbar ansteigt. Die Bank muss eine Frist gewähren und dabei die Interessen des Kreditnehmers berücksichtigen. |

| Urteilstenor | Fundstelle | Anmerkung |
|---|---|---|
| Ein wichtiger, zur fristlosen Kündigung berechtigender Grund liegt ferner vor, wenn beim Kreditnehmer eine wesentliche Verschlechterung seiner Vermögenslage eintritt oder einzutreten droht. Voraussetzung dafür ist aber, dass die Interessen der Bank dadurch nicht unwesentlich beeinträchtigt werden. Wenn ausreichend Sicherheiten vorhanden sind, sind die Interessen der Bank jedoch nicht beeinträchtigt. | OLG München v. 5.5.1995, 14 U 875/94 | Diese Entscheidung erschwert die Durchführung einer beliebten Strategie: Erst übersichern, dann schwierige Zeiten abwarten, um das Kreditverhältnis zu kündigen und die Zwangsverwertung einzuleiten. |
| Wird eine Sicherheit nicht mehr gebraucht, muss die Bank diese von sich aus herausgeben. Und zwar nicht erst dann, wenn die gesamte Forderung erloschen ist, sondern schon dann, wenn die Übersicherung eingetreten ist. | BGH v. 14.5.1995, XI ZR 257/94 | Es handelt sich um eine Treuepflicht der Bank. Versäumt sie die rechtzeitige Freigabe, macht sie sich schadensersatzpflichtig. *Vorsicht:* Bestehen mehrere Sicherheiten, kann die Bank entscheiden, welche sie freigeben will. Dabei muss sie aber die Interessen des Kreditnehmers berücksichtigen. |
| Bei einem Verbraucherkredit, dessen Tilgung mit einer Lebensversicherung oder einem Bausparvertrag verbunden ist, hat das Kreditinstitut nicht nur die eigenen Kreditverpflichtungen (Zinsen und Tilgung) aufzuführen, sondern in dem Kreditvertrag auch die im Zusammenhang mit der Tilgung entstandenen Kosten (Lebensversicherung bzw. Bausparvertrag) anzugeben. Falls dies nicht im Kreditvertrag ausdrücklich ausgewiesen ist, entfällt die dort angegebene Zinsberechnung, und der Kreditvertrag kann von der Bank dann nur | BGH v. 18. 12. 2001, XI ZR 156/01 | Die Kreditinstitute sind danach verpflichtet, nicht nur im Rahmen ihrer eigenen Kreditverträge für Transparenz hinsichtlich der Kosten eines Kredits (Tilgung, Zinsen und sonstige Kosten) zu sorgen, sondern haben auch die Kosten für Zinsen und sonstige Kosten bei der Einbeziehung von Lebensversicherungen und Bausparverträgen darzulegen. Damit hat der Verbraucher Transparenz über die tatsächlichen Kosten |

| Urteilstenor | Fundstelle | Anmerkung |
|---|---|---|
| noch auf der Grundlage von 4 % Zinsen neu berechnet werden. | | und kann besser die einzelnen Verbraucherkredit-Angebote der Banken vergleichen. Der Kreditberater ist verpflichtet, die Kosten im Einzelnen darzulegen. Verletzt die Bank diese Aufklärungspflicht, macht sie sich gegenüber dem Kunden schadensersatzpflichtig. Davon sind alle Kredite betroffen, die unter das Verbraucherkreditgesetz fallen. Keine Verbraucherkredite sind solche, die für die Aufnahme einer gewerblichen oder selbstständigen Tätigkeit aufgenommen werden, sofern der Nettokreditvertrag 100 000 DM übersteigt. Ebenfalls gelten nicht als Verbraucherkredite solche, die über Grundpfandrechte (Grundschulden/Hypotheken) gesichert werden. **Achtung, neues Recht ab 2002:** Danach fallen alle Kredite unter das Verbraucherkreditgesetz, welche privaten Zwecken dienen. Die Regelung für Kleinkredite für gewerbliche Zwecke entfällt. |
| Anleger, die von Vertretern an der Haustür zum Kauf einer Immobilie samt Finanzierungskredit überredet wurden, müssen den Darlehensvertrag widerrufen können. Die deutsche Rechtslage, die dieses Widerrufsrecht ausschließt, ist mit dem europäischen Recht nicht zu vereinbaren. | EuGH v. 13.12.2001, C-481/99 | Hier wurde festgestellt: Deutsches Recht, auch das neue Schuldrecht, widerspricht hier dem übergeordneten europäischen Recht. *Aber Vorsicht:* Es wird in Zukunft darauf ankommen, wie der Begriff »Haustürgeschäft« von den deutschen Gerichten ausgelegt wird. Zudem: Wenn durch Widerruf der Kreditvertrag rückabzuwickeln ist, bleibt der Käufer bis jetzt noch immer Eigentümer der Immobilie. Der BGH hat nämlich ausdrücklich ein »verbundenes Geschäft« zwischen Kreditvertrag und Grundstückskauf ausgeschlossen (XI ZR 91/99). Folge ist, dass der Kreditnehmer bei Widerruf den Kredit weiterhin zurückzuzahlen hat und die Bank nicht verpflichtet ist, die Immobilie als Teil- oder vollständige Rückzahlung zu akzeptieren. Daher muss der Kreditnehmer sehr genau überlegen, ob er tatsächlich den Kredit nach dem Haustürwiderrufsgesetz widerruft. |

| **Urteilstenor** | **Fundstelle** | **Anmerkung** |
|---|---|---|
| Die anfängliche Übersicherung eines Bankkredits kann sittenwidrig sein und zur Nichtigkeit des Sicherungsvertrags führen. Das ist dann der Fall, wenn er im Zeitpunkt des Abschlusses nach seinem Gesamtcharakter mit den guten Sitten nicht vereinbar ist. Die Übersicherung muss insbesondere auf einer verwerflichen Gesinnung des Sicherungsgebers beruhen. Davon kann ausgegangen werden, wenn der Sicherungsnehmer aus eigensüchtigen Gründen eine Rücksichtslosigkeit gegenüber den berechtigten Belangen des Sicherungsgebers an den Tag legt, die nach sittlichen Maßstäben unerträglich erscheint. | BGH v. 12.3.1998, IX ZR 74/95 | Das Muster ist bekannt: Ein Unternehmensgründer wird dazu gezwungen, nicht nur sein eigenes, sondern auch das Gesamtvermögen der Familienmitglieder als Sicherheit für einen Kredit bereitzustellen. |
| Bei der Verwertung der ihm überlassenen Gegenstände hat der Sicherungsnehmer die berechtigten Belange des Sicherungsgebers in angemessener und zumutbarer Weise zu berücksichtigen. Er ist verpflichtet, sich um die bestmögliche Verwertung zu bemühen. | BGH v. 9.1.1997, IX ZR 1/96 | Hält sich die Bank nicht daran, ist sie schadensersatzpflichtig. |
| Bürgschaften finanziell überforderter Bürgen sind sittenwidrig. Die Beurteilung der Sittenwidrigkeit hängt von der Situation zum Zeitpunkt des Vertragsabschlusses ab. Bei einer Kinderbürgschaft ist der Bezug auf die wirtschaftliche Situation der Eltern unzulässig.<br>*Beispiele für Überforderungen:*<br>– Packerin mit € 550 Netto-Einkommen und Verlobter mit € 450 bürgten für elterliches Darlehen in Höhe von € 130 000;<br>– Arbeiterin, Nettoeinkommen € 750, bürgte für elterlichen Kredit von € 50 000; | BVerfGe 89,214; BGH v. 18.1.1996, IX ZR 171/95; BGH v. 10.10.1996, IX ZR 333/95; BGH v. 17.4.1997, IX ZR 135/96; BGH v. 5.12.1996, IX ZR 137/95. | Eine epochale Entscheidung gegen die damalige unmenschliche Spruchpraxis des BGH. Die Banken bemühen sich zurzeit, diesen Lichtblick in der Rechtsprechung Stück für Stück auszulöschen. Der BGH folgt ihnen teilweise durch die restriktive Auslegung des Begriffs »überfordert«. |

| **Urteilstenor** | **Fundstelle** | **Anmerkung** |
|---|---|---|
| - Monatseinkommen von € 2800 bei einer Bürgschaft von € 700 000 bedeutet Überforderung.<br>*Beispiel für Ablehnung der Überforderungsannahme:*<br>- Maschinenbaustudent, der zum Zeitpunkt der Bürgschaftsübernahme (€ 50 000) bereits € 1500 im elterlichen Betrieb verdient. | | |
| Eine in einer Zwangslage gegebene Bürgschaft durch eine finanziell überforderte Ehefrau (gleichgestellt: Lebensgefährtin) kann sittenwidrig sein. So z. B.<br>- wenn das Risiko, der Umfang und die Tragweite verharmlost wurden;<br>- durch Verschweigen ungewöhnlicher und schwerwiegender Haftungsrisiken durch die Bank;<br>- wenn der Schuldner seine Ehefrau unter massiven psychischen Druck setzt und der Bank das bekannt ist;<br>- wenn eine Bank einen Kredit zunächst ohne Bürgschaft herausgibt, danach aber mit der Kündigung droht, falls die Ehefrau nicht eine Bürgschaftserklärung abgibt;<br>- wenn die Bank die geschäftliche Unerfahrenheit der Bürgin ausnutzt. Die Banken dürfen aber davon ausgehen, dass Eheleute geschäftliche Dinge, von denen ihr Lebensunterhalt abhängt, vertrauensvoll miteinander besprechen. | BGH v. 30.3.1995, IX ZR 98/94; BGH v. 25.4.1996, IX ZR 177/95; BGH v. 23.1.1997, IX ZR 55/96; BGH v. 25.4.1996, IX ZR 177/95; BGH v. 23.1.1997, IX ZR 55/96; BGH v. 5.1.1995, IX ZR 85/94; BGH v. 23.1.1997, IX ZR 69/96; BGH v. 2.11.1995, IX ZR 222/94; BGH v. 28.3.1996, IX ZR 199/95 | Es gibt zwei Gründe, warum solche Bürgschaften überhaupt genommen werden, die im Verwertungsfall doch vorhersehbar wertlos sind: Erstens soll wohl dem Versuch, Vermögen auf die Ehefrau zu verschieben, ein Riegel vorgeschoben werden. Zweitens versucht die Bank wohl, den Vorschriften zur Kreditvergabe zumindest formal gerecht zu werden, damit sie das Kreditgeschäft eingehen kann. |

| Urteilstenor | Fundstelle | Anmerkung |
|---|---|---|
| Beispiele für eine krasse Überforderung der Ehefrauen, die ohne die oben beschriebenen zusätzlichen Merkmale als sittenwidrig erkannt wurden:<br>- Bürgschaft über € 140 000 einer 34-jährigen einkommenslosen Ehefrau und Mutter dreier kleiner Kinder, ohne Berufsausbildung und Vermögen;<br>- Bürgschaft über € 100 000 einer 45 Jahre alten Ehefrau in der ehemaligen DDR mit einem Einkommen von rund € 1250 netto;<br>- Bürgschaft über € 44 000 einer 35-jährigen einkommens- und vermögenslosen Ehefrau mit kaufm. Ausbildung, Mutter eines einjährigen Kindes;<br>- unbeschränkte Bürgschaft einer vermögenslosen Verlobten, Schreinergesellin im Betrieb ihres Lebensgefährten mit Nettoeinkommen von € 1750 für Verbindlichkeiten des Verlobten über € 450 000.<br>- Bürgschaft einer 44 Jahre alten Ehefrau ohne Einkommen und Vermögen, aber mit einer Mutter, der ein wertvolles Grundstück gehörte, für € 500 000 Geschäftskredit des Ehemanns. | BGH v. 5.1.1995, IX ZR 85/94; BGH v. 18.1.1996, IX ZR 171/95; BGH v. 25.4.1996, IX ZR 177/95; BGH v. 23.1.1997, IX ZR 69/96; BGH v. 18.9.1997, IX ZR 283/96; BGH v. 8.10.1998, IX ZR 257/97 | *Vorsicht!* Der BGH weicht gerne auf die Möglichkeiten der Privatinsolvenz aus, wonach Restschulden nach der Wohlverhaltensfrist gestrichen werden. Damit sei eine Überforderung nicht mehr gegeben. Daher kann es einer Bürgin passieren, selbst dann zur Zahlung der Schulden verpflichtet zu werden, wenn sie nicht einmal die Zinsen aufbringen kann. |